Sufismus

Das mystische Herz des Islam

Im Namen Allahs,
des Allerbarmers, des Barmherzigen!
Alles Lob gebührt Allah,
dem Herrn der Welten,
dem Allerbarmer, dem Barmherzigen,
dem Herrscher am Tage des Gerichts!
Dir allein dienen wir,
und dich allein bitten wir um Hilfe.
Führe uns den geraden Weg,
den Weg derer,
denen du Gnade erwiesen hast,
nicht den Weg derer,
die deinen Zorn erregt haben,
und nicht
den Weg der Irregehenden.

Sure 1

André Al Habib

Sufismus

Das mystische Herz des Islam

Eine Einführung

Wir bitten um Beachtung

Autor und Verlag weisen ausdrücklich darauf hin, dass die in diesem Werk vorgestellten geistigen Übungen keinesfalls selbstständig, das heißt ohne Anleitung eines erfahrenen Sufi-Scheichs durchgeführt werden dürfen. Nur ein Sufi-Scheich erkennt den Entwicklungsstand eines Schülers und kann die für ihn geeigneten Übungen bestimmen und seinen Fortschritt überwachen.

1. Auflage 2005
2. überarbeitete Auflage 2013

Covergestaltung: Rosi Weiss
Innenlayout und Satz: Hans-Jürgen Maurer

Verlag Hans-Jürgen Maurer
Frankfurt am Main

info@verlaghjmaurer.de
www.maurer.press
www.verlaghjmaurer.de

ISBN 978-3-929345-61-2

Inhalt

1. Was ist Sufismus?

Jede Religion hat ihre mystische Quintessenz und im Islam ist das der Sufismus. Das Wort »Sufismus« kann auf unterschiedliche Wortstämme zurückgeführt werden: Im Allgemeinen wird es vom arabischen *Suf* (Wolle) hergeleitet. Damit wird auf jene Männer und Frauen Bezug genommen, die nur grobe Wollgewänder trugen, um sich in ihrer Gottessuche von der übrigen Welt abzugrenzen. Eine tiefere Bedeutung von *Suf* wäre dann »verwoben sein«, womit angedeutet wird, dass die Mystiker die Schöpfung als eine zusammenhängende Einheit erkannt haben. Eine weitere Herleitung geht auf das arabische Wort *safia* (heilig) zurück. *Sufi* lässt sich aber auch mit *Ahle Suffe* (arabisch: »die Menschen der Anhöhe«) in Verbindung bringen, womit jene Gruppe von Männern und Frauen gemeint ist, denen der Prophet Mohammed jeden Morgen auf der Terrasse vor der Moschee in Medina die esoterischen Prinzipien des Islam erklärte. Und der französische Orientalist Henry Corbin legt dar, dass man *Sufi* mit dem griechischen Wort *Sophisten* in Verbindung bringen kann, womit in früheren Jahrhunderten im arabischen Raum jene Wahrheitssucher bezeichnet wurden, die außerhalb der Konventionen lebten.

> Abu Said (gest. 1049), einer der großen islamischen Mystiker, ritt einmal mit Freunden an einer Mühle vorbei. Er hielt an und fragte seine Begleiter, ob sie das Geklapper der Mühle verstünden. Sie verneinten. Da sprach er: »Sie sagt: ›Sufismus ist mir selbstverständlich. Ich nehme das Grobe auf und fein gemahlen gebe ich es zurück. Ich reise um mich selbst und in mir selbst und darum scheide ich aus, was ich nicht brauche.‹«

In Persien werden die Sufis *Derwische* (Bettler) genannt. Das kommt daher, dass viele der frühen Mystiker ihren Lebensunterhalt als Bettler verdienten.

Der islamische Mystiker Hujwiri (gest. um 1071) legt dar, dass sich der Begriff *Derwisch* auf »heilige Armut« bezieht. Ein Derwisch, so Hujwiri, sei nicht einer, der mit leeren Händen dastehe, sondern einer, dessen Wesen frei von Wünschen sei. Das Wort »Derwisch« kann mit *Dergah* (Türschwelle) in Verbindung gebracht werden. Damit wird angedeutet, dass die Derwische zwischen zwei Welten stehen – zwischen der irdischen und der spirituellen. Eine weitere Bezeichnung für die Derwische im arabischen Sprachraum ist *Fakire* (Arme). Es heißt: »Sie sind arm an materiellen Dingen, aber reich im Herzen.« Man nennt sie aber auch *Muriden* (Schüler), womit angedeutet wird, dass das Leben ein ununterbrochener Lernprozess zur geistig-spirituellen Höherentwicklung ist.

Es heißt: »Die Welt weist den Bettler zurück, der Derwisch aber weist die Welt zurück.«

Von der Wortwurzel *Suf* lässt sich das arabische Wort für »Mystik« ableiten: *Tassawuf*. Möglich ist allerdings auch, dass *Tassawuf* die arabisierte Form des griechischen Wortes *Theosophie* (Göttliche Weisheit) ist, das die Erkenntnis der geistigen Gesetze bedeutet. Als »Mystiker« werden jene Menschen bezeichnet, die tief in die geistig-seelische Welt eintauchen wollen. Sie streben eine bewusste Verschmelzung mit der Weisheit, Liebe und Allmacht Gottes an. Ihr Ziel ist ein Zustand, in dem schon in diesem Leben die Einheit der Schöpfung erkannt wird.

Was aber ist nun ein Sufi? – »Sufis sind Menschen, die Gott allem anderen vorgezogen haben, sodass Gott sie allem anderen vorzieht«, so drückt es der ägyptische Sufi Dhun Nun (gest. 859) aus. Und der persische Derwisch Abu Said (gest. 890) erklärte, ein Sufi zu sein bedeute, alle Sorgen hinter sich zu lassen, und es gebe keine größere Sorge als die um sich selbst. Der afghanische Derwisch Hujwiri (gest. 1071) sagt: »Der Sufi ist sich selbst abwesend und in Gott gegenwärtig.« Und der sufische Theologe Al-Ghazzali (gest. 1111) schreibt: »Ein Sufi sein bedeutet, unaufhörlich in Gott zu verweilen und mit den Menschen in Frieden zu leben.« Nuri (gest. 907) wusste dazu zu sagen: »Ein Sufi ist jemand, dem nichts anhaftet und der an nichts festhält.« Einer der bedeutendsten modernen Derwische, der Inder Pir Hazrat Vilayat Khan (gest. 1927), schrieb: »Sufismus ist die Religion des Herzens«, und ein anderer moderner Sufi-Scheich drückte es folgendermaßen aus: »Sufismus ist eine Technologie des Erwachens«.

Eine Besonderheit der islamischen Mystik besteht darin, dass ein dauerhaftes Mönchsleben ausdrücklich abgelehnt wird. Ein Muslim, so der Prophet Mohammed, solle im Leben stehen, sich um seine Familie kümmern, arbeiten und dabei Gott erkennen. Bezeichnend ist die Geschichte von Uthman Ibn Mazun, dem Gefährten des Propheten, der Mohammed darum bat, sich endgültig aus der Welt zurückziehen und Asket werden zu dürfen. Mohammed wies dieses Ansinnen jedoch mit den folgenden Worten zurück: »Deine Augen haben ihre Rechte, der Körper hat seine Rechte und deine Familie hat ihre Rechte. Also bete und schlafe, faste und breche dein Fasten.« In diesem Zusammenhang sagte der Prophet Mohammed auch: »Mir wurde die Liebe zum Parfum und zu den Frauen gegeben und die Erfrischung meiner Augen liegt im Gebet.«

Der Prophet Mohammed und der Koran

Der Prophet Mohammed ist das Vorbild der Derwische. Im Westen ist leider nur wenig über das Wirken des Propheten bekannt. Das Wenige, das man über Mohammed weiß, ist oft eher negativ. So weiß man im Westen um die kriegerische Verbreitung des Islam oder die überlieferte Vielehe des Propheten. Im Orient ist das anders. Hier wird der Prophet vor allem wegen seiner strahlenden Schönheit, seiner Liebe, seiner tiefen Weisheit und Gottverbundenheit verehrt.

„... und wisst, der Prophet Gottes ist unter euch."
Sure 49,7

Mohammed wurde im Jahre 570 als direkter Nachfahre des biblischen Stammvaters Abraham geboren. Abraham erbaute dem islamischen Glauben nach mit seinem Sohn Ismael die Kaaba in Mekka, die für die Araber der ursprüngliche Tempel ist, in dem der

»Oh Prophet, wir haben dich entsandt als einen Zeugen und einen Freudenboten und Warner und als einen, der einlädt zu Allah und seiner Erlaubnis!«

Sure 33/46,47

Schöpfergott Allah gepriesen wurde. Mohammed war ein Spross des mächtigen Stammes der Quraishiten. Sein Großvater Abu Muttalib war zu jener Zeit der Hüter der Kaaba in Mekka. Unzählige Legenden sind aus Mohammeds Kindheit überliefert, in der durch zahlreiche Wunder und Zeichen seine göttliche Mission angekündigt wurde. So wird berichtet, dass in jungen Jahren zwei Engel erschienen seien, um Mohammed einen schwarzen Schatten aus der Brust zu entfernen: Alles Böse war nun aus ihm verbannt. Der Islam lehrt, dass Mohammed so – nach Adam und Jesus – der dritte vollkommene Mensch auf Erden, völlig ohne Sünden war (arabisch: *Kamil Insan*). Außerdem heißt es, dass der junge Mohammed einmal als Knecht eine Gruppe von Pilgern begleitet habe, die sich auf den Weg zu Mönch Bahira gemacht hatten, der in der Wüste Arabiens auf das Erscheinen des Propheten gewartet habe. Während die Männer den Mönch aufgesucht hätten, sei Mohammed bei den Tieren geblieben. Der Mönch aber habe in Mohammed den erhofften Messias erkannt und den Jungen willkommen geheißen. – Schon in jungen Jahren besaß Mohammed eine Aura von Intelligenz und Liebe, sodass alle ihn nur *Al Amin*, »den Aufrechten«, nannten. Im Erwachsenenalter meditierte der Prophet regelmäßig vor den Toren der Stadt Mekka und gedachte dort Gottes. Als Mohammed etwa um sein vierzigstes Lebensjahr herum in einer Höhle im Berg Hira vor der Stadt Mekka meditierte, erschien ihm der Erzengel Gabriel und offenbarte ihm seine Mission, indem er ihm die ersten Zeilen aus dem Koran übermittelte:

> »Lies im Namen deines Herrn, der alles geschaffen hat,
> Und der den Menschen aus geronnenem Blut erschuf.
> Lies bei deinem Herrn, dem glorreichsten,
> Der den Gebrauch der Feder lehrte
> Und den Menschen lehrt, was er nicht gewusst hat.
>
> Sure 96,1–5

Mohammed empfing das heilige Buch, den Koran, durch das dem islamischen Glauben nach Gott zu den Menschen spricht. Eine Besonderheit der damaligen arabischen Welt war, dass die Poesie sehr wichtig war. Zur Erziehung eines Jungen gehörte im Allgemeinen auch die poetische Rede und es gab regelmäßig große Wettbewerbe, zu denen Dichter aus ganz Arabien kamen. In dieser ohnehin schon sehr »lyrischen Atmosphäre« war der heilige Koran etwas völlig Neues. Sein Klang war etwas noch nie Dagewesenes und ließ sich in kein Reimschema einordnen. Er versetzte die Menschen in einen unmittelbaren meditativen Zustand und seine Botschaft war klar: Es gibt nur einen Gott und er ist allmächtig und schön. Die Menschen sollen ihren heidnischen Götzen abschwören und den einen Gott, Allah, verehren.

Da die mekkanischen Herrscherfamilien als Hüter der heiligen Kaaba, gut an dem Pilgertourismus zur Kaaba verdienten, kam es schon bald zu Auseinandersetzungen zwischen der Gemeinde Mohammeds und den alteingesessenen Mekkanern. Der Überlieferung nach wurde die Kaaba, wie bereits erwähnt, vom Propheten Abraham und seinem Sohn Ismail erbaut. Schon Abraham, den die Araber als einen reinen Gottesliebenden verehren, predigte den Menschen den Glauben an den einen Gott: Allah. Im Lauf der Zeit verschwand jedoch der Glaube bei den arabischen Stämmen, weshalb es Mohammeds Aufgabe war, diesen alles durchdringenden Gottesglauben wiederherzustellen, den bereits unzählige andere Propheten zuvor gepredigt hatten: Adam (den die Muslime nicht nur als ersten Menschen, sondern auch als ersten Propheten verehren), Noah, Loth, Moses, Salomon, Josef und Jesus – um nur einige zu nennen.

Die Gemeinde Mohammeds wuchs und damit nahmen auch die Auseinandersetzungen mit den alteingesessenen mekkanischen Herrscherfamilien zu. Es gab mehrere Mordanschläge auf den Propheten, die jedoch durch das Eingreifen des Erzengels Gabriel vereitelt wurden. Viele Anhänger Mohammeds wurden grausam verfolgt. Beispielhaft ist die Geschichte von dem schwarzen Sklaven Bilal, der unter einem schweren Stein in die heiße Wüstensonne gelegt wurde – man wollte ihn so zur Anbetung der heidnischen Götzen zwingen. In den Stunden der Qual, bevor er von Abu Bhakr, Mohammeds bestem Freund und ersten *Kalifen* (Stellvertreter) befreit wurde, bezeugte Bilal seinen Glauben an Allah, indem er seinen Atem an den Rhythmus des islamischen Einheitsbekenntnisses anpasste.

Der Koran hatte eine solche Anziehungskraft, dass sich immer mehr Menschen für den Islam entschieden. Die Suren des Korans empfing der Prophet in der Regel in einem Trancezustand, der sich durch Frösteln und Schaudern ankündigte. Oft erschien ihm dabei ein Engel, der ihm die einzelnen Verse eingab, oder aber er hörte ein Rauschen, das sich zu den Suren verdichtete. Während der Übermittlung kam es sogar zu kleineren Erdbeben. Die Tiere zitterten oder wurden in die Knie gezwungen und als Mohammed einmal sein Bein auf den Schenkel seines Sekretärs Said legte, wurde dieses so schwer, dass Said um seine Knochen fürchtete. Menschen reisten eigens an, um mitzuerleben, wie der Prophet die göttlichen Zeichen empfing, und um an der dabei allgegenwärtigen heiligen Stimmung teilzuhaben. Die offenbarten Verse konnte der Prophet sofort auswendig. Zudem hatte er Schreiber sowie Gefährten, die sie ebenfalls auswendig lernten.

Die um ihre Macht besorgten mekkanischen Herrscherfamilien ließen ihren Anhängern schließlich die Ohren verschließen, damit sie den Koran nicht hörten. So wird etwa die Geschichte von At-Tufayl, einem Adeligen, erzählt, der seinen mekkanischen Freunden im Kampf gegen die neue Gemeinde zu Hilfe eilte. Die Mekkaner sagten, er solle sich die Ohren versiegeln, damit er den Koran nicht höre. Er aber lehnte das ab, denn, so At-Tufayl, es sei eines freien Mannes nicht würdig, sich vor der Meinung eines anderen zu verschließen. Als er nun die Suren vernahm, erkannte er die Schönheit Gottes und bekehrte sich sogleich zum Islam.

Die Verfolgung der Muslime aber nahm immer mehr zu, und so entschloss sich die Gemeinde Mohammeds im Jahre 622 zu einer spektakulären Flucht in die nördlich gelegene Oasenstadt Medina, wo ihnen Asyl gewährt wurde. Da die Mekkaner das Eigentum der Muslime weitgehend beschlagnahmt hatten, begannen diese, von

Hunger und Armut bedrohte, die Handelskarawanen der Mekkaner auszurauben. Dass Handelskarawanen überfallen wurden, war in der damaligen arabischen Welt nahezu normal. Allerdings erklärten die alteingesessenen mekkanischen Familien den Muslimen nun den Krieg und schickten im Jahre 624 ein gut ausgerüstetes Heer, um sie endgültig zu vernichten.

Die Botschaft des Korans ist: Gott ist schön und weise, er ist Liebe, der Gnädige und Allerbarmer. Die Muslime mussten nun aber erkennen, dass sie den Kriegern der Mekkaner ohne Waffen und Pferde nur wenig entgegenzusetzen hatten. Da sprach der Prophet die bedeutenden Worte: »Ein Muslim soll alles nur in seiner Macht Stehende tun, um einen Krieg zu vermeiden. Wenn es aber zu einem Krieg kommt, so soll er alles in seiner Macht Stehende tun, um diesen Krieg zu gewinnen.« Mohammed dehnte in diesem Zusammenhang das Konzept des *Dschihad* auf den Krieg aus. Das arabische Wort *Dschihad* bedeutet »Streben« – in allen Dingen, die der Gläubige tut, soll er nach Gott streben: bei der Arbeit, in seinen Geschäften, bei der Erziehung der Kinder etc.

> „O ihr Gläubigen, fürchtet Allah, bemüht euch und strebt *(dschahidu)* danach, euch mit ihm zu vereinigen."
>
> Sure 5,35

Und so kam es zu einem Krieg, bei dem die zahlen- und waffenmäßig weit unterlegenen Anhänger Mohammeds militärisch Großes leisteten. Es wird berichtet, dass in den Schlachten der Koran rezitiert wurde. Die Muslime wurden so in ihrem Kampfeswillen bestärkt, während die Mekkaner innehielten und an ihren Idealen zu zweifeln begannen. Auch wird erzählt, wie in manchen Schlachten der Erzengel Gabriel mit seinen Scharen in die Kämpfe zugunsten der Gläubigen eingriff, wodurch ebenfalls zahlreiche Ungläubige an ihren Idealen zu zweifeln begannen und den Islam annahmen. Als Mohammed und seine Gemeinde im Jahre 630 die Stadt Mekka friedlich einnahmen, reinigte Mohammed das Innere der Kaaba von den heidnischen Götzen – nur ein Bild von Abraham und eines von Maria und Jesus, das die einheimischen Christen dort verehrten, wurden an ihrem Platz belassen.

Als Mohammed und seine Gefährten siegreich nach Medina zurückkehrten, sprach der Prophet die Worte: »Wir sind vom kleinen heiligen Krieg *[Dschihad Al-Asrar]* zum großen heiligen Krieg *[Dschihad Al-Akbar]* zurückgekehrt.« Als seine Gefährten ihn daraufhin fragten, was er mit dem »großen heiligen Krieg« meine, erklärte er: »Es ist der fortwährende Kampf gegen die niederen Anteile der Seele.« Die Sufis messen diesem Satz große Bedeutung bei: Ein Muslim soll sich unentwegt darum bemühen, seinen Charakter zu veredeln, um die alles durchdringende Schönheit Gottes zu erkennen und zu leben.

Als der Prophet Mohammed im Jahre 632 seine letzte Pilgerfahrt von Mekka nach Medina machte, folgten ihm 90 000 Menschen. Auf dem Berg Arafat, der der Überlieferung nach jener Berg ist, auf dem Adam und Eva sich nach ihrer Vertreibung aus dem Paradies und ihrer langen Wanderung durch die Welt wieder vereinigten, empfing Mohammed die letzten Zeilen des Korans: »Heute habe ich für euch eure Religion vollendet und meine Gnade an euch erfüllt und euch den Islam zur Religion gegeben« (Sure 5,5). Mohammed, der ausdrücklich jeden Kult um seine Person ablehnte, starb im selben Jahr in den Armen seiner Lieblingsfrau Aisha. Sein Freund und Gefährte Abu Bhakr trat vor die Gemeinde der trauernden Muslime und sprach: »Wenn ihr Mohammed verehrt, so wisst, dass er jetzt tot ist. Wenn ihr aber Gott verehrt, so wisst, dass er lebt.«

Nach dem Tod des Propheten wurden die offenbarten Verse zu dem heute gültigen Koran zusammengefügt und in der Zeit seiner Stellvertreter (*Kalifen*) verbreitete sich der Islam schnell. Die größten Eroberungen fanden unter dem zweiten Kalifen Omar statt, der ein Weltreich schuf, das von Nordafrika bis Zentralasien reichte. Im Westen wird Omar oft nur als Eroberer betrachtet; er war allerdings auch ein hochgradiger Sufi. Man erzählt sich von ihm bis heute die folgende Geschichte: Ein byzantinischer Attentäter war

> Die Saat des Sufismus wurde unter Adam gelegt, unter Abraham gepflegt, unter Moses gehegt, unter Jesus bewässert und unter Mohammed entfaltet.

bis zum Zelt von Omar vorgedrungen, wo er den Kalifen in tiefer Meditation sah. Er versuchte zuzustechen, aber es gelang ihm nicht. Und so fragte er Omar, warum er ihn nicht habe töten können. Omar antwortete: »Es war, weil ich eins mit Gott war.«

Im Westen wird die rasante Ausbreitung des Islam in den ersten Jahrzehnten vor allem durch die kriegerischen Eroberungen erklärt. Die Gläubigen jedoch sehen das anders: Der Islam konnte sich so schnell verbreiten, weil er den Menschen einleuchtete.
Der Islam basiert auf fünf einfachen Prinzipien:

- Jeder Muslim soll bezeugen, dass es keine Götter außer Allah gibt *(La illaha illa Lah)* und dass Mohammed der Gesandte Gottes ist (so wie auch Adam, Abraham, Moses, Jesus und die unzähligen anderen Propheten Gesandte Gottes sind).
- Jeder Muslim soll fünfmal am Tag beten,
- einmal im Jahr den Fastenmonat Ramadan einhalten,
- Almosen für die Armen und Schwachen spenden und, wenn möglich,
- einmal im Leben zur heiligen Kaaba nach Mekka pilgern.

Mohammed selbst wird von den Muslimen nicht als Begründer einer Religion betrachtet. Vielmehr brachte er den Menschen den ursprünglichen Glauben, den bereits die früheren Propheten gepredigt hatten, wieder in Erinnerung und vollendete ihn.

Nach dem ersten Biografen des Propheten, Ibn Ishaq, war der Prophet schon in den Evangelien angekündigt worden. So heißt es bei Johannes 15,23–27:

> »Wer mich hasst, der hasst auch den Herrn. Hätte ich unter ihnen nicht die Werke getan, die vor mir kein anderer tat, hätten sie keine Sünde. Aber von nun an sind sie stolz und glauben, dass sie mich und den Herrn besiegen. Aber es muss erfüllt werden das Wort, das im Gesetz steht: Sie hassten mich ohne Grund! Wenn aber Munhamanna gekommen sein wird, den

> Gott euch senden wird aus der Gegenwart des Herrn, und der Geist der Wahrheit, der vom Herrn ausgegangen sein wird, dann wird er Zeugnis geben von mir, und auch ihr werdet Zeugnis geben, weil ihr von Anfang an bei mir wart. Darüber habe ich gesprochen, damit ihr nicht klagt.«*

Wie Ibn Ishaq darlegt, bedeutet *Munhamanna* auf Syrisch *Mohammed* und auf Griechisch *Paraklit*.

Im Koran werden 28 Propheten erwähnt, die sich in etwa mit den Propheten decken, die auch die Juden und Christen verehren. In einem Hadith** weist der Prophet darauf hin, dass es noch 124 000 andere Propheten gebe, die aber im Koran nicht erwähnt würden. Spätere Sufis zählen dazu auch die Begründer anderer großer Weltreligionen und Weisheitsschulen wie Konfuzius, Laotse, Buddha, Zarathustra, Rama, Krishna, Mahavira und Pythagoras, um nur einige zu nennen.

Der Islam und andere Religionen

Vor allem dem Christentum und dem Judentum gegenüber übt der Islam ausdrücklich große Toleranz. So heißt es in Sure 2,63: »All denen – seien es Gläubige, Juden, Christen oder Sabäer –, wenn sie nur an Gott glauben, an den jüngsten Tag und das Rechte tun, wird einst Lohn von ihrem Herrn, und weder Furcht noch Traurigkeit wird über sie kommen.« Und in Sure 2,137 steht geschrieben: »Wir glauben an Allah und an das, was er uns und was er Abraham und Ismael und Isaak und Jakob und den Stämmen offenbarte, und an das, was Moses, Jesus und den [anderen] Propheten

> »Glaube und Unglaube unterscheiden sich im Hinblick auf den Namen; aber in Hinblick auf die Wirklichkeit gibt es keinen Unterschied.« Halladsch

* Wiedergegeben nach: *Das Leben des Propheten* von Ibn Ishaq, Übersetzung von Gernot Rotter, Kandern 1999.

** Das *th* ist auszusprechen wie im Englischen. Siehe auch Glossar.

von ihrem Herrn gegeben wurde. Wir kennen unter diesen keinen Unterschied. Wir bleiben Allah ergeben.«

> »Einem jeden Volke gaben wir die Norm [Religion] und einen offenen Weg. Wenn es nur Allah gewollt hätte, so hätte er euch allen nur einen Glauben gegeben; so aber will er euch in dem prüfen, was euch zuteil geworden ist. Wetteifert daher in guten Werken, denn ihr werdet alle zu Allah heimkehren, und dann wird er euch über das aufklären, worüber ihr uneinig wart.«
>
> Sure 5,49

Als Omar im Jahre 638 die heilige Stadt Jerusalem eroberte, wohnte er zusammen mit dem Patriarchen der heiligen Messe in der Grabeskirche Jesu bei. Im 8. Jahrhundert wurde auch im eroberten Persien der Zoroastrismus zur tolerierenden Buchreligion erklärt und im 16. Jahrhundert unter den Mogul-Kaisern in Indien auch der Hinduismus. Mohammed selbst hatte eine christliche Kurtisane, die Ägypterin Maria. Es gibt auch eine Geschichte, die erzählt, wie der Prophet mit den Christen aus Najran zusammentraf und über die Unterschiede ihres Glaubens diskutierte. Er schlug schließlich ein Gottesurteil vor. Dazu nahm er seine Tochter Fatima, seinen Lieblingsschüler und Schwiegersohn Ali sowie seine beiden Enkel Hussein und Hassan mit unter seinen Mantel. Mohammed sprach: »Wenn ich nicht der Prophet Gottes bin, so soll uns der Bannstrahl Gottes augenblicklich treffen. Wenn ich aber der Prophet Gottes bin, so sollt ihr augenblicklich verflucht sein.« Die Christen lehnten jedoch ab und das Gottesurteil wurde verschoben.

> »Es soll kein Zwang sein im Glauben.«
>
> Sure 2,257

Im Gegensatz zu den Christen, für die sich Gott durch die *Person* Jesus offenbart, offenbart sich Gott den Menschen für die Muslime durch den Koran. Im Koran werden dabei in seinem besonderen Wohlklang nicht nur Gesetze des menschlichen Zusammenlebens formuliert und geschichtliche Ereignisse wiedergegeben, sondern auch die 99 schönen Namen Gottes aufgelistet. Jene Namen, die die Mystiker in Verzückung versetzt und deren Rezitation sie unmittelbar in die geistigen Welten eintreten lässt. Der Koran ist aber auch eines der wichtigen Totenbücher der Menschheit: Die Himmel und Höllen werden darin genauso beschrieben wie der Übergang in das Jenseits und die Befragung durch die Engel. So heißt es zum Beispiel:

> »Ich befehle dir, jedem Bedrängten beizustehen, mag er nun ein Muslim sein oder nicht.«
>
> Hadith

> »Wenn in die Posaune gestoßen wird, so werden sich beim ersten Posaunenschall die Erde und die Berge emporheben und mit einem Schlage zerschmettert werden. Und an diesem Tage wird die unvermeidliche Stunde hereinbrechen, und die Himmel werden sich an diesem Tage spalten und herabfallen. Zu seiner Seite stehen die Engel und deren acht tragen an diesem Tage den Thron deines Herrn über sich.
> An diesem Tage werdet ihr vor Gericht gestellt und nicht das Verborgenste eurer Handlungen bleibt verborgen.«
>
> Sure 69,14–19

> »Die Gläubigen aber, und die das Gute tun, wird ihr Herr ihres Glaubens wegen in wonnevolle Gärten führen, welche von Wasserbächen durchströmt sind. Und ihr Gebet im Paradies wird sein: Lob und Preis sei dir, o Allah und ihr gegenseitiger Gruß: Friede und der Schluss ihres Gebets: Lob und Preis sei Allah, dem Herrn aller Welten.«
>
> Sure 10,10–11

> »Für sie [die Himmelsbewohner] sind Edens Gärten bestimmt, welche Wasserläufe durchströmen. Geschmückt werden sie mit goldenen Armbändern und bekleidet mit grünen Gewändern mit feiner Seide, mit Gold und Silber durchwirkt, und ruhen sollen sie auf weichen Polsterkissen. Welch herrliche Belohnung! Und welch ein süßes Lager.«
>
> Sure 18,32

»Sie werden auf Kissen ruhen, welche mit Gold und edlen Steinen geschmückt sind, sie lehnen einander gegenüber. Jünglinge in ewiger Jugendblüte werden, um ihnen aufzuwarten, sie mit Bechern, Kelchen und Schalen voll fließenden Weines umkreisen, der den Kopf nicht schmerzen und den Verstand nicht trüben wird, und mit Früchten, von welchen sie nur wählen, und mit Fleisch von Geflügel, wie sie es nur wünschen können, und Jungfrauen mit großen schwarzen Augen gleich Perlen, die noch in ihren Muscheln verborgen sind, bekommen sie als Lohn ihres Tuns. Weder eitles Geschwätz noch irgendeine sündige Rede werden sie dort hören, sondern nur den Ruf: Friede, Friede.«

Sure 56,16–27

»Den Frevlern aber haben wir das Höllenfeuer bereitet, dessen Flamme und Rauch sie einkreisen sollen. Wenn sie um Hilfe rufen, dann soll ihnen mit Wasser geholfen werden, das geschmolzenem Erze gleicht und ihre Gesichter brennend verzehrt. Welch ein unglückseliger Trank! Und welch ein unglückliches Lager! Denen aber, welche glauben und das Gute tun, wollen wir den Lohn ihrer guten Handlungen nicht entziehen.«

Sure 18,30–32

»Den gläubigen Männern und Frauen hat Allah Gärten versprochen, von Flüssen durchströmt, in diesen Gärten werden sie ewig wohnen. Eine köstliche Wohnung ist dort in Edens Gärten, doch noch köstlicher ist für sie das Wohlgefallen Allahs. Das ist eine große Glückseligkeit.«

Sure 9,72

Von den islamischen Mystikern werden die Beschreibungen der Himmel im Koran durchaus auch als Beschreibungen der unmittelbaren Erleuchtung, der Erkenntnis Allahs, aufgefasst. Ein immer wieder formulierter Gedanke dabei ist: Wer schon in diesem Leben durch Gebet und Meditation die paradiesischen Welten mit ihren Engelsbewohnern betritt, dem werden sie auch im zukünftigen Leben sicher sein.

Nach den ersten Jahrzehnten der Ausbreitung des Islam entstand ein gewaltiges Weltreich, in dem weitgehend Frieden herrschte und in dem der Handel blühte. Sowohl in Jerusalem, das damals ungefähr in der Mitte der islamischen Welt lag, als auch in Spanien, das am westlichen Ende lag, blühte der Austausch zwischen jüdischer, islamischer und christlicher Mystik, und in Kaschmir, im östlichen Bereich der islamischen Welt, fand ein reger Austausch zwischen muslimischer, hinduistischer und buddhistischer Mystik statt. Heutzutage ist jeder vierte Mensch ein Muslim. Den Islam finden wir als vorherrschende Religion in einem Gebiet, das vom Senegal bis nach Indonesien reicht und vom indischen Subkontinent bis in die russische Föderation. Die meisten Muslime lebten gegen Ende des 20. Jahrhunderts schon lange nicht mehr in Zentralarabien, sondern in Indonesien, Pakistan, Indien, Bangladesch, in der Türkei, im Iran, in Ägypten und Nigeria. Allein in Indien gibt es mehr Muslime als in der ganzen arabischsprachigen Welt zusammen. Durch die Ausbreitung des Islam wurden zuvor weit voneinander entfernte magisch-spirituelle Kulturen zu einem Strom des Wissens vereint. Die pharaonischen Lehren des alten Ägypten, die Lichtkulte Persiens, die Vedanta- und Yoga-Lehren Indiens, der Schamanismus Zentralasiens, der Taoismus Chinas, der Platonismus des Mittelmeerraumes und die Fruchtbarkeitskulte Schwarzafrikas und Arabiens – all die verschiedenen magisch-spirituellen Systeme wurden durch den Islam synergetisch zusammengefügt. In der Atmosphäre des Wohlstands und der beginnenden Dekadenz, die sich in den islamischen Kulturen schon bald auszubreiten begann, gab es jedoch immer wieder Menschen, die zum wahren Glauben zurückfinden wollten, wie er von Mohammed und seiner Gemeinde in den ersten Jahren gelebt wurde ... diese Menschen gingen den Weg der Sufis.

Eine kurze Geschichte des Sufismus

Im Islam gab es nie eine zentrale Instanz, die Gottessucher für heilig erklärte. Die Heiligkeit eines Menschen wird im Islam unmittelbar von den anderen anerkannt. Es gibt Gegenden in der islamischen Welt, in denen man in jeder kleinen Ortschaft ein Grab eines Sufi-Heiligen findet, zu dem die Menschen pilgern.

Als Begründer des Sufismus in den Jahren nach der ersten Generation des Propheten gilt *Hassan Basri* (gest. 728), der in der Moschee von Basra die ersten *Dhikrs** leitete, bei denen Gott in meditativer Form gepriesen wurde. Der Überlieferung nach soll Hassan Basri die *Khirqua* (den Umhang) von Ali, dem Schwiegersohn und Lieblingsschüler Mohammeds, erhalten haben. Zahlreiche Sufis betrachten Ali als den eigentlichen Überlieferer des Sufismus nach dem Tod des Propheten Mohammed.

»Ich bin die Stadt des Wissens und Ali ist das Tor.«
Mohammed

Es gibt Sufi-Heilige, wie *Ahmed Rifai* oder *Abdul Kadir Al Gilani* (gest. 1166), die fast in der ganzen islamischen Welt verehrt werden; und es gibt Heilige, die nur in einem Land verehrt werden, wie *Amadou Bamba* im Senegal, *Ahmed Al Baddawi* in Ägypten, *Hadschi Bektash* in Anatolien, *Bahauddin Naqushbandi* in Usbekistan oder *Nizamuddin Aulia Chishti* im Industal.

Man findet unter den Sufis aber auch geistig-intellektuelle Rechtsgelehrte, wie etwa *Al-Ghazzali* (gest. 1111), der als einer der großen Erneuerer des Islam gilt. Geboren in Khorassan, war er schon in jungen Jahren ein bedeutender Theologe, der sogar an der theologischen Fakultät von Bagdad lehrte. Als Al-Ghazzali eine religiöse Krise erlebte, nutzte er eine Pilgerfahrt nach Mekka, um zum »reinen Glauben« zurückzufinden. Zwei Jahre verbrachte er in Syrien, wo er im Minarett der großen Moschee von Damaskus in völliger Abgeschiedenheit meditierte. Anschließend ging er nach Jeru-

»Das Herz eines jeden Menschen ist ein feinstoffliches, nach Erkenntnis strebendes Organ. Indem er das mystische Herz entfaltet, beginnt die eigentliche Aufgabe des Derwischs: in allen Bereichen der Schöpfung Gott zu erkennen und zu preisen.«
Al Ghazzali

* *Dhikr* = »Erinnerung«, siehe Kapitel 5.2, »Das Dhikr«.

salem, wo er im Felsendom seine Meditationen vertiefte, sodass er schließlich in den Zustand der Erleuchtung eintrat.

Eine große Sufi-Heilige der ersten Jahre war *Rabia von Basra* (gest. 801), die in ihrer Jugend so bedeutungslos war, dass ihr Vater sie nur »die Vierte« *(Rabia)* nannte. Von Rabia ist die reine Gottesliebe überliefert und von ihr stammen folgende Worte: »O Gott, was immer du mir an weltlichem Gut zugeteilt haben magst, gib es deinen Feinden, und was immer du mir an jenseitigem Gut zugeteilt haben magst, gib es deinen Freunden – du bist genug für mich.« Am Ende ihres Lebens war Rabia so bedeutend, dass in der islamischen Welt gläubige Frauen bis heute »Rabia« genannt werden.

> »Ich will Wasser in die Hölle gießen und Feuer ans Paradies legen, damit diese beiden Schleier verschwinden und niemand mehr Gott aus Angst vor der Hölle oder aus Hoffnung auf das Paradies anbetet, sondern nur noch um seiner ewigen Schönheit willen.« Rabia

Auch nüchterne gesetzeskonforme Lehrer wie *Junaid* (gest. 911) gab es; er errichtete seinen Sufismus auf den Grundlagen des orthodoxen Islam. Auf der anderen Seite findet man Rebellen wie *Bayezid Bistami* (gest. 874), *Mansur Al Halladsch* (gest. 922) oder *Shibli* (gest. 945). Bistami etwa soll das Folgende gesagt haben: »Ich war drei Tage in der Entsagung, am vierten war ich fertig. Am ersten Tage entsagte ich dem Diesseits und allem, was darinnen ist, am zweiten Tage dem Jenseits und allem, was darinnen ist. Am dritten Tage entsagte ich allem, außer Gott, und als der vierte Tag kam, war mir nichts mehr übrig geblieben außer Gott.«

Als wichtiger Märtyrer des Sufismus gilt *Mansur Al Halladsch*. Geboren 866 in Tur (Südiran), fiel Mansur schon in jungen Jahren durch eine sehr ekstatische und verklärte Hingabe an Gott auf. Er reiste als Wander-Derwisch durch Indien und die Gebiete der heutigen Türkei, um den Islam zu predigen. Schon damals war er berühmt für seine außergewöhnlichen Fasten- und Askesepraktiken. Die Wende kam bei ihm auf seiner dritten Mekka-Reise, die mehr als zwei Jahre dauerte: Er trat im Jahr 913 in den Zustand der unmittelbaren Erleuchtung ein. Einer seiner Beinamen war *Halladsch-Al-Asrar* (Kämmerer des Herzens), denn er war in der Lage, direkt in die Herzen der Menschen zu schauen und so Fragen zu beantworten, die noch gar nicht gestellt worden waren. Von Halladsch stammt die Aussage: *Ana l'Haqq* (Ich bin die höchste Wahrheit – Gott), und er meinte damit: Gott umfasst alles, auch jeden einzelnen Menschen. Wenn Halladsch seinen Mitmenschen von Liebe predigte, dann war es Gott selbst, der durch ihn sprach. Wegen seiner Aussagen, die die Orthodoxen als Ketzerei werteten, wurde er am 6. März 922 in Bagdad öffentlich hingerichtet. Bis kurz vor seinen Tod stand Halladsch im Kerker noch mit zahlreichen wichtigen Persönlichkeiten der islamischen Welt in Briefkontakt. Ein Zeitzeuge bezeichnete Halladschs bevorstehenden Märtyrertod damals als »höchste Stufe des Sufismus«. Halladsch selbst soll darauf entgegnet haben: »Nein, es ist erst der Anfang.« Damit sprach er ein im Sufismus wichtiges Thema an: Die Arbeit der Meister endet nicht mit deren Tod, sie geht vielmehr über den Tod des physischen Körpers hinaus.

Im Sufismus der späteren Jahre ging es immer wieder um den Opfertod und *Ana l'Haqq* (Ich bin die göttliche Wahrheit), die Worte von Halladsch. Ein brisantes Thema ist, dass sowohl Halladsch als auch der Pharao, der im Koran als der wirkliche Bösewicht beschrieben wird, von sich behaupteten, sie seien Gott. Der Pharao sprach allerdings aus einem Zustand der Ich-Überhöhung heraus und so wurde er von Gott gestürzt. Halladschs Worte hingegen entsprangen einem Zustand der Ich-Aufgabe, weshalb Gott ihn erhöhte.

Eine andere außergewöhnliche Gestalt im Sufismus war *Ibrahim Adhan*, der im 9. Jahrhundert König von Balch, dem heutigen Baktrien, war. Durch den Kontakt mit einem Sufi-Meister erkannte er, dass das irdische Leben vergänglich ist. Die geistige Welt ist die eigentliche Heimat des Menschen. Nachdem er sein Reich wohl geordnet sah, wurde Ibrahim Adhan zum Wander-Derwisch, um als solcher die schlimmsten Demütigungen zu erfahren, bevor auch er im Heiligen aufging. Wundersame Geschichten sind über Ibrahim Adhan überliefert. So soll er einmal auf einem Boot gefahren sein, als ein Sturm aufkam und das Boot zu sinken drohte. Die Menschen auf dem Boot wollten ihn über Bord werfen, denn er war ja nur ein armer Derwisch und sie wussten nicht, dass er früher König gewesen war. Ibrahim Adhan war in tiefe Meditation versunken und sah sich in diesem Moment am Ziel seiner Suche. Und da legte sich der Sturm und alle waren zufrieden. Ein anderes Mal schlief Ibrahim Adhan in einer Moschee, als der Vorsteher kam und ihn verscheuchte. Der Derwisch war durch seine Fastenübungen schon so geschwächt, dass er nicht mehr aufstehen konnte. Und so packten ihn die Männer und schleiften ihn aus der Moschee. Ibrahim Adhans Kopf schlug auf den drei Stufen vor dem Gotteshaus auf – und bei jedem Aufschlagen offenbarte sich ihm ein weiteres großes Geheimnis ... und in seinem Glück wünschte er sich, dass die Moschee noch viele weitere Stufen haben möge.

Ein anderer großer islamischer Herrscher, der Sufi wurde, war der indische Mogul-Kaiser *Darah Shukoh,* der die Veden ins Persische übersetzte und wichtige Werke verfasste, in denen er die Gemeinsamkeiten von Islam und Hinduismus erläuterte. Im Jahre 1560 wurde auch er als Märtyrer hingerichtet.

Von dem Ägypter *Dhun Nun* (gest. 911) heißt es, er habe das Geheimnis der Hieroglyphen gekannt. Er soll nicht nur ein großer Heiliger gewesen sein, sondern auch ein bedeutender Magier und Heiler, der Menschen sogar im Traum erscheinen konnte, um sie zu unterrichten. Dhun Nun wurde ebenfalls als Ketzer nach Bagdad gebracht und dort in den Kerker geworfen. Als er vor den Kalifen geführt wurde, erklärte Dhun Nun ihm die Prinzipien des Sufismus, woraufhin dieser den Derwisch nicht nur begnadigte, sondern auch noch fürstlich ausstattete.

Interessant ist Dhun Nuns Erleuchtungserlebnis: Bei seinen langen Wanderungen traf er einmal ein Mädchen, in das er sich verliebte.

Einmal kamen ihm jedoch Zweifel an seiner Geliebten und er fragte sie, was das Ende der Liebe sei. Da schalt sie ihn einen Dummkopf: Die Liebe habe kein Ende, weil auch der Geliebte (Allah) kein Ende habe. – Da erkannte Dhun Nun, dass Gott Liebe ist, die sich im Antlitz aller Menschen immer wieder aufs Neue manifestiert.

Shyhabbuddin As-Suhrawardi hingegen war ein theosophischer Gelehrter, der 1191 als Märtyrer hingerichtet wurde. Er vereinte in seinen Abhandlungen die Lehren des Islam, des alten Ägypten, des Zoroastrismus und die Lehren von Platon zu einer genialen Synthese. Nach Suhrawardi durchläuft der Mystiker auf seiner Wanderung mehrere Erleuchtungen *(Ishraq)*, durch die sich stets neue Engelswelten öffnen.

Als großer Meister ist auch *Muhyddin Ibn Arabi* (gest. 1240) zu nennen, von dem es heißt, er sei der größte Scheich des Sufismus *(Al-Scheich Al-Akbar)* gewesen. Er wurde 1165 im heutigen Murcia (Spanien) als Sohn eines arabischen Beamten geboren und erfuhr schon in jungen Jahren die Erleuchtung. Als Ibn Arabi sich anschließend in die Meditation zurückzog, erschien ihm in einer Vision Jesus und offenbarte ihm die tieferen Aspekte des Sufismus. Anschließend durchreiste Ibn Arabi die islamische Welt, um bei verschiedenen sufischen Meistern weiter zu lernen. Und so entwickelte er ein theosophisches Weltbild, in dem er die Aussagen des Korans in mystischer Form zusammenfasst: Demnach hat Allah die ganze Welt geschaffen, um sich seiner selbst bewusst zu werden. Wie es in einem Propheten-Hadith dazu heißt: »Ich [Allah] war ein verborgener Schatz. Darum erschuf ich die Welt, damit ich erkannt werde.« Nach Ibn Arabi bildet die ganze Schöpfung eine bewusste Einheit, in welcher der Derwisch, der erwachte Mystiker, als Höhepunkt erscheint, um in allen Bereichen die Schönheit, das Wirken und die Vollkommenheit Allahs zu erkennen und zu preisen. Im Laufe der Jahre verfasste Ibn Arabi eine Vielzahl von Schriften, in denen er seine mystischen Erkenntnisse auf alle der damaligen islamischen Welt bekannten Bereiche anwendete: auf Astrologie, Medizin, Grammatik, Geometrie, Arithmetik, Geschichtswissenschaft, Pädagogik, Biologie, Poesie, Koran-Wissenschaft oder Engelskunde.

Durch die Fülle seines Wissens gilt Ibn Arabi als einer der bedeutenden esoterischen Weisheitslehrer der Menschheit und muss mit den ganz Großen wie Platon oder Aristoteles in eine Reihe gestellt werden. Als seine beiden bedeutendsten Werke gelten *Al-Futhuat al-Makkia* (Die mekkanischen Offenbarungen) und *Al-Fusus al-Hikam* (Die Siegelringsteine der Weisheit). In *Al-Futhuat al-Makkia* werden die Grundzüge seiner Theosophie behandelt. Der Überlieferung nach entstand das Werk, als Ibn Arabi den heiligen Bezirk von Mekka betrat und sich ihm eine engelhafte Stimme offenbarte, die ihm das Werk diktierte. Auch um die Entstehung von *Al-Fusus al-Hikam* ranken sich Legenden. So soll Ibn Arabi im Traum der Prophet Mohammed erschienen sein und ihm das schon fertige Buch überreicht haben. Ibn Arabi stellt hier eine Geschichtsphilosophie dar, in der jeder der 28 im Koran erwähnten Propheten eine Rolle in der Entfaltung des menschlichen Bewusstseins spielt. Beide Bücher sind von einer eigenartigen mystischen Klarheit und Tiefe und versetzen die Menschen beinahe automatisch in einen Zustand der Erleuchtung, weshalb sie nach wie vor zur Schulung von Derwischen verwendet werden.

Andere bedeutende Mystiker waren die Perser *Nagmuddin Kubra* (gest. 1220) und *Simnani* (gest. 1336), die in ihren Schriften die Lichtwelten beschrieben, die die Derwische auf ihrer Reise zu Allah durchschreiten. Wie Nagmuddin Kubra schreibt, durchwandern die Derwische auf ihrer Reise zu Allah sieben Stufen, auf denen sich ihnen die großen Propheten offenbaren. So vollziehen die Derwische die Zustände von Adam, Noah, Abraham, Moses, David und Jesus, um schließlich im Bewusstsein Mohammeds im höchsten Sein aufzugehen – und das genau in dieser Reihenfolge.

An dieser Stelle soll auch der Mystiker und Dichter *Nizami* (gest. 1209) nicht vergessen werden, von dem die spirituell zu interpretierende Liebesgeschichte von Leila und Madschnun stammt, und

Faruddin *Attar* (gest. 1220) muss ebenfalls genannt werden; er schrieb die *Vogelgespräche* (siehe Seite 115). In dieser Erzählung steht die Reise der Vögel zu ihrem König, dem Simurgh, als Symbol für die Reise der Derwische zu Allah. Als schließlich dreißig Vögel vor das Tor ihres Königs treten, erkennen sie, dass sie selbst Simurgh sind (das persische *si murg* bedeutet »dreißig Vögel«), woraufhin ihnen Einlass gewährt wird. Ein anderer großer spiritueller Dichter war Scheich *Saadi von Schirach* (gest. 1292), der *Gulistan* (Rosengarten) schrieb, eine Geschichtensammlung, die erst heute im Westen entdeckt wird.

Jallaludin Rumi (1207–1273) war ein weiterer großer Sufi; er gilt als Begründer des Ordens der sich drehenden Derwische. Geboren im heutigen Afghanistan, flüchtete die Familie des jungen Rumi in das türkische Konya, damals ein bedeutendes Handelszentrum am Ende der Seidenstraße. Schon in jungen Jahren lehrte Rumi, der durch seine strahlende Intelligenz auffiel, an der theologischen Fakultät der Universität. Den Umbruch in seinem Leben bewirkte die Freundschaft mit dem wandernden Derwisch Shams Täbrisi (*Shams* kommt aus dem Arabischen und bedeutet »Sonne«). Wie der Derwisch Rumi erklärte, wird man die Welt nicht erkennen, indem man Bücher liest, sondern nur, wenn man unmittelbar Gott erkennt. Durch die Lehren des Derwischs Shams beeinflusst, begann Rumi eines Tages, sich in der Tradition der wandernden Derwische auf dem Marktplatz von Konya zu den Klängen eines Schmiedehammers um seine eigene Achse zu drehen. Und so drehte er sich ununterbrochen zwei Tage und Nächte lang weiter. Während dieses Drehtanzes durchlebte Rumi vier Erleuchtungen: Als Erstes erkannte er, dass seine Gedanken in seinem bisherigen Leben fast ausschließlich um ihn selbst gekreist waren, so wie sich die Gedanken fast aller Menschen nur um sie selbst drehen. Aus dieser Erkenntnis heraus ergab sich die zweite Erleuchtung. Rumi erkannte, dass er sich nun nur noch um Gott drehte. In diesem Zustand erfuhr er eine noch höhere Erleuchtung: Er erkannte, dass nicht nur er, sondern die ganze Schöpfung ausschließlich um Gott kreist. Und schließlich wurde Rumi die höchste Erleuchtung zuteil:

Er erkannte, dass es Gott selbst ist, der in allen Bereichen der Schöpfung um sich selbst kreist.

Und da erkannte Rumi, dass der Liebende (der Derwisch) und der Geliebte (Gott) eins sind. Seine Erfahrung der Erleuchtung schrieb er im *Mathnawi* nieder, einem Gedicht aus dreißigtausend Doppelversen, das auch als »Koran in persischer Sprache« bezeichnet wird. Obwohl Rumi selbst ein Muslim war, waren es im damaligen Konya nicht nur seine Glaubensbrüder, die ihn bewunderten – auch Juden, Christen und Buddhisten gehörten zu seinen Anhängern. Zu seinen engsten Freunden zählte der Patriarch der damaligen orthodoxen Christen, dessen Sarg in Rumis Grabesmoschee direkt neben dem von Rumi selbst steht.

Schon früh erkannten die Sufis ein Problem, das sich den Mystikern aller Weltreligionen stellt: Gott kann unmittelbar erfahren werden, doch ist diese göttliche Erfahrung so groß und überwältigend, dass sie in Worten nicht ausgedrückt werden kann. Die mystische Erfahrung liegt jenseits aller Worte. Faruddin Attar beschrieb das Problem in seiner Parabel von den Motten und der Kerze: Jede Nacht schwirren die Motten um die Flamme der Kerze; sie wollen ihr Geheimnis ergründen. Es werden gelehrte Abhandlungen verfasst und intellektuelle Dispute geführt, doch keine der Motten kennt das Geheimnis der Kerze tatsächlich. Eines Nachts jedoch wagt eine den Flug in das alles verzehrende Licht. Sie erfährt das Geheimnis der Kerze zwar, kann ihren Artgenossen aber nicht mehr darüber berichten.

Erzählen die Sufis ihren Mitmenschen von ihren höheren Erfahrungen und ihrer Gottesliebe, so ist das ein schwieriges Unterfangen: Es ist, als würde man einem Blinden das Geheimnis der Farben erklären – also beinahe unmöglich. Worte taugen allerdings dazu, die Übungsschritte wiederzugeben, durch die die Wahrnehmung erweitert werden kann. Und so schufen die Sufis für die breite Masse der Gläubigen andere Kanäle, um die unaussprechlichen göttlichen Wahrheiten zu vermitteln – zu nennen sind hier etwa Musik, Malerei, Ornamentkunst, Kalligrafie und Poesie. Viele der Ornamente und Kalligrafien in den großen islamischen Moscheen wurden von sufischen Künstlern gestaltet, um die Gläubigen bei ihrem Anblick – jenseits aller Worte – in die verschiedenen höheren Bewusstseinszustände der Derwische eintreten zu lassen. Für die Menschen mit besonders starkem Willen kreierten die Sufis jedoch Übungen, durch die diese Gläubigen nach und nach die sehr feinen Erfahrungen der Derwische bewusst nachvollziehen können. Hierzu gehören bestimmte Tänze, die Rezitation göttlicher Namen und heiliger Aussagen aus dem Koran *(Dhikr)*, Meditation *(Fiqur)* und die Aktivierung feinstofflicher Organe im Körper *(Latifa)*, die man mit den Chakren im Yoga und Buddhismus vergleichen kann. Manche der Übungen gehen unmittelbar auf den Propheten Mohammed zurück, andere gab es in ähnlicher Form schon vor dem Entstehen des Islam, sie wurden aber mit islamischen Glaubensaussagen verbunden.

Sufismus wird auch als »die weibliche Seite des Islam« bezeichnet. Zahlreiche Heilige waren Frauen: Rabia von Basra; Aisha, die Frau des Propheten, und Fatima, die Tochter des Propheten. Für Ibn Arabi, der als der größte Scheich des Sufismus gilt, enthüllt die Frau das Geheimnis des barmherzigen Gottes. Dass das arabische Wort *Dhat* (Wesen, Essenz), grammatikalisch betrachtet, weiblich ist, lässt Ibn Arabi in der ihm eigenen sprachphilosophischen Herangehensweise immer wieder das weibliche Element in Gott entdecken.

Männer *und* Frauen werden im Sufismus unterrichtet und – im Gegensatz zum orthodoxen Islam, wo nur Männer die Prediger sind – es gibt auch Lehrerinnen. Die Moscheen der Sufi-Heiligen werden des Öfteren auch als »Moscheen der Frauen« bezeichnet. In den orthodoxen Moscheen werden Frauen in der Regel nur im Hintergrund geduldet, während sich Frauen in den Sufi-Moscheen individuell dem Gebet hingeben können. In zahlreichen Heiligen-Moscheen spielen sogar Kinder und die Familien machen an diesem Ort Picknick in den Höfen um die Gräber herum.

Der Gläubige kann sich bei den Sufi-Treffen auch außerhalb der vorgegebenen religiösen Formen individuell dem Glauben hingeben – und so gilt Sufismus auch als »die volkstümliche Seite des Islam«. Die Zusammenkünfte der Sufis bieten dabei Platz für unkonventionelle Verhaltensweisen; die Menschen können sich durch die Gesänge und Tänze der Sufis in eine oftmals sexuell anmutende Ekstase steigern. Bleibt ihnen der materielle Aufstieg durch die Schicht, aus der sie stammen, verwehrt, können sie durch sufische Praxis zumindest spirituell aufsteigen. Sufi-Scheichs sind als Heiler und Ratgeber bei alltäglichen Problemen oder Beschwerden gefragt und die alljährlichen Feste an den Heiligengräbern gleichen oftmals großen Jahrmärkten, bei denen ausgiebig getanzt wird.

Dass im Sufismus die Postulate des orthodoxen Islam immer wieder in Frage gestellt wurden, führte zu Spannungen. Im Lauf der Jahrhunderte gab es in der islamischen Welt immer wieder Zeiten, in denen Sufis verfolgt wurden, und andere Zeiten, die von Toleranz geprägt waren und in denen große Entwicklungen stattfanden. In einigen Teilen der islamischen Welt ist Sufismus weit verbreitet – so in Marokko, dem Senegal, Ägypten, dem Sudan, der Türkei, Zentralasien, Afghanistan, dem Irak, dem Iran, in Indien und Pakistan. In anderen Teilen der islamischen Welt, vor allem im heutigen Saudi-Arabien, findet man nur wenige Sufis. Seit der Machtübernahme der Herrscherfamilie der Sauds im Jahre 1922 ist hier der wahhabitische Islam – jene fundamentalistische Reformlehre, die auf den orthodoxen Prediger Abdul Wahhab (gest. 1792) zurückgeht und die Aussagen des Korans wörtlich nimmt – Staatsreligion. Die mystische Vereinigung von Mensch und Gott wird im Wahhabismus ganz und gar abgelehnt. Kunst, Musik und Tanz sind ebenso verpönt wie jeder Ansatz, zwischen Mensch und Gott einen Heiligen zu stellen. Um jeden Heiligenkult zu unterbinden, wurden in Saudi-Arabien nicht nur alle Heiligengräber sowie die Gräber der Nachkommen des Propheten systematisch zerstört, sondern auch jene Bauten, die mit dem Propheten Mohammed in Verbindung gebracht werden können, wie das Geburtshaus des Propheten.

Die noch auf das beduinisch geprägte Arabien zurückgehende Rechtssprechung *(Scharia)* ist bis heute in Saudi-Arabien Gesetzesgrundlage. Im beduinisch geprägten Arabien zur Zeit Mohammeds galt Handabhacken bei Diebstahl als legitime Strafe, was man in der westlichen Welt heute als barbarisch empfindet. In der westlichen Welt von heute gilt bei Diebstahl das Wegsperren in ein Gefängnis als legitim, und wahrscheinlich wird auch dies eines Tages von einer anderen Zivilisation als barbarisch geächtet werden. Orthodoxe Islamisten vernachlässigen heute allerdings oftmals den alles durchdringenden Zustand der Liebe und des Verzeihens, der schon in früheren Zeiten des Öfteren die beduinischen Gesetze außer Kraft setzte. Zudem ist *Bismillah-ar-Rahman ar-Rahim* (Im Namen Gottes, des Gnädigen, des Allbarmherzigen) einer der wichtigsten Sätze im Islam: Mit ihm beginnt nicht nur nahezu jede Sure des Korans; er wird auch bei alltäglichen Handlungen in der muslimischen Welt immer wieder zitiert – durch ihn wird auf den alles verzeihenden und alles vergebenden Aspekt Gottes hingewiesen.

Zeitgenössische moderne muslimische Theologen, wie der Franzose Soheib Bencheikh, der Türke Yaşar Nuri Ötztürk und der Ägypter Abu Said, formulierten deshalb unabhängig voneinander einen Islam, dem das Leben des Propheten Mohammed und seiner Gemeinde als Vorbild zugrunde liegt und in den moderne westliche Werte wie Menschenrechte, Demokratie oder Pluralismus problemlos eingefügt werden können. Diese drei Theologen gelten aber nicht nur als Modernisierer des Islam, sie sind auch angesehene Experten für alle sufischen Themen.

Mohammed selbst erwähnte in einem außerkoranischen Spruch *(Hadith)*, dass jede Passage des Korans eine esoterische Bedeutung habe, zu der es wiederum eine esoterische Deutung gebe; so gebe es insgesamt sieben esoterische Stufen, wie man den Koran lesen und verstehen könne. Mystiker späterer Jahrhunderte haben immer wieder versucht, diese verschiedenen Bedeutungsstufen des Korans wiederzugeben. Während die einen manche streng anmutenden

Vorschriften wörtlich nehmen, sehen andere darin Symbole, die sie an der Schönheit und Vielfalt der Schöpfung teilhaben lassen.

Für westliche Menschen mögen manche Koran-Passagen befremdlich klingen, wie etwa die *Sura Al Tauba* (Die Reue; Sure 9, Vers 5), wo es heißt: »Tötet die Ungläubigen, wo ihr sie findet, greift sie, umzingelt sie und lauert ihnen auf.« Diese Sure wurde zur damaligen Zeit als ein Manifest gegenüber den Ungläubigen aus einer konkreten Situation der Bedrohung heraus offenbart. Die meisten Muslime wissen um die historischen Umstände. Die Gemeinschaft der Muslime war damals durch ihre Gegner unmittelbar mit dem Tode bedroht. Um den Glauben und ihr Leben zu schützen, wurden die Muslime zum aktiven Kampf gegen die Ungläubigen aufgerufen. Die Sufis lehren deshalb, dass die *Sura Al Tauba* eine Anleitung ist, dem Unglauben in sich selbst aufzulauern, ihn dort zu umzingeln und zu bekämpfen.

Wie der große Sufi und islamische Theologe Al-Ghazzali erklärt, kann niemand von sich behaupten, dass er ein Koran-Experte sei, der die Bedeutung des Korans verstehe, und dabei sagen, dass es für eine bestimmte Passage nur eine einzige Interpretation geben könne. Schon Ali Ibn Talib, der Cousin, Lieblingsschüler und Schwiegersohn des Propheten Mohammed, sagte, dass man allein mit den Auslegungen der 1. Sure, der *Al Fâtiha,* 40 Kamele beladen könne.

Und der moderne Sufi-Scheich Muzaffer Ozak schreibt: »Der Grad deiner Nähe zum Koran entspricht dem Grad deiner Nähe zu Gott.« Gemeint ist damit: »Dunkle« Charaktere lesen im Koran eine Aufforderung zu Engstirnigkeit und Fanatismus, wohingegen »helle« Charaktere im Koran eine Aufforderung zu Toleranz, zu aktiver Gottes- und Nächstenliebe sowie zur unmittelbaren Erkenntnis der Schöpfung und des höchsten Seins erkennen. Der bedeutende Sufi-Scheich Ibn Arabi sagt, dass die Vieldeutig-

> »Wenn Tradition und Vernunft einander widersprechen, dann ist der Vernunft Vorrang zu geben.«
>
> Grundsatz im Islam

keit der Koran-Passagen ein Zeichen für die Offenheit des Korans sei: Jeder finde im Koran genau das, was er zu finden bestrebt sei.

Wie Yaşar Nuri Öztürk schreibt: »Der Koran in seiner jetzigen Form ist zwar für Muslime unveränderbar, aber es wäre eine Anmaßung zu behaupten, dass die Koraninterpretation einiger konservativer Theologen ebenfalls für alle Zeit unveränderbar sein soll.«

Und wie Yaşar Nuri Öztürk auch schreibt: »Der Koran besitzt solch eine wunderbare Elastizität, dass er den Menschen stets ermöglicht, seine zeitlosen Religionsprinzipien so zu bewerten, dass er die Bedürfnisse verschiedener Epochen und Gesellschaften befriedigt.«

> Wie es im Koran dazu heißt: »Er (Allah) offenbarte dir die Schrift, in der viele Verse grundlegend sind als Beweise von der Mutter der Schrift, andere hingegen sind mehrdeutig zu lesen«.
>
> Sure 3,7

Natürlich gibt es im Koran Textstellen, in denen zum Kampf gegen Ungläubige aufgerufen wird; solche Texte sind aber auch im Alten und im Neuen Testament, in der Bhagavad Gita sowie im Khala-Chakra, dem heiligen Buch der Buddhisten, zu finden. Während die Fundamentalisten aller Religionen entsprechende Textstellen in den heiligen Büchern betonen, sind für Mystiker eher Auszüge wichtig, in denen zu Frieden, Toleranz und Miteinander aufgerufen wird.

Will man den modernen Islamismus verstehen, ist es wichtig, einen Blick auf die Entstehungsgeschichte des militanten Islamismus zu werfen: Als dessen Ahnherr gilt der ägyptische Literaturwissenschaftler Said Qutb (gest. 1966), der in den 1940er-Jahren mit einem Stipendium der ägyptischen Regierung die USA besuchte. Ägypten ist wie die meisten arabischen Länder eine sehr gastfreundliche Kultur, in der Fremde willkommen sind und in die Familien der Einheimischen integriert werden. In den USA jedoch musste Said Qutb erleben, dass er als »Schwarzer« betrachtet, verachtet und benachteiligt wurde. Von dem Rassismus und dem Materialismus des Westens schockiert, formulierte Said Qutb einen militanten Islamismus, der die westlichen Werte radikal zurückwies.

Eines der Hauptprobleme der Menschheit besteht darin, dass sie immer wieder versucht, eine Unvernunft durch eine andere Unvernunft zu ersetzen. Und in diesem konkreten Fall wollte Said Qutb die Unvernunft des westlichen Rassismus durch die Unvernunft des militanten Islamismus ersetzen. Da die Unvernunft jedoch die Menschen über die Jahrhunderte hinweg von einer Katastrophe in die nächste treibt, sollte eine der Hauptaufgaben der Mystik darin bestehen, einen Zustand der Dunkelheit durch Weisheit und Einsicht zu beenden.

Sufismus und Christentum

Eine oft gestellte Frage lautet: Was hat Sufismus mit dem Islam zu tun? Aus Sicht der Sufis ist Islam ohne Sufismus undenkbar, so wie auch Sufismus ohne Islam undenkbar ist. Ein Sufi würde die Unterscheidung »Sufi *oder* Muslim« zurückweisen, so wie auch christliche Mystiker wie Franz von Assisi, Jakob Böhme und Johannes vom Kreuz die Unterscheidung »Christ *oder* Mystiker« zurückgewiesen hätten. Interessanterweise beziehen sich viele Sufis immer wieder auf Jesus. So gibt es in der islamischen Welt zahlreiche Geschichten, in denen Jesus als vollkommener Sufi beschrieben wird. Nach dem angesehenen islamischen Jesus-Experten Abu Rifa'a Al-Fasawi (gest. 902) soll Jesus sogar gesagt haben: »Ihr werdet Gottes Barmherzigkeit nicht erlangen, bevor ihr nicht mit Freude grobe Wolle tragt«, das heißt Sufis werdet. Von Abu Hayyan Al-Tawhidi (gest. 1010) ist das folgende Jesus-Zitat überliefert: »Sei ein Wandersmann auf dieser Welt, mach die Moschee zu deinem Heim und trage grobe Wolle [Suf].« »Ihr habt

> »Allah sprach: O Jesus, ich will dich sterben lassen, dich auferstehen lassen und dich von den Anschuldigungen der Ungläubigen reinigen. Die, die dir folgen werde ich über die Ungläubigen erheben bis zum Tag der Auferstehung. Dann kehrt ihr zu mir zurück und ich werde euch darüber aufklären, über das ihr uneinig wart.«
>
> Sure 3,55

> »[Jesus spricht:] Allah ist mein Herr und euer Herr, darum dient ihm, damit ihr auf dem rechten Weg geht.«
>
> Sure 19,36

zwar das Kreuz, aber wir haben Jesus«, das ist ein viel zitierter Sufi-Ausspruch. Damit soll gesagt werden, dass die Christen zwar um die Person Jesus herum mächtige Kirchen aufgebaut, die Sufis jedoch seine Ideale der Nächstenliebe und des unentwegten Gottgedenkens in der Praxis übernommen haben.

Obwohl der Sufismus ursprünglich in der islamischen Welt beheimatet war, wurden im Lauf der Jahrhunderte immer wieder Nicht-Muslime initiiert – vor allem Hindus in Indien, aber auch orientalische Christen. Einer der bekanntesten Sufis des 20. Jahrhunderts, der Inder Bhai Sahib (gest. 1966) zum Beispiel, war Hindu. Auch bis in das christliche Europa ist das sufische Wissen vorgedrungen. Europäische Stadtchroniken berichten immer wieder vom Auftauchen tanzender Derwische. Laut Idries Shah findet man auch in britischen Stadtchroniken solche Berichte. Andererseits liest man in sufischen Chroniken vom Zusammentreffen mit christlichen Derwischen (Wandermönchen).

> »Und mit den Schriftbesitzern [Juden und Christen] diskutiert nur auf die anständigste Weise«
> Sure 29,46

Ein bekanntes Beispiel für »christlichen Sufismus« ist der heilige Franz von Assisi. Nach seiner Erleuchtung machte er sich mit dem fünften Kreuzzug nach Ägypten auf, um den Muslimen von Gott zu predigen. Zur damaligen Zeit wusste die christliche Welt fast nichts über die islamischen Länder, und was man wusste, war einseitig: So wurden die Muslime als Ungläubige angesehen, weshalb ein hoher Adept wie Franz von Assisi natürlich das Bedürfnis hatte, den Menschen von Gott zu predigen. Franz von Assisi musste jedoch erkennen, dass die meisten Ritter die christlichen Ideale nicht ehrten. Enttäuscht machte er sich auf den Weg zu Sultan Al-Kamil, um ihm zu predigen. An die Höfe der damaligen islamischen Welt wurden des Öfteren Derwische eingeladen, und so empfing Al-Kamil Franz von Assisi. Überrascht musste Letzterer feststellen, dass die Menschen dort tief gläubig waren. Er diskutierte mit dem Sultan über Gott und machte an seinem Hof Bekanntschaft mit muslimischen und christlichen Derwischen.

Ein anderer großer christlicher Mystiker, der ebenfalls vom Sufismus beeinflusst wurde, war Raimund Lull (1235–1315). Von den sufischen Schulen des damaligen Spanien übernahm Lull die Kontemplation auf göttliche Attribute, die die Menschen über alle Religionen hinweg zur göttlichen Wahrheit führen. Aber auch Johann Wolfgang von Goethe bekannte sich in seinen späteren Jahren zu einem aufgeklärten, sufischen Islam. In zahlreichen Briefen an seine Freunde nannte er Gott »Allah«. Er bewunderte die religiöse Toleranz und Vielfalt des Islam, so in einem Brief an Carlyle, wo er sich auf die 4. Sure, *Ibrahim*, bezieht: »Der Koran sagt: Gott hat jedem Volke einen Propheten gegeben in seiner eigenen Sprache.« Den Unfall einer Kutsche relativiert er in einem Brief aus dem Jahre 1816 an seine Freundin Marianne von Willemer mit dem Satz: »Und so müssen wir denn wieder im Islam (das heißt in unbedingter Hingebung in den Willen Gottes) verharren.« Und in einem Brief aus dem Jahre 1820 an seinen Freund Zeller können wir lesen: »Weiter kann ich nichts sagen, als dass ich hier mich im Islam zu halten suche.« Im *West-östlichen Diwan* drückt Goethe sufisches Gedankengut aus, indem er schreibt:

»Jesus fühlte rein und dachte
Nur den einen Gott im Stillen;
Wer ihn selbst zum Gotte machte,
Kränkte seinen heil'gen Willen.
Und so muss das Rechte scheinen,
Was auch Mahomet gelungen;
Nur durch den Begriff des Einen
Hat er alle Welt bezwungen.«

Aus dem Nachlass zu *Der West-östliche Diwan*

An anderer Stelle schreibt er:

»Närrisch, dass jeder in seinem Falle
Seine besondere Meinung preist!
Wenn Islam ›Gott ergeben‹ heißt,
Im Islam leben und sterben wir alle.«

Buch der Sprüche

Der britische Entdeckungsreisende Sir Richard Francis Burton (gest. 1890), der auch als Schriftsteller und Übersetzer *(Geschichten aus Tausendundeiner Nacht, Upanishaden)* wirkte und den Sind durchreiste, die heiligen Stätten von Mekka und Medina betrat und den Tanganjika-See in Zentralafrika entdeckte, wies auf die verblüffenden Ähnlichkeiten zwischen den Einweihungsritualen der wandernden Derwische mit denen der Freimaurer hin. Es sei durchaus denkbar, dass einer der Ursprünge der Freimaurerei im Sufismus liege, wobei im Lauf der Zeit bei den Freimaurern zwar die Einweihungsriten überlebten, die mystische Absicht dahinter jedoch mit der Zeit verwässert worden sei.

Vor allem im 20. Jahrhundert wurde das sufische Wissen durch die Kolonialisierung Arabiens, Indiens und Zentralasiens, aber auch durch die Pluralisierung in Europa und Amerika offen im Westen verbreitet. Einer der Pioniere war der Armenier Georg Iwanowitsch Gurdjieff (gest. 1949), der gegen Ende des 19. Jahrhunderts auf der Suche nach Weisheit durch den Kaukasus, Zentralasien und den Himalaya reiste und in diesen Gegenden von verschiedenen Sufischulen initiiert wurde. Da im Sufismus körperliche Bewegungsabläufe zur Schulung einfach dazugehören, entwickelte Gurdjieff ein eigenes System von »Movements« (Bewegungen), die die Menschen geistig öffnen sollten.

Der Inder Pir Hazrat Inayat Khan (gest. 1927) brachte die Lehren des Chishti-Ordens in den Westen. Auf ihn geht der *Internationale Sufiorden* zurück, der weltweit heute viele tausend Anhänger hat. Durch Muzaffer Ozak kam es zur Verbreitung des Jerrahi-Weges im Westen, Irina Tweedie gründete das *Golden Sufi Center*, während Idries Shah den Naqushbandi-Weg dem westlichen Denken und Leben anpasste und Reshad Feild den türkischen Mevlevi-Weg im Westen verbreitete. Nahezu weltweit vertreten ist der Naqushbandi-Weg, der auf Scheich Nazim Haqqani zurückgeht und einen vergleichsweise orthodoxen Islam lehrt. Und der ägyptisch-sudanesische Burhania-Dusuki-Orden ist nach seiner Wiederbelebung durch den Sudanesen Mohammed Osman (gest. 1983) mittlerweile nicht nur überall in der arabischen Welt vertreten, er besitzt selbst im Westen zahlreiche Anhänger.

Wer Sufi-Übungen praktiziert, muss nicht unbedingt ein Muslim sein. Doch ebenso, wie Menschen, die Zen praktizieren, sich mit der Zeit automatisch immer mehr dem Buddhismus, und andere, die Yoga praktizieren, immer mehr dem Hinduismus zuwenden, rücken Menschen, die Sufismus praktizieren, dem Islam näher.

Sufismus, der innere Kern des Islam, ist – auf einer tieferen Ebene – mit dem Kern aller Religionen identisch. Es besteht eine enge Verwandtschaft zwischen den mystischen Traditionen aller Weltreligionen – wie Zen, Tantrismus, Chassidismus und christliche Mystik. So hat der bekannte Hindu-Mystiker Yogananda die Weinode *(Rubajiat)* des islamischen Mystikers Omar Chaiam spirituell interpretiert (siehe Seite 287) und der renommierte japanische Zen-Experte Isutzu schrieb bedeutende Werke über die islamische Mystik und die Gemeinsamkeiten von Zen und Sufismus.

> »Sufismus, das ist wie der Zucker im Tee. Du siehst ihn nicht. Erst wenn du ihn schmeckst, wirst du verstehen, was Zucker ist. Der Mystiker ist wie ein Schilfrohr, das Gott geschnitten und ausgebrannt hat, um darauf zu spielen. Wenn du mit dem Herzen hörst, wirst du anfangen, mit Gottes Atem in der Welt zu schwingen.«
>
> Muzaffer Ozak

Der bedeutende islamische Theologe Al-Ghazzali weist in seinen Werken an verschiedenen Stellen darauf hin, dass Sufismus die innere Lehre aller Religionen sei, was er durch zahlreiche Zitate aus der Bibel und den Apokryphen belegt. So schrieb er ein Traktat *(El quawl el jamil fil raddi a la man ghayr el injil)*, in dem er kritisch darlegt, wie das Christentum seiner Zeit sich von den ursprünglichen Idealen entfernt hatte, was ihm von orthodoxen muslimischen Kritikern den Vorwurf einbrachte, er sei ein heimlicher Christ.

2. Der Glaube der Sufis

2.1 Die Einheit des Seins

Gott ist. Es gibt keinen Gott außer Gott und Mohammed ist sein Prophet. Es gibt nichts außer Gott und alles, was ist, ist er. – Mit diesen Worten könnte man das Wissen der Sufis skizzieren, wie es Ibn Arabi in seinen *Mekkanischen Offenbarungen* zusammengefasst hat. In seinem Buch schreibt er nichts Neues, sondern interpretiert lediglich die Aussagen des Korans in einem ursprünglichen Zusammenhang, von dem angenommen wird, dass er den Muslimen der ersten Generationen noch bekannt war. *Khalq,* »die Schöpfung«, wurde von *Khaliq*, »dem Schöpfer«, geschaffen, auf dass er sich seiner selbst bewusst werde. Dabei gab es keinen Anfang und es wird auch kein Ende geben. Alles ist ein einziges Werden, durch das die göttliche Essenz *(Haqq)* sich ihrer selbst bewusst wird.

> »Gepriesen sei Er, fern ist Er von den menschlichen Beurteilungen, weit und erhaben steht er darüber. Die sieben Himmel und die Erde preisen ihn und alle, die darin leben.«
>
> Sure 17,42-43

Den Geschöpfen mag die Schöpfung als Vielheit erscheinen, und doch bildet diese Vielheit eine Einheit, der ein und dieselbe Essenz *(Haqq)* zugrunde liegt. In einem gewissen Sinn mag die ganze Schöpfung als mit dem Schöpfer eins erscheinen, in einem anderen Sinn jedoch nicht. Alles ist eine Frage des Blickwinkels. Scheinbar paradoxe Aussagen des Korans, wie »Der Erschaffer ist das Erschaffene«; »Ich bin er und er ist ich«; »Ich bin er und nicht er«; »Haqq ist Khalq und Khalq ist Haqq«; »Haqq ist nicht Khalq und Khalq ist nicht Haqq«, erklärt Ibn Arabi mit der beschränkten menschlichen Fähigkeit, die göttliche Realität wahrzunehmen.

Würde Gott nicht alle existierenden Dinge durchdringen, so hätte die Welt keine Existenz. Es wären keine Aussagen über sie möglich. – Es gibt nichts außer Gott. Alles ist Allah und alles ist von seiner Essenz durchdrungen. Aus ihrem eigenen Blickwinkel heraus sind die geschaffenen Dinge einzigartig. Aus Sicht der Wirklichkeit jedoch bilden sie alle eine einzige zusammenhängende Einheit. »Wenn du ihn durch ihn betrachtest«, so Ibn Arabi, »so betrachtet er sich selbst durch sich selbst. Das ist der Zustand der Einheit. Wenn du ihn durch dich selbst betrachtest, verschwindet diese Einheit.«

> »... und der Donner verkündet sein Lob, die Engel lobpreisen ihn ehrfurchtsvoll.«
> Sure 13,13

Alles ist ein Wechselspiel von *Haqq,* »Wirklichkeit«, und *Khalq,* »Erscheinung«. Das sind nur zwei von vielen Begriffen, die dazu dienen, die eine und alles umfassende Wirklichkeit zu charakterisieren: Gott. Die scheinbare Dualität von *Haqq* (Wirklichkeit) und *Khalq* (Schöpfung) ist keine wirkliche Dualität, ihr liegt vielmehr eine unterschiedliche Wahrnehmung der allumfassenden Einheit und Allgegenwart Allahs zugrunde.

> »... und ruft keine anderen Götter ausser Allah an, den es gibt keine Götter ausser Allah. Alles, was besteht, wird vergehen, nur sein Angesicht nicht. Er macht die Gesetze und zu ihm kehrt ihr zurück.«
> Sure 29,88

Einer der Schlüsselverse des Korans ist die 112. Sure, *Al Ikhlas,* »Der reine Glaube«:

> »Sprich: Er, Allah, ist eins.
> Allah ist absolut [alles beinhaltend, allumfassend].
> Er zeugt nicht, noch wurde er gezeugt,
> Und niemand ist ihm gleich.«

Diese Sure gilt als eine der wichtigsten überhaupt. Im islamischen Ritualgebet wird sie gleich nach der 1. Sure, *Al Fâtiha,* rezitiert (siehe Kapitel 5.1, »Das Gebet«). Oberflächlich betrachtet wird in

Al Ikhlas lediglich der christliche Inkarnationsgedanke* zurückgewiesen. Auf einer tieferen Ebene kommt hier die Absolutheit und Einzigartigkeit Allahs zum Ausdruck, die im Koran immer wieder erwähnt wird: Allah ist eins, genauso wie die ganze Schöpfung eins ist, denn Allah ist allumfassend, arabisch: *samad*.

> »Siehst du denn nicht, wie alles Allah preist, was in den Himmeln und was auf Erden ist, selbst die Vögel, indem sie ihre Flügel weit ausbreiten. Jedes Geschöpf betet zu Ihm und preist ihn und Allah weiß was sie tun.«
>
> Sure 24,41

Wie der Schweizer Sufi-Gelehrte Fredy Bollag schreibt, sei die Aussage der 112. Sure »Er zeugt nicht und wird nicht gezeugt ...« auch so zu verstehen, dass er der unwandelbare Kern in der Schöpfung ist, der von karmischen Verstrickungen unberührt bleibt. Während die Schöpfung, *Khalq*, den verschiedenen Wandlungen unterworfen ist, ist Allah in seiner Form als Essenz, *Haqq*, der immer gleich bleibende Kern.

Letztendlich, so Ibn Arabi, gehe es in der mystischen Schulung *nicht* darum, die Einheit mit Gott herzustellen. Denn die Einheit sei bereits da. Es gehe darum, diese Einheit zu erkennen. Der Mensch sei mit diesem Wissen geboren. Kleinkinder wüssten um die Einheit des Seins, ohne jedoch die Selbstständigkeit und die intellektuellen Fähigkeiten zu besitzen, dieses Wissen praktisch umsetzen zu können. Im Verlauf des Heranwachsens verliere sich dieses Wissen. Nur Propheten und große Heilige würden nicht von der »Krankheit«, *Marad*, befallen, die die Einheit vergessen lasse. Der normale Mensch jedoch brauche Führung. Ziel der sufischen Schulung sei es darum, die Menschen wieder auf das verborgene Wissen aufmerksam zu machen.

---

* Arabi zum Beispiel lehnt ausdrücklich die christliche Doktrin von der Inkarnation Gottes ab: Zu behaupten, Jesus sei Gott und der Sohn von Maria, sei genauso wahr, wie es wahr sei, wenn man sagt, Gott sei dies oder jenes. Zu behaupten, dass Gott nur Jesus und nichts anderes sei, das sei jedoch falsch.

Nach Ibn Arabi ist der Islam die einzige Religion, die beide Aspekte Gottes gleichermaßen betrachte: die Essenz und die Schöpfung. Religionen, die sich nur auf den transzendenten Kern Gottes konzentrierten, führten zu einem Dualismus zwischen Gott und Welt. Gott sei dann gut, die Welt aber schlecht. Religionen, die sich nur auf die Geschöpfe bezögen, führten zur Vielgötterei. Gott werde dann nicht mehr im Ganzen gesehen, sondern nur noch in Einzelaspekten, die alles andere ausschlössen.

Gott ist so unvorstellbar groß, dass kein geschaffenes Wesen in der Lage ist, sich Allah vollständig bewusst zu machen oder seinen wahren transzendenten Kern zu erfassen. Nur Allah selbst kennt seine wirkliche Größe. Alle Vorstellungen von Allah sind nur Beschränkungen. Allein von Gottes Transzendenz zu sprechen ist eine Beschränkung. Selbst der Mystiker, der Gott und damit auch die Einheit des Seins begriffen hat, kann nur einen Ausschnitt des göttlichen Bewusstseins erfassen.

> Gott betrachtet sich und die Schöpfung durch den Mystiker. Der Mystiker erkennt in seinem Umfeld Gott.

Der erleuchtete Mensch nimmt in allen Bereichen des alltäglichen Lebens Gottes Gegenwart wahr, er vernimmt in allen Bereichen die göttlichen Namen *Allah* und *Hu* (siehe Kapitel 2.2, »Die göttlichen Attribute«) und erkennt, dass die ganze Schöpfung von Gott kommt und wieder zu Gott zurückströmt, obwohl es andererseits in der gesamten Schöpfung nichts gibt, das außerhalb von Gott ist (siehe Kapitel 2.3, »Der vollendete Mensch«). So nehmen die Sufis Alltagsprobleme von einem »höheren Blickwinkel« aus wahr und gleichzeitig von einem »tieferen«. Der höhere Blickwinkel lässt sie erkennen, wie sich die sie umgebenden Dinge zu einem sich entwickelnden Ganzen zusammenfügen. Der Blick in die »Tiefe« lässt sie bei allen alltäglichen Begebenheiten Gottes Gegenwart vernehmen. Da sie die Einheit aller Dinge erkannt haben, erfahren sie im Alltäglichen Zusammenhänge, die wieder zu neuen Manifestationen des göttlichen Seins führen.

Einerseits sind Erschaffer und Erschaffenes eins. Andererseits ist Allah von der Schöpfung grundverschieden: *Humu Lah Huwa la hum*, »Sie sind Gott, er ist nicht sie«. Ibn Arabi sagt: »Denn er, gepriesen sei er, hat keinerlei Ähnlichkeit mit seiner Schöpfung. Seine Essenz kann von uns nicht erfasst werden, und so können wir sie nicht mit fassbaren Dingen vergleichen, und ebenso wenig ist sein Handeln wie unseres.«

> »Allah ist Herr über Ost und West; wohin ihr euch wendet, da ist Allahs Angesicht: Allah ist allgegenwärtig und allwissend.«
>
> Sure 2,115

> »Ich [Allah] war ein verborgener Schatz und sehnte mich danach, erkannt zu werden; so erschuf ich die Welt, auf dass ich erkannt würde.«
>
> Hadith des Propheten Mohammed

Alles, was es gibt – jedes Mineral, jede Pflanze, jedes Tier, jeder Engel, jeder Dschinn und jeder Mensch –, ist ein Werkzeug Allahs, durch das er sich seiner selbst bewusst wird. Durch die Augen des vollkommenen, selbstverwirklichten Menschen *(Insan al-kabir)* kontempliert Allah die Vielfalt und Schönheit seiner Schöpfung und erkennt sich selbst als vollkommen. Die Schöpfung gestaltet sich ständig neu, und die Sufis erkennen und bewundern in allen erschaffenen Dingen Gott und bestaunen in ihnen seine Schönheit. Daher werden die Meister der Weisheit auch *Ubbadul waqt* (Anbeter der Zeit) genannt.

> »Mein Herz umfasst sämtliche Formen,
> Das Mönchskloster, den Götzentempel,
> Die Weide der Gazellen und die Kaaba des Gläubigen,
> Die Tafeln der Tora und den Koran.
> Die Liebe ist, wozu ich mich bekenne:
> Wohin seine Kamele sich auch wenden mögen,
> Die Liebe ist und bleibt mir Glaube und Gesetz.«
>
> Ibn Arabi

Auch der Götzendienst, so Ibn Arabi, sei eine Form, Gott zu preisen. Nur werde dabei Gott lediglich in seiner Vielfalt, nicht aber in seiner Essenz begriffen. Wie Junaid schon vor Ibn Arabi sagte: »Wasser nimmt die Farbe des Glases an, in dem es sich befindet.« So sagen die einen Menschen, das Wasser sei grün, die anderen, das Wasser sei rot oder blau. Das Wasser ist die ganze Zeit Wasser – nur die Farbe erscheint anders. Auf den Glauben angewendet, ist Gott das Wasser und die Farbe des Glases ist das Bewusstsein des betreffenden Menschen, das Allah in seiner ihm eigenen Färbung wahrnimmt. Allah offenbart sich den Menschen in den verschiedensten Formen: Den Christen offenbarte er sich in der Person Jesu, den Juden über die Tora, die Götzendiener beten ihre Götzen an, und den Muslimen zeigt Gott sich über den Koran und den Namen »Allah«.

Ibn Arabi, wie so vielen Mystikern vor und nach ihm, offenbarte sich das Geheimnis Gottes durch den arabischen Buchstaben H am Ende des Wortes Allah. Das arabische H sieht aus wie eine Schleife. Für sich stehend bedeutet H auch *Hu (wa),* »Er«. Indem die Mystiker in dieses *Hu* eintauchen, verschmelzen sie mit dem Urzustand.

Die Propheten als Siegelringsteine

In seinem Buch »Siegelringsteine der Weisheit« *(Al Fusus al-Hikam)* beschreibt Ibn Arabi, wie Mohammed und die anderen 28 namentlich im Koran erwähnten Propheten den Menschen ihrer Zeit die göttliche Wahrheit vermittelten. Noch heute wird das Buch zur Schulung von Derwischen vorgelesen und es versetzt die Zuhörer fast automatisch in einen mystischen Zustand. Ibn Arabi vergleicht in diesem Buch die Propheten mit Siegelringsteinen: Genau wie man mit einem Siegelring sein Zeichen immer wieder in heißes Wachs drückt, so prägt der Allumfassende durch die Propheten den Menschen die göttliche Wahrheit ein.

Nach dem Glauben der Muslime begann der Islam nicht erst mit dem Propheten Mohammed. Der Islam ist die Religion, die von allen Propheten gelehrt und erst durch Mohammed vollendet wurde. Die Sufis glauben jedoch, dass der Islam nicht nur aus dem Einhalten von bestimmten Regeln und Gebetszeiten besteht, er ist vielmehr die Religion, die die Menschen in die Einheit, Liebe und Allmacht Gottes eintauchen lässt. Für Ibn Arabi waren die im Koran beschriebenen Propheten Gottes Werkzeuge, die dazu dienten, den Menschen immer wieder die höchste mystische Einsicht zu vermitteln. Durch die im Koran beschriebenen Propheten werden die verschiedenen Aspekte der mystischen Entwicklung deutlich. Ibn Arabi deutete die Aufgabe der Propheten folgendermaßen:

Adam ist der Archetypus des Menschengeschlechts. Er wurde vollkommen geschaffen und ihm gebührt die Vorrangstellung vor allen anderen Wesen, auch vor den Engeln. Er ist der Stellvertreter Gottes auf Erden. Ibn Arabi beschreibt Adam nicht als konkrete Person, sondern als eine Art geistiges Urbild, aus dem immer wieder alle Menschen neu geschaffen werden. Dabei wurden Adam die Namen der einzelnen Teile der Schöpfung übermittelt, weshalb ihm die ganze Schöpfung untertan ist.

Noah, der die Schöpfung vor der Sintflut bewahrte, hatte die Aufgabe, die Aspekte der Immanenz und der Transzendenz auszugleichen. Nachdem die Menschheit dem Geschaffenen verfallen war, musste die Transzendenz wiederhergestellt werden.

Ibrahim (Abraham), der bereit war, sein eigenes Leben und das seines Sohnes Isaak zu opfern, erschien als der vollkommene Gottesliebende. Er ist der wahre Gläubige und für Ibn Arabi auch der vollkommene Mensch. Anhand von Abraham verdeutlicht Ibn Arabi, dass Gott alle Bereiche der Schöpfung durchdringt. Darum erkennt der wahre Muslim, dass alles, was er tut, »innerhalb von Gott« geschieht.

Isaak, der von seinem Vater Abraham für Gott geopfert werden sollte, erfasste die Dimension der Träume. Obwohl in der dama–ligen arabischen Welt ein Kamel wertvoller war als ein Schaf, wurde für Isaak ein Schaf geopfert, das Reinheit symbolisierte. Hier wird die Bedeutung von Symbolen klar, die den Menschen auch in den Träumen erscheinen. Die Bereitschaft Isaaks, sich für Allah zu opfern, wird auch als das sufische Bestreben gedeutet, die persönliche Identität in Gott auszulöschen.

Ismail, der mit seinem Vater Abraham die Kaaba in Mekka erbaute, vermittelte den Menschen die Fähigkeit zu dienen. Indem die Menschen den göttlichen Befehlen dienen, gehen sie in der Erkenntnis von der allumfassenden Einheit des Seins auf.

Jakub, der zweite Sohn Isaaks, der sich von seinem Vater das Erstgeborenenrecht erschlich, verdeutlicht, dass Religion nicht nur das Einhalten der von den Propheten überlieferten Gesetze ist, sondern auch dazu dient, die Einheit des Seins zu leben.

Jussuf (Joseph), der Sohn des Jakub, der von seinen Brüdern als Sklave nach Ägypten verkauft wurde, steht für die Welt der geistigen Urbilder *(Ayan At-Tabib)*, die als feines Licht auch in Träumen erscheinen. In der Meditation auf die geistigen Urbilder gewinnt der Muslim wieder Zugang zum geistigen Ursprung.

Luth (Lot), der aufgrund seiner Gottesliebe dem Strafgericht über Sodom entging, lehrte die Menschen die Beherrschung der animalischen Seele durch den Geist. So erlangen die Menschen eine besondere Willenskraft *(Himma)* und geistige Potenz, die nötig ist, um im Göttlichen bewusst aufzugehen.

Bei *Da'ud (David)* ging es um die Frage von verliehenem und erworbenem Wissen. In seiner Gnade beschenkt Gott immer wieder Menschen von Geburt an mit einem bestimmten Wissen über das Göttliche. Dadurch können diese Menschen ihren Mitmenschen als weise Führer dienen.

Suleyman (Salomon), Davids Sohn, steht für die Barmherzigkeit Gottes, die sich auch in der Verfügungsgewalt über die irdischen Güter äußert. König Salomon war nicht nur Herr über die Geister, sondern wartete seiner Geliebten Bilqis, der Königin von Saba, auch mit Wundern auf. Hier werden zwei wichtige Aspekte Gottes deutlich. Mit der Eigenschaft *Ar-Rahman* (der Gnädige) offenbart sich das reine Schenken Gottes. Mit *Ar-Rahim* (der Barmherzige) beschränkt Gott sich selbst, indem er allen Geschöpfen die göttliche Gnade zuteil werden lässt.

Yunus (Jonas), der im Bauch des Wals war, verdeutlicht die menschliche Fähigkeit, sich in Klausur zu begeben und zu meditieren. So offenbarte Yonas die Würde des Menschen, seine bevorzugte Stellung als Ebenbild Gottes.

Hiob zeigt die Welt des Jenseitigen und Verborgenen auf. Er ist derjenige, der die Wahrheit sucht und so lange leidet, bis sie sich ihm enthüllt. Anhand von Hiob zeigt Ibn Arabi das Leiden in der Hölle auf, das für die Menschen andauert, bis sie Reue zeigen und an Gott glauben.

Idries (Elias) steht für die menschliche Erhabenheit durch die Aktivierung verschiedener aufeinander aufbauender Bewusstseinsstufen, durch die das göttliche Sein immer klarer und umfassender erkannt wird (siehe dazu Kapitel 4.2, »Die Stationen des Aufstiegs«). Der Mensch erkennt die Einheit hinter der Vielheit der Schöpfung, wobei diese Vielheit mithilfe der Logik nur ungenau erkannt werden kann. Sie kann nur jenseits aller Logik *erfahren* werden.

Lukman, der aus Schwarzafrika kam, um den Israeliten den Glauben an Gott aufs Neue nahezubringen, lehrte die Menschen, dass Gott durch alle Teile seiner Schöpfung handelt, auch durch den allerkleinsten Teil und sogar durch die einzelnen Gliedmaßen des menschlichen Körpers. Die Schau Gottes muss darum auf allen Seinsebenen vollzogen werden.

Musa (Moses) beschreibt Ibn Arabi als besondere göttliche Manifestation. Da der Pharao aus Furcht vor Moses die Kinder der Israeliten töten ließ, führte Gott Moses die ganze spirituelle Kraft jedes einzelnen dieser Kinder zu. Und damit wird Moses zu einer besonderen Manifestation seines Volkes. Als Prophet zeigt Moses den Menschen die Fähigkeit auf, sich aus gewohnten Bahnen herauszulösen, um ein höheres Bewusstsein zu entwickeln.

Bei *Harun (Aaron),* Bruder und Stellvertreter Mose, der die Israeliten nach Palästina führte, geht es um das Thema »Anbetung und Göttlichkeit«. In Wahrheit sind der Angebetete und der Betende eins, genau wie der Geliebte und der Liebende in Wahrheit eins sind.

Der sagenhafte arabische Monotheist *Halid,* der den Menschen auch nach seinem Tod erschien, gilt als Prophet der Zwischenwelt

(Barzakh). Der Zustand der Menschen nach ihrem Tod entspricht dem Zustand der Menschen vor ihrem Tod.

Der Name des Propheten *Jahia (Johannes)* leitet sich von *Hajah,* »Leben«, ab. Hier geht es um die Bedeutung von Tod und Auferstehung und darum, dass es in Wahrheit keinen Tod gibt, sondern nur SEIN.

Isa (Jesus) wird von Ibn Arabi vor allem als Heiler beschrieben. Er wurde jungfräulich geboren und konnte schon von Geburt an sprechen. Durch seine Wundertaten manifestierte sich Gott für die Menschen. In Jesus offenbarten sich der »Geist Gottes« und das »Wort Gottes«. Mit der geistig-spirituellen Heilung werden auch körperliche Leiden geheilt.

Mohammed gilt nicht nur als historische Persönlichkeit, sondern auch als vorweltlich geschaffener Logos. Er ist der letzte Prophet und hat die Offenbarungen aller ihm vorangegangenen Propheten vollendet und zu einem sinnvollen Ganzen zusammengefügt. »Wer sich selbst kennt, der kennt seinen Herrn«, durch diesen Satz sagte Mohammed, dass Gott der Urgrund alles Seienden ist. Mohammeds Liebe zu den Frauen und zu den Wohlgerüchen lässt deutlich werden, dass Liebe der Weg zur göttlichen Erkenntnis ist. Mohammed schenkte den Menschen das Ritualgebet und den Koran, durch den nach islamischem Glauben Gott direkt zu den Menschen spricht. Und so hat der Mensch Glück und Segen schon in diesem Leben und Zugang zu allen Paradiesen.

Letztendlich bezeugten alle Propheten die Einheit des Seins *(Wudjut al Wajat).* Da Mohammed in einem Hadith von mehr als 124 000 weiteren Propheten sprach, gibt es für die Sufis der späteren Jahre auch andere Heilsgestalten und Religionsgründer wie Buddha, Zarathustra, Krishna, Laotse, Konfuzius und Mahavira. Wie Pir Vilayat Khan (geb. 1933), der Scheich des *Internationalen Sufiordens*, schreibt, steht *Shiva* für die Beherrschung der Naturgewalten zur spirituellen Vervollkommnung. *Buddha* hingegen lehrte das Nicht-Anhaften an den Verstrickungen der Welt. *Zarathustra* brachte die Reinhaltung und Ehrerbietung der irdischen Elemente nahe.

Nach Rumi sind die Propheten ein einziges Wesen. Wenn man einen von ihnen ablehnt, lehnt man alle ab. In Wahrheit gibt es ein einziges Licht, das durch verschiedene Fenster und Öffnungen strahlt. Die Propheten stellen die Öffnungen dar, das Licht aber bleibt ein und dasselbe. Lehnt man eines dieser Fenster ab, so ist es wie in Rumis Beispiel von der Fledermaus, die sagt, dass sie gegen die diesjährige Sonne sei und nur die vom letzten Jahr anerkenne. Wenn Menschen doch einen Unterschied wahrzunehmen glauben, dann nur deshalb, weil sie die Sonne dieses Jahr nicht richtig erlebt haben. Rumi sprach auch davon, dass der Wein der göttlichen Gnade unerschöpflich sei: Alle Begrenzungen entstünden nur durch die Mängel des Bechers.

> Das Mondlicht füllt den Himmel ganz, von Ost nach West; wie weit es deine Stube füllen kann, hängt von den Fenstern ab.

Das Böse

Oft wird im Zusammenhang mit der Einheit der Schöpfung die Frage nach dem Bösen gestellt: Wie kann ein guter, gnädiger und barmherziger Gott das Böse zulassen? – Für die Sufis hängt alles nur von der Wahrnehmung ab. Das reine Böse ist für Ibn Arabi dasselbe wie reines Nicht-Sein. Licht und Dunkel sind keine Gegensätze, sondern haben mit Existenz und Nicht-Existenz zu tun. Für Ibn Arabi ist alles Böse innerhalb der Schöpfung relativ. Menschen bezeichnen etwas als »böse«, weil die eine oder andere Religion es als schlecht ansieht, weil es der ethischen oder einer anderen gesellschaftlichen Norm widerspricht, weil es einem individuellen Temperament widerspricht oder weil es natürliche, moralische oder intellektuelle Wünsche eines Menschen nicht befriedigt. Tatsächlich erschafft Allah nichts, das in sich selbst böse ist. Dinge, die in einem Zusammenhang als schlecht erscheinen, sind in einem anderen Zusammenhang wieder von Nutzen. So schreibt Rumi im *Mathnawi*:

»Dank Gott erkenne ich eine höchste Gnade –
Die Güte, die sich hinter Grausamkeit versteckt,
Den Diamanten, der im Kot verborgen liegt. ....
Wie herrlich ist der Herr der beiden Welten!

In seiner Grausamkeit liegt Zärtlichkeit verborgen:
Aus Gottesliebe Ihm seine Seele zu opfern
Lässt deren Wesen hell und immer heller erstrahlen.«

Auch *Sheitan* (Satan) ist keine autonome Instanz, die sich außerhalb von Gott befindet; er ist nur eine weitere Manifestation des Einen Höchsten. Er erscheint als »Der Verstörer«. Die Menschen sollen geprüft werden. Nahezu alles Erschaffene kommt von Gott und fließt seiner Form entsprechend wieder zu Gott zurück: ein Mineral kommt als Mineral und kehrt als Mineral zurück, eine Pflanze als Pflanze, ein Tier als Tier und ein Engel als Engel. Nur die Menschen und die Dschinnen können im Lauf ihres Lebens wählen, auf welchem Weg sie zu Gott zurückkehren: Sie werden als Menschen oder Dschinnen erschaffen, kehren aber als Himmels- oder Höllenbewohner zu Gott zurück.

Die Höllenbewohner würden, so Ibn Arabi, eine Zeit lang gequält. Die größte Qual bestehe aber darin, dass sie vom Licht getrennt seien. Die Barriere zwischen ihnen und dem Licht bestehe in ihrem Ich und ihren negativen Gewohnheiten, die sie aus ihrem früheren Leben mitbringen würden. Nach einiger Zeit jedoch würden auch ihre Leiden gemildert. Sie würden schließlich erlöst und erlebten dann Freuden ... denn Gott ist gnädig und barmherzig.

Wiedergeburt

Auch das Thema »Wiedergeburt« wurde in der islamischen Mystik aufgegriffen. So sagt Rumi:

»Zuerst warst du Mineral,
Dann Pflanze, dann Tier, dann Mensch.
Du wirst ein Engel werden,
Und auch das wirst du hinter dir lassen.
Es warten noch tausend Existenzformen auf dich.
Was du dir nicht vorstellen kannst,
Das wirst du sein ...«

Manche beziehen dieses Entwicklungsschema auf ein einziges Leben. Im Sufismus geht man allgemein von einer Existenz der Seele vor dieser Inkarnation auf der Erde aus. Die Seele, die die beschriebenen Stufen durchwandert, muss danach nicht mehrmals auf der Erde erscheinen. Manche Sufis sehen darin jedoch einen Beleg für mehrmalige Inkarnationen auf der Erde. Im Koran finden sich einige Passagen, die auf Reinkarnation schließen lassen:

> »Wie wollt ihr Allah leugnen? Ihr wart ja ohne Leben, er hat euch Leben gegeben; er wird euch sterben lassen, und er wird euch dereinst wieder zum Leben rufen – dann werdet ihr zu ihm zurückkehren.« Sure 2,28

> »Allah hat euch aus der Erde hervorgebracht, und er wird euch in dieselbe zurückführen und auch wieder aus derselben hervorrufen. Allah hat euch die Erde wie einen Teppich ausgebreitet, damit ihr auf derselben in breiten Wegen einhergehen könnt.«
>
> Sure 71,17–20

> »Woraus hat ihn [den Menschen] Gott erschaffen? Aus einem Samentropfen schuf und bildete er ihn und erleichterte ihm den Weg [aus dem Mutterleib]. Dann lässt er ihn sterben und in das Grab legen. Darauf lässt Allah, sobald er will, ihn wieder auferstehen.« Sure 80,18–23

> »Er ist es, welcher euch das Leben gab und euch wieder sterben lässt und dann wieder aufs Neue belebt, und dennoch sind die Menschen undankbar.« Sure 22,66*

---

* Mehr zu diesem Thema findet man in Suren 85,13–17; 36,12; 2,259; 30,19; 3,26–27; 30,27; 30,40 oder 71,17–18.

Vor allem die Drusen, die Aleviten und die Ismailiten haben das Konzept der Wiedergeburt in ihren Glauben aufgenommen. Dabei geht man von tausendundeiner Inkarnation als Mensch auf dieser Erde aus. Die Zahl 1001 sollte allerdings nicht zu wörtlich genommen werden, denn die türkische Redewendung *bin bir* (1001) bezeichnet im Allgemeinen eine unbestimmt große Zahl. In dieser Reinkarnationslehre entwickeln die ersten tausend Leben den vollkommenen Menschen, der dann im 1001. Leben erscheint. Wer die Vervollkommnung allerdings bis zum 1001. Leben nicht geschafft hat, muss in die Hölle. Die anderen gehen ins Paradies ein. Wie der Perser Nur Ali Elahi, der große Meister des 20. Jahrhunderts (1895–1974), schreibt, gibt es neben den Höllen- und den Paradiesbewohnern eine dritte Gruppe von Seelen: die der Vollkommenen. Diese halten sich in der unmittelbaren Gegenwart Gottes auf. Andere Mystiker sprechen von sieben Wiedergeburten, während wieder andere die Anzahl der Reinkarnationen nicht festlegen.

Tatsächlich aber sind Begriffe wie »Himmel«, »Hölle« und »Wiedergeburt« nur Konzepte, um das göttliche Sein zu erklären. Die göttliche Transzendenz und Vielfalt liegt jenseits aller Worte.

> »Könnt ich in der Hölle deine Locken streicheln,
> Würde ich die Seligen im Himmelreich bedauern.
> Würde ich ohne dich ins Paradies berufen,
> Wären selbst seine Sphären für mein Herz zu eng.
> Der niederen Seele, die sich darauf beschränkt,
> Den Garten zu bewundern,
> Bleibt das Gesicht des Gärtners vorenthalten.«
>
> Rumi, *Fihi ma Fihi*

Liebe

Grundlegend für alle Manifestationen der einen Wirklichkeit ist die göttliche Liebe. Ibn Arabi kennt drei Arten von Liebe: die natürliche, die spirituelle und die göttliche Liebe. Die göttliche Liebe ist die Quelle der beiden anderen. Spirituelle Liebe ist die Sehnsucht des Sufis nach der Erkenntnis der Einheit der Schöpfung. Die natürliche Liebe ist auf die Befriedigung der Triebe ausgerichtet. Das Gegen-über wird nicht mehr in seiner wahren Schönheit erkannt, sondern zum Objekt der eigenen Gelüste. Tatsächlich ist aber jede Form von Liebe von der Sehnsucht nach dem Einen erfüllt. Wenn wir sagen, dass wir Ahmed, Leila oder Christine lieben, dann meinen wir in Wirklichkeit, dass wir Gott in den Formen von Ahmed, Leila oder Christine lieben.

2.2 Die göttlichen Attribute

Es gibt Muslime, die sagen, dass die eigentliche Größe des Korans nicht in den Gesetzen oder der geschichtlichen Überlieferung, sondern in der Enthüllung der göttlichen Namen liege.

> »Allah hat die schönsten Namen. Ruft ihn damit an. Lasst von denen, die hinsichtlich seiner Namen eine abwegige Haltung einnehmen.«
>
> Sure 7,180

In der islamischen Mystik heißt es, dass Gott zu Beginn der Schöpfung die Namen geschaffen habe. Sie seien die Werkzeuge und Grundlagen für alles andere. Der orthodoxe Islam kennt 99 Namen Gottes. Das heißt jedoch nicht, dass Gott nur 99 Namen hätte, aber diese 99 sind besonders kraftvoll.

Der Dsacherrachi-Mystiker Scheich Tosun Bayrak soll von 4000 Namen gewusst haben: 1000 davon kenne allerdings nur Gott allein. Weitere 1000 würden Gott und die Engel kennen. Weitere 1000 Gott, die Engel und die Propheten. Und weitere 1000 Gott, die Engel, die Propheten und die Gläubigen. Von diesen letzten 1000 Namen fänden sich 300 in der Tora, 300 in den Psalmen, 300 in den Evangelien und 100 im Koran. Und von diesen 100 Namen seien den einfachen Gläubigen nur 99 geläufig. Der hundertste Name sei geheim und verborgen und nur dem erleuchteten Mystiker bekannt.

»Die schönen Namen Gottes sind der Beweis für die Existenz Gottes. O ihr Menschen, die ihr euch von der Last und den Leiden der stofflichen Welt verzehren und verstören lasst, möge Gott bewirken, dass seine schönen Namen euren verwundeten Herzen lindernder Balsam werden.
Erlernt, begreift und rezitiert die schönsten Gottesnamen. Sucht die Spuren dieser Attribute Gottes in den Himmeln, auf Erden und im Schönen, das in euch selbst liegt. So werdet ihr, je nach dem Grad eurer Aufrichtigkeit, Seelentrost finden. Mit Gottes Hilfe wird der Zweifler Gewissheit erlangen, der Unwissende Kenntnis und der Leugner Bekennermut. Der Geizige wird großmütig, Tyrannen werden das Haupt beugen, die Glut im Herzen der Missgünstigen wird erlöschen.«

Scheich Tosun Bayrak

Der Prophet sprach: »Es gibt neunundneunzig Namen, die nur Gott gehören. Derjenige, der sie erlernt, der sie versteht und aufzuzählen weiß, wird eintreten ins Paradies und das ewige Heil erlangen.« In manchen Sufi-Schulen wird darum der Weg zur Erleuchtung durch die Aktivierung der verschiedenen Gottesnamen gelehrt. Im Folgenden finden Sie die 99 offiziellen Namen aufgelistet:

»Und Er [Allah] lehrte Adam alle Namen.«

Sure 2,31

1. Allah
2. Ar-Rahman: der Allerbarmer
3. Ar-Rahim: der Barmherzige
4. Al-Malik: der König
5. Al-Quddus: der Einzigheilige
6. As-Salam: der Frieden
7. Al-Mu'min: der Sicherheit Verleihende
8. Al-Muhaimin: der unbeschränkt Bestimmende
9. Al-Aziz: der Kostbare, Allmächtige
10. Al-Dschabbar: der Unterwerfende, Gewaltige, Unzugängliche
11. Al-Mutakabbir: der Hocherhabene, Stolze
12. Al-Khaliq: der Schöpfer

13. Al-Bari: der Gestalter, Erschaffer, Urerzeuger
14. Al-Musawwir: der Bildner, Gestalter, Formgeber
15. Al-Ghaffar: der stets Verzeihende
16. Al-Qahhar: der Allbezwingende
17. Al-Wahhabu: der Schenkende, Gaben Verleihende ohne Maß
18. Ar-Razzaq: der Bescherer, stets Versorgende
19. Al-Fattah: der Trennende, Öffnende, Sieg Verleihende
20. Al-Alim: der Allwissende
21. Al-Qabid: der Abmessende, Zupackende, Zusammenziehende
22. Al-Basit: der Ausbreitende, reichlich Zuteilende
23. Al-Khafid: der Erniedrigende
24. Ar-Rafi: der Emporhebende, Auszeichnende
25. Al-Muizz: der Auszeichnende, Macht Verleihende
26. Al-Mudhill: der Demütigende
27. As-Sami: der Allhörende
28. Al-Basir: der Allsehende
29. Al-Hakam: der höchste Richter
30. Al-Adl: der absolut Gerechte
31. Al-Latif: der Freundliche, Zartfühlende, Ungreifbare
32. Al-Chabir: der allumfassende Kenner, Scharfsinnige, Wohlunterrichtete
33. Al-Halim: der Sanfte, Milde, Nachsichtige
34. Al-Adhim: der Erhabene, einzigartig Herrliche
35. Al-Ghafur: der Nachsichtige, stets Vergebende
36. As-Sakur: der sich dankbar Zeigende
37. Al-Alyy: der Allerhöchste
38. Al-Kabir: der Allergrößte
39. Al-Hafidh: der Hüter, Bewahrende
40. Al-Muqit: der Erhalter, Bestimmer, Bewahrer
41. Al-Hasib: der Rechnende, Genügende, der es an nichts mangeln lässt
42. Al-Dschalil: der Majestätische, Anbetungswürdige
43. Al-Karim: der Edle, Vortreffliche, Großmütige
44. Ar-Raqib: der Aufpasser, wachende Beobachter
45. Al-Mudschibb: der Erhörer des Gebets
46. Al-Wasiu: der Allumfassende, Ausgedehnte, Allgegenwärtige
47. Al-Hakim: der Allweise

48. Al-Wadud: der Liebreiche, Vielgeliebte, sich liebevoll Zuwendende
49. Al-Madschid: der Ruhmreiche, Preisungswürdige
50. Al-Ba'it: der Erwecker der Toten
51. As-Shahid: der Zeuge, stets Gegenwärtige
52. Al-Haqq: die Wahrheit, Essenz
53. Al-Wakil: der Sachverwalter, der sich um alles kümmert
54. Al-Qawwy: der Starke, Kraftvolle
55. Al-Matin: der Kraftvolle, zuverlässig Standhafte
56. Al-Waly: der Beschützer, der die Herrschaft innehat
57. Al-Hamid: der zu Lobende, Preisungswürdige, Verherrlichte
58. Al-Muhsi: der Zählende, alles Aufzeichnende
59. Al-Mubdiu: der Wiedererneuerer, Urheber aller Schöpfung
60. Al-Muid: der Wiedererwecker, die Schöpfung Zurückbringende
61. Al-Muhyi: der das Leben Machende
62. Al-Mumit: der Todbringende
63. Al-Hayy: der ewig Lebende
64. Al-Qaiyum: der Beständige, in sich selbst Seiende
65. Al-Wadschid: der das Sein Bringende, der feststellt
66. Al-Madschid: der Glorreiche, Edle
67. Al-Wahid: der Einzige
68. As-Samad: der Absolute, Ewige, von dem alles abhängt
69. Al-Qadir: der Mächtige, seine Bestimmung Durchsetzende
70. Al-Muqtadir: der Allmächtige, absolut Fähige
71. Al-Muqqadim: der Vorwärtsbringer, Beschleuniger, der nahe bringt
72. Al-Mu'achir: der Aufhaltende, Herabsetzer, der entfernt
73. Al-Awwal: der Erste
74. Al-Achir: der Letzte
75. Al-Dhahir: der Offenbare, offenkundig Erscheinende
76. Al-Batin: der Verborgene, Verhüllte
77. Al-Wali: der Alleinregierende, Aufrechterhalter
78. Al-Muta'al: der Allerhöchste, Besitzer aller Tugenden
79. Al-Barr: der Gütige, Wohltätige
80. Al-Tawwab: der Reue Annehmende
81. Al-Muntaqim: der Rächer
82. Al-Afuu: der stets Begnadigende
83. Ar-Rauf: der Mitleidige

84. Al-Malik al-Mulk: der König des Königreichs, Besitzer aller Reichtümer
85. Al-Dhul-Dschalal wal-Ikram: der Besitzer aller Majestät und Ehre
86. Al-Muqsit: der Gerechte, unbefangen Richtende
87. Al-Dschami: der Versammelnde, Zusammenbringende
88. Al-Ghaniy: der Reiche, sich selbst Genügende
89. Al-Mughni: der Reichtum Verleihende
90. Al-Mani: der Verhinderer, das Gute und Schlechte Zurückhaltende
91. Ad-Dar: der Schädigende, zu Fürchtende
92. An-Naf: der Begünstiger, Förderer des Nützlichen
93. An-Nur: das Licht
94. Al-Hadi: der Wegweiser des Rechten
95. Al-Badiu: der Erneuerer, Ersinner, unvergleichlich Prächtige
96. Al-Baqi: der Bestand Habende, ewig Bleibende
97. Al-Warit: der Alleinerbe
98. Ar-Rashid: der Rechtleitende, Verleiher der Rechtschaffenheit
99. As-Sabr: der Geduldige

Das vierfache Hu

Diese Namen gelten als Vermittlungsinstanz (*Barzakh*) zwischen dem Schöpfer und dem Geschaffenen. Ohne die Namen wäre die Schöpfung nie in Gang gesetzt worden. Indem sie sich auf eines der Attribute besinnen, gelangen die Menschen zu ihrem höchsten Herrn.

Der Sufismus kennt mehr als die 99 regulären Namen. Den Schülern werden auch Namen wie *Al-Daim*, »der Dauerhafte«; *Ar-Rabb*, »Meister«; *Al-Munim*, »Wohltäter«; *Al-Muti*, »derjenige, der gewährt«; *As-Sadiq*, »der Aufrichtige, Wahrhafte«; *As-Sattar*, »derjenige, der bewahrt, verhüllt«; *Al-Qadim*, »der Vorhergehende«; *Al-Azali*, »der Ewige« oder *Al-Quarib*, »derjenige, der zur Seite steht«, vermittelt.

Einige der oben angeführten Eigenschaften erscheinen widersprüchlich, zum Beispiel *Haqq*, »Essenz«, und *Khaliq*, »Schöpfer«, oder *Al-Muntaqim*, »der Rächer«, und *Al-Hubb*, »der Liebende«, oder *Al-Darr*, »der Schädigende«, und *Al-Gafur*, »der stets Vergebende«. Wie der große Sufi-Meister Ibn Arabi erklärt, werden diese Widersprüche in der Vollkommenheit des Seins aufgehoben. Nur in der manifesten Welt scheinen manche der göttlichen Eigenschaften widersprüchlich zu sein. Eine Erklärung, die Ibn Arabi für diese scheinbare Gegensätzlichkeit der göttlichen Eigenschaften in der manifesten Welt gibt, ist, dass Gott bei seiner Arbeit unterschiedliche Werkzeuge braucht, die auf harmonische Weise zusammenarbeiten, so wie auch der menschliche Körper eine linke und eine rechte Hand braucht, die sich harmonisch ergänzen. Es heißt, dass der erleuchtete Mensch die Namen ganz und gar in sich vereinigt habe. Die Gegensätze werden in wohltätiger Form zusammengeführt.

In der Regel lehrt der Lehrer den Schüler die Namen. Von Sufi-Orden zu Sufi-Orden werden den Schülern unterschiedliche Kombinationen von Namen beigebracht, die sie nach und nach in die höheren Bereiche des Bewusstseins geleiten. Außerdem werden den Schülern die Namen nach individuellen Kriterien nahegebracht. Im Lauf der Geschichte wurden ganze Kodizes über die Wirk- und Heilkraft der 99 Namen veröffentlicht. Die einfachen Gläubigen dürfen sich allerdings die Namen nicht selbst aussuchen. Jeder Name besitzt eine solche Macht, dass er, unter unpassenden Umständen ausgesprochen, sogar körperlichen Schaden anrichten kann. Annemarie Schimmel (gest. 2003) berichtet, dass der Name *Ya Fauq*, »O Überwältigender«, nur ganz wenigen Mystikern vorbehalten sei.

Von besonderer Bedeutung ist allerdings der verborgene, geheime Name. Im Allgemeinen wird *Allah* als der größte Name Gottes angesehen. Diese Anrufung ist nicht nur von besonders mächtigem Klang, sie schließt außerdem alle anderen Eigenschaften in sich ein. Der Begriff »Allah« stammt aus der vorislamischen Zeit, und auch die arabischen Christen (Kopten, Orthodoxe und in Palästina auch Katholiken) sagen »Allah«. Viele der Rituale der Kopten, aber auch der äthiopischen Christen weisen ohnehin Ähnlichkeiten mit denen des Sufismus auf.

Bistami wurde einmal gefragt: »Welches ist der größte Name Gottes?« Bistami antwortete: »Welches ist der kleinste?«

im allegemeinen wird der Name Hu als der besonders mächtige, geheime hundertste Name Gottes im Koran genannt. In vielen Passagen des Korans wird Gott mit *Hu* bezeichnet. *Hu* ist auch der letzte Buchstabe von *Allah*. Es heißt, mit der Anrufung *Allahu* sei die ganze Schöpfung in Gang gesetzt worden. Indem die Mystiker in das *Hu* eintauchen, verschmelzen sie mit der Essenz. Dabei summen die Sufis in der Regel die Silbe *Hu*. Bei manchen Sufi-Ritualen wird *Hu* auch schnell hintereinander ausgestoßen, was ungeheure Energien freisetzt. An anderer Stelle wird *Ya Samad*, »O Absoluter«, als höchster Name bezeichnet und die Kombination *Ya Hay Ya Quayum*, »O Lebender, O Beständiger«, ebenfalls. Der Prophet sagte, der höchste Name tauche im Thronvers (Sure 2,255) und in Sure 3,2 auf (der Name kommt in beiden Suren vor).

Einige schiitische Gruppen bezeichnen *Ya Aly*, »Der Allerhöchste«, als den größten Gottesnamen. Andere sehen den größten Namen Gottes in Wortkombinationen wie etwa in der Aussage *La illaha illa Lah*, »Es gibt keine Gottheiten neben Allah«. Manche bezeichnen *He*, »Sie«, als den höchsten Namen. Das ist die weibliche Anrede des Schöpfers. Aber auch die Bezeichnung für »Brot«, arabisch *Chups*, oder bestimmte Klangmuster, Muster von Farben und Muster, die Kalligrafien gleich von den Mystikern in ihrem Inneren wahrgenommen werden, aber von der menschlichen Sprache nicht wiedergegeben werden können, gelten als große Gottesnamen.

> Ein Mann aus Persien kam einmal zu Dhun Nun, dem Ägypter, um von ihm den größten Gottesnamen zu erfahren. Vier Jahre ließ Dhun Nun den Mann warten. Dann schickte er den Perser mit einer zugedeckten Holzschüssel, in der irgendetwas Lebendiges war, zu einem alten Mann über den Nil. Unterwegs wurde der Mann neugierig, öffnete die Schüssel und eine kleine Maus sprang aus der Schüssel und suchte das Weite. Als der Perser mit der leeren Holzschüssel zu dem alten Mann kam, sprach dieser: »Du wolltest von Dhun Nun den größten Namen Gottes lernen. Er hat deine geringe Standhaftigkeit bemerkt und dich mit dieser Holzschüssel zu mir geschickt. Eine Maus kannst du nicht bewahren, wie willst du dann den größten Namen für dich behalten?«

Bei ihrer Initiation bekommen Sufis manchmal einen neuen Namen, der in Bezug zu einer der göttlichen Eigenschaften steht. Verbreitet ist *Abdullah*, »Diener Gottes«. Durch diesen Namen werden die Menschen daran erinnert, dass sie in allem, was sie tun, lediglich Diener und Werkzeug Gottes sind. Zu den besonderen Namen gehört *Abdul Wadud*, »Diener des Mitgefühls«. (Wer diesen Namen trägt, soll speziell den Aspekt der Liebe im Leben verwirklichen.) Oder *Abdul-Latif*, »Diener der Zartheit«. (Der Träger dieses Namens soll der Schöpfung und seinen Mitmenschen gegenüber besonders zart und einfühlsam sein.) Der Scheich mag seinen Schüler auch *Abdus Samad*, »Diener des Absoluten«, nennen. (Mit diesem Namen soll man sich stets vergegenwärtigen, dass Gott absolut ist: Es gibt nichts außer Gott und ganz gleich, wohin man blickt, überall ist »Er«.) Dies sind nur ein paar Beispiele für Namensgebungen. Die Scheichs schöpfen aus einer Fülle von Eigenschaften, um ihren Schülern auf diese Weise zur Erleuchtung zu verhelfen.

In der arabisch-islamischen Welt werden auch Wörter aus dem alltäglichen Wortschatz als Eigennamen vergeben. Solche Namen können zum Beispiel sein: *Said/Saade*, »Glücklicher/Glückliche«; *Habib/Habiba*, »Geliebter/Geliebte«; *Asis/Asisa*, »Wunderbarer/Wunderbare«; *Karim/Karima*, »Vortrefflicher/Vortreffliche«; *Gamal/Gamila*, »Hübscher/Hübsche«; *Leila*, »Nacht«; *Aladin*, »Höchste Religion«; *Murad*, »Schüler«. Durch ihre Namen werden die Menschen ein Leben lang an einen bestimmten Aspekt erinnert. Normalerweise wird ein Name von den Familien aus einer Laune heraus oder einer Tradition entsprechend vergeben (weil etwa schon der Großvater oder die Großmutter so hieß). Gibt jedoch der Scheich dem Schüler einen neuen Namen, dann geschieht das, damit die mit ihm verbundene Eigenschaft gezielt umgesetzt wird.

Letztendlich ist Gottes Schönheit grenzenlos, die menschliche Auffassungsgabe aber begrenzt. Durch die Namen nehmen die Menschen Aspekte des Göttlichen, des Absoluten auf. Indem die Menschen fortwährend auf die ihnen vorgegebenen Namen meditieren, öffnen sich ihnen schließlich die Tore zum Paradies.

2.3 Der vollendete Mensch

Gott betrachtet sich und seine Schöpfung durch den vollkommenen Menschen, dessen Herz ein Zentrum für die göttlichen Aktivitäten ist. Es ist ein Brennpunkt, durch den Gott unmittelbar auf die Welt einwirkt. Einem Spiegel gleich, reflektiert das Herz all die Formen, in denen sich die gesamte manifestierte Welt offenbart. Der erwachte Mystiker ist dem sufischen Glauben nach kein Zufall des Weltenplans, sondern dessen Ziel: Wie ein Baum seiner Frucht wegen gepflanzt wird, so wurde das ganze Universum geschaffen, um immer wieder den vollkommenen Menschen hervorzubringen. Er ist die Instanz, durch die das Allerhöchste sich seiner selbst bewusst wird. In gewissem Sinn manifestiert der vollkommene Mensch alle Eigenschaften und Voll-

> »Ich [Allah] werde auf der Erde einen Stellvertreter einsetzen.«
> Sure 2,30

kommenheiten Gottes auf Erden. Er ist ein Zwischenglied *(Barzakh)*, das die geistige mit der manifesten Welt verbindet; das fest auf dem Boden steht, aber dennoch das höchste Bewusstsein verwirklicht hat.

Erleuchteten fehlt das niedere, sich isoliert betrachtende Ich-Bewusstsein; sie sehen sich stattdessen als organische Teile des Ganzen. Normale Gläubige denken dagegen, dass es eine einmalige Individualität gebe. Doch wie die Sufis lehren, kann nur Allah »Ich« sagen. Sprechen die normalen Gläubigen von sich als »Ich«, so leben sie in einem Wahn und insgeheim wissen sie das auch.

> »Das ganze Universum ist nicht groß genug, um Gott aufzunehmen, aber das Herz des Menschen ist groß genug, um Gott aufzunehmen.«
>
> Mohammed

Ibn Arabi sagt dazu: »Wenn du ihn durch ihn betrachtest, dann betrachtet er sich selbst, was der Zustand der Einheit ist; aber wenn du ihn durch dich betrachtest, verschwindet die Einheit.« Einheit hat keine andere Bedeutung, als dass zwei oder mehr Dinge miteinander verbunden, aber begrifflich voneinander unterscheidbar sind; so ist in gewissem Sinn das eine das andere und, anders betrachtet, auch nicht.

Wenn Menschen im Alltag »Ich« sagen, ist das in Ordnung, sonst aber ist es eine gefährliche Illusion. Wie Pir Mohan, ein bekannter Mystiker des 20. Jahrhunderts, es einmal formulierte: »Das Selbst kann niemals frei sein. Freiheit ist immer die Freiheit vom Selbst.«

Die Idee des Ichs manifestiert sich am stärksten durch das Wort »Nein«. Wenn Menschen »Nein« sagen, schotten sie ihr Ego ab und weisen damit neue Erfahrungen zurück. Besonders in der westlichen Welt wird dieses Wort häufig gebraucht. Doch wer »Nein« sagt, wächst nicht mehr. In manchen Fällen ist dieses Wort angebracht, doch meistens ist es nur ein Automatismus, um sich von neuen Informationen und Erfahrungen fernzuhalten.

Eine Sufi-Übung besteht darin, auf die Verwendung des Wortes »Nein« zu verzichten. Sollte allerdings einmal ein klares Nein absolut unumgänglich sein, kann der Schüler das Wort oder die Gründe umschreiben.

Mit »Nein« gehen Urteile einher. Und wer urteilt, hat die Prozesse des Lebens zum Stillstand gebracht. Wer urteilt, schneidet sich vom Fluss des Lebens ab und zieht Grenzen, damit sich der Verstand ausruhen kann. Doch Urteil und Vorurteil liegen nahe beieinander: Der Mensch beschließt, nur noch einen bestimmten Aspekt der Realität wahrzunehmen, der sich dann immer wieder bestätigt, egal was erlebt wird. Wissen hat der Mensch aber erst, wenn er sich selbst gefunden hat. – Bis dahin hat er nur Meinungen. Dem Menschen ist es bestimmt, Erfahrungen zu sammeln und diese im richtigen Maße auszuwerten.

> »Der Bär ist stärker als der Mensch, der Elefant ist größer, der Löwe tapferer; das Vieh kann mehr fressen, die Vögel sind potenter. Der Mensch aber wurde zum Lernen erschaffen.«
>
> Al-Ghazzali

Aber auch Pflanzen und Mineralien preisen Gott in der ihnen gegebenen Form. Der große Sufi-Lehrer Bahauddin Naqushbandi (gest. 1400) musste sich in seiner Ausbildung den Tieren, Pflanzen und Insekten zuwenden und ihren Platz in der Schöpfung ergründen. Außerdem musste er sich um die Tiere kümmern, die verletzt am Straßenrand lagen. Einmal sah er einen wilden Eber, der in die Sonne starrte. Da erkannte Bahauddin, dass jedes Wesen auf seine Art Gott verehrt, und bat den Eber in Gedanken, ein Gebet für ihn zu sprechen. Sogleich wälzte sich das Tier im Sand, erhob sich, verbeugte sich vor der Sonne und ging davon. Als Bahauddin seinem *Pir* (Scheich) davon berichtete, sagte dieser: »Du hast jetzt verstanden, dass alle Geschöpfe Gott auf ihre eigene Weise anbeten. Nun musst du dich der materiellen Welt zuwenden. Du sollst auf die Straße gehen und alle schmutzigen Dinge entfernen, die den Menschen schädlich sein können.«

Bei seiner Reise vom Tier-Menschen *(Insan al-Haiawan)* zum vollkommenen Menschen *(Insan al-Kabir)* lässt der Sucher die niederen Bewusstseinsformen hinter sich, das heißt, er entfernt alle schmutzigen Dinge am Wegesrand, die schädlich sein können. Wie Al-Ghazzali lehrt, haben die Menschen auf der untersten Stufe das Bewusstsein einer Motte: Sie fliegen immer wieder in die Flamme der Kerze und versengen sich dabei die Flügel. Auf einer höheren Stufe haben die Menschen das Bewusstsein eines Hundes: Wenn er einmal mit einem Stock geschlagen wurde, flieht er automatisch bei dessen Anblick. Auf einer noch höheren Stufe haben sie das Bewusstsein von Pferden oder Schafen: Sie fliehen, wenn sie Löwen oder Wölfe (ihre natürlichen Feinde) sehen, bleiben jedoch ruhig, wenn ihnen Kamele oder Büffel begegnen, obwohl diese größer sind als ihre natürlichen Feinde. Der entwickelte Mensch hingegen ist in der Lage, viele unterschiedliche Standpunkte einzunehmen: Er ist sich seiner selbst bewusst, kann sein Ich transzendieren und vorausschauend handeln. Wie Al-Ghazzali schreibt, wird durch Gebet, Meditation und frommen Lebenswandel das Herz von Rost befreit, damit ein klarer Strahl daraus hervorgehen kann. Schließlich wird das Herz des vollendeten Menschen zu einem blank polierten Spiegel, in dem die Welt im allerfeinsten Licht erscheint.

Ein solches Bewusstsein hat seine höchste Stufe im vollkommenen Menschen erreicht. Durch ihn wird das Ziel der Schöpfung verwirklicht: Gottes Sehnsucht, erkannt zu werden, wird erfüllt.
Rumi erzählte einst die Geschichte von einem Wettstreit:

> Ein König wollte wissen, ob die Griechen oder die Chinesen schönere Dinge erschaffen könnten. Er forderte beide zu einem Wettstreit auf. Die Chinesen machten sich sofort ans Werk. Sie zauberten ein Kleinod nach dem anderen. Die Griechen machten jedoch nichts anderes, als die Wände des Zimmers immer und immer wieder zu polieren. Als die Zeit abgelaufen war, präsentierten die Chinesen dem König ihre Kunstwerke ... und eins war prächtiger als das andere. Noch nie hatte der König dergleichen gesehen. Da präsentierten die Griechen ihre Wände, und sie reflektierten die Kunstwerke der Chinesen in einem

noch strahlenderen Licht. Und so erklärte der König die Griechen zu den Siegern des Wettstreits: Sie hatten gelernt, die Sichtweise der Dinge zu ändern. Alles erstrahlte in seiner Vollkommenheit.

Rumi wurde einmal gefragt, was einen Sufi ausmache. Er antwortete: »Auch in Zeiten der Trauer ein glückliches Herz zu behalten.« Die Welt hat, so wie sie ist, ihren Lauf. Sie ist vollkommen. Es geht nur darum, die Wahrnehmung zu ändern, und schon erstrahlt alles in göttlichem Glanz.

Die einfachen Gläubigen suchen ihr Glück in allerlei Ablenkungen: in Geld, einem schönen Heim, Liebesbeziehungen, Essen, Trinken, Rauchen – alles Dinge, aus denen sich Süchte entwickeln können. Für den Sufi allerdings liegt das höchste Glück auf Erden darin, Gott zu erkennen. Wer den Zustand der Gotteserkenntnis kennt, der hört auf, das Glück im Außen zu suchen. Äußerlichkeiten führen ohnehin nie zum Glück, da das wahre Glück die Erleuchtung ist. Sigmund Freud und andere Psychologen behaupteten sogar, dass der Mensch nicht glücklich sein könne. Freud schreibt, das liege daran, weil sie immer neue Bedürfnisse hätten, die nicht alle erfüllt werden könnten, und weil ihr Leben ständigen Veränderungen unterworfen sei. Das ist jedoch aus sufischer Sichtweise Unsinn: Die intellektuellen Thesen unglücklicher Wissenschaftler verblassen in der Gegenwart vollkommener Menschen.

> Shibli sah einmal einen Menschen, der bitterlich weinte. Als er ihn fragte, warum er weine, antwortete dieser: »Ich liebte jemanden und er ist gestorben.«
> Da sprach Shibli: »Du Tor, warum liebst du jemanden, der sterben kann?«

Sufis durchwandern auf ihrer langen Reise mehrere *Maqams* (Bewusstseinsorte), die dem normalen Gläubigen nicht beschrieben werden können (siehe Kapitel 4.2, »Die Stationen des Aufstiegs«). Solche Maqams sind zum Beispiel Geduld/Duldsamkeit *(Sabr)*, Dankbarkeit *(Shukr)*, Freude *(Rida)*, Gottvertrauen *(Tawwakul)* und Ehrfurcht *(Khauf)*. Auch normale Gläubige sagen, dass sie geduldig, dankbar, ehrfürchtig, voller Freude und Gottvertrauen sind.

Sufis jedoch haben diese Bewusstseinszustände in einem Ausmaß verwirklicht, das für gewöhnliche Gläubige unvorstellbar ist.

Als Beispiel hierfür kann die Einweihung in die Mysterienschule des Pythagoras dienen: Hier wurde der Aspirant zu einem Erdloch geführt, in dem er ohne Nahrung drei Tage und Nächte lang der sengenden Sonne und der Eiseskälte ausgesetzt war. Am dritten Tag kamen andere Schüler und verspotteten ihn. Nur wenn der Aspirant auch diesem psychischen Druck standhielt, wurde er in die Gruppe aufgenommen.

Der Zustand der sufischen Entwerdung wird *Fana* genannt, was nicht zu beschreiben ist. Ein Mensch in diesem Zustand besitzt kein Ich-Bewusstsein mehr. Er ist Stellvertreter Gottes auf Erden und erlebt alle Situationen seines Lebens in ihrer vollen Bedeutung ganz bewusst. Der Widerspruch zwischen Vorbestimmung und freiem Willen ist aufgehoben. Der Mensch erkennt, dass sein eigentliches Ich Allah und Allahs Wille auch sein eigener Wille ist. Wer diesen Zustand erreicht hat, der muss nicht unbedingt auffallen. Es ist ein Irrglaube, dass jeder erleuchtete Meister auch als solcher in Erscheinung tritt.

Einmal diskutierten ein Sufi und ein frommer Mann aus Khorassan über Geduld und Dankbarkeit. Der Mann aus Khorassan sprach: »Wenn Allah uns etwas schickt, dann essen wir es und sind dafür dankbar. Andernfalls aber sind wir geduldig und nehmen den Wunsch danach aus unserem Herzen.«
Da sprach der Sufi: »So leben bei uns nur die Hunde. Wenn sie einen Knochen finden, dann fressen sie ihn, ansonsten aber lassen sie es sein und gedulden sich. Wir aber, wenn wir etwas besitzen, schenken es geduldig den anderen. Ansonsten aber beschäftigen wir uns mit Gott und sind dafür dankbar.«

Abdul Kadir al-Gilani (gest. 1166) beispielsweise war das geistige Licht seines Jahrhunderts. Von überall her kamen die Menschen, um ihn zu besuchen. Einmal pilgerten auch drei bekannte Gelehrte zum Meister nach Bagdad. Sie wurden von drei Maultiertreibern geleitet, die so einfach wirkten, dass sie den drei Theologen lästig waren. Als sie in Bagdad ankamen, eilte Abdul Kadir persönlich herbei, um die drei Gelehrten zu begrüßen. Die drei Maultiertreiber wurden jedoch keines Blickes gewürdigt. Als die drei Rechtsgelehrten Abdul Kadir am Abend noch einmal aufsuchten, sahen sie zu ihrer Überraschung, dass er in ein Gespräch mit jenen Maultiertreibern vertieft war und ihnen sogar die Hände küsste. Da erkannten sie, dass die drei vermeintlich einfachen Männer in Wirklichkeit hohe Eingeweihte waren. Die drei Theologen hatten die Reisezeit mit theologischen Spekulationen, Gebet und Gemurmel vergeudet, während diese Derwische sie die tieferen Ebenen des Seins hätten lehren können.

> Ein Mann ging in den Wald und entdeckte einen Fuchs, der zwei Beine verloren hatte. Der Mann wollte wissen, wie dieses Tier sich wohl ernähren würde. Nach einiger Zeit sah er, wie ein Tiger ein Wild erlegte und es fraß. Die Reste überließ er dem Fuchs. Der Mann wurde von tiefer Ehrfurcht ergriffen und dankte Gott. Er beschloss, es dem Fuchs gleichzutun und auf den Herrn zu vertrauen. »Er wird mich schon nicht verhungern lassen«, dachte er, »sondern mit dem Nötigsten versorgen.«
> Da ertönte in ihm eine Stimme: »Das ist der falsche Weg. Wenn du auf Gott vertraust, dann sei wie der Tiger, der auch für andere sorgt, und nicht wie der Fuchs, der von den Resten anderer lebt.«

Diese Geschichte ist ein Beispiel für den Unterschied zwischen den geheimen Sufis und jenen, die es nur an der Oberfläche sind. Weisheit ist kein Selbstzweck. Der, dessen höhere Zentren geöffnet sind, für den beginnen seine eigentlichen Aufgaben erst. Sufis vertrauen auf ihren Herrn – auf Gott. Sie wissen, dass er sie mit dem versorgt, was sie brauchen.

Ein anderer Aspekt der Weisheit ist die Liebe. Sufis sind von einer Liebe erfüllt, die alles einschließt. Sie lieben nicht dies oder das mehr als jenes, sondern alles gleichermaßen. Ihre Liebe hat keinen Bestimmungsort und braucht kein Objekt. Da sie die Liebe in sich gefunden haben, strahlen sie diese auf alles und jeden aus. Sie sind im wahrsten Sinn des Wortes von diesem Glück verbrannt und, egal wohin sie blicken, überall ist Allah.

Diese besondere Form der Liebe kennen die einfachen Menschen nicht. Wenn ein Mensch seine Mitmenschen auch nur einmal rückhaltlos und ohne Kompromisse so lieben würde, wie sie sind, wäre er erleuchtet. Zwar liebt ein Egoist ohne Kompromisse, allerdings zu seinen eigenen Gunsten – und das ist die Voraussetzung für Konflikte. Solche Menschen sehen sich immer im Recht, da ihrer Meinung nach alle Gesetze der Erde nur auf ihre eigene kleine anmaßende Sichtweise zugeschnitten sind. Reifere Menschen machen in der Liebe Kompromisse. Sie verstehen den Standpunkt des Partners und haben es gelernt, die eigenen Wünsche und Vorstellungen mit denen des Partners in Einklang zu bringen. Und weit entwickelte Menschen tauchen kompromisslos in den ständigen Strom der Gottesliebe ein. Sie lieben und nähren andere Menschen aus der eigenen Fülle heraus. In diesem sehr hohen Bereich erblicken und lieben die Menschen in der ganzen Schöpfung Allah und spüren, wie die allumfassende Liebe Gottes auch auf sie zurückstrahlt. Mit dieser Liebe wird kein irdischer Eigennutz mehr genährt. Das damit einhergehende Gefühl von innerem Frieden und Glückseligkeit bedarf keiner Äußerlichkeiten mehr.

> Auf einer seiner Reisen traf Dhun Nun, der Ägypter, eine Frau. Er fragte sie: »Was ist das Ende der Liebe?«
> Sie antwortete: »Du Dummkopf, Liebe hat kein Ende, weil der Geliebte kein Ende hat.«
>
> Ein anderes Mal sagte ein Mann zu Dhun Nun: »Derjenige, der nicht Gottes Schlag geduldig erträgt, ist nicht aufrichtig in seiner Liebe!«
> Dhun Nun antwortete: »Nein, derjenige, der seinen Schlag nicht genießt, ist nicht aufrichtig in seiner Liebe.«

Um diesen Zustand zu erreichen, werden die Sufi-Schüler neben ihren täglichen Übungen des Gebets und der Meditation dazu angehalten, sich ihrem Geliebten unentwegt und kompromisslos unterzuordnen. So nehmen sie sich selbst nicht mehr wichtig und ordnen sich allem unter – wodurch sie nach einer gewissen Zeit eine Leichtigkeit erfahren, die sie in das Unaussprechliche eintreten lässt. Sie dehnen die Liebe auf alles aus und, wohin sie auch blicken, schauen sie Gott.

Für gewöhnlich unternehmen Menschen allerlei Anstrengungen, um diesen Zustand der Hingabe und Liebe zu vermeiden. Es heißt, Macht sei immer lieblos, Liebe niemals machtlos. – Das Gegenteil von Liebe ist also nicht Hass, sondern Angst. Sie haben Angst, dass die Liebe ihre bisherigen Lebensgewohnheiten zerstören könnte, und das tut sie auch.

Wie Al-Ghazzali schreibt, trägt jeder Mensch in seinem Herzen das Potenzial des Bewusstseins in sich, das Propheten und Heilige in Vollkommenheit besitzen. Seiner Ansicht nach basiert Prophetentum und Heiligkeit auf drei Merkmalen: Erstens werde den Propheten und Heiligen das, was anderen Menschen im Traume offenbart wird, im Wachzustand gegeben. So hätten Propheten und Heilige unmittelbaren Zugang zu den geistigen Welten, denn dem sufischen Glauben nach tauchten die Menschen in ihren Träumen in diese Welten ein. Zweitens könne sich die Seele der Propheten und Heiligen auch auf andere menschliche Körper ausdehnen. So erlangten Propheten und Heilige unmittelbaren Zugang zu ihren Mitmenschen, um sie einerseits zu erkennen und um andererseits segensreich auf sie einzuwirken. Und drittens erlangten Propheten und Heilige unmittelbar Erkenntnis über Dinge. Die Informationen, die andere Menschen mühsam erwerben müssten, stünden Propheten und Heiligen unmittelbar zur Verfügung. Al-Ghazzali schreibt außerdem, dass das Herz die Kraft der Erkenntnis aller Wissenschaften und Künste besitze. Wer in den Zustand der Erkenntnis *(Arif)* eingetreten sei, dem offenbarten sich die geheimen Baupläne der Welt. Diese Menschen scheinen um keine Antwort verlegen. Sie scheinen auf alles eine Antwort zu haben. Darum seien sie auch als weise Ratgeber gefragt. Ihre Erkenntnisse würden jedoch nur auf dem vorherrschenden Wissensstand gedeihen. Kein Mensch könne alle Geheimnisse des Universums kennen.

Die Menschen vergangener Jahrhunderte glaubten, die Erde sei eine Scheibe. Das war nicht so, weil sie weniger Weisheit besaßen. Ein Pir im ländlichen Indien vergangener Jahrhunderte hatte andere Erkenntnisse als ein moderner Student der Astrophysik. Auch heute kennen die Menschen viele Geheimnisse des Universums nicht. Das liegt zum Teil daran, dass Wissen vorangegangener Generationen verloren ging. Wahre Weisheit zeichnet sich dadurch aus, dass Menschen die göttlichen Einsichten den jeweils herrschenden gesellschaftlichen Bedingungen entsprechend umsetzen. Doch muss dieses Wissen langsam erweckt werden. Nach sufischer Lehre kann keiner das Gleißen der Erleuchtung ertragen, der die nötigen Vorbereitungen nicht durchlaufen hat.

2.4 Die Schöpfung als Licht

Eines der besonders mächtigen Attribute Gottes im Islam lautet *Nur* (Licht). In einem der islamischen Schöpfungsmythen heißt es, dass Gott zu Beginn eine riesige Schreibfeder geschaffen habe, deren eines Ende in der Hand Gottes gelegen habe, während die Spitze auf Gottes Befehl hin von den Engeln getragen worden sei. Aus der Spitze dieser Feder sei reines Licht geflossen. So sei jeder einzelne Bereich der Schöpfung aus dieser Feder geflossen.

Die ganze Schöpfung besteht also aus Licht. Allerdings ist dieses Licht dem islamischen Glauben nach nicht einheitlich, sondern hat verschieden starke Emanationen. Mit dem Licht verbunden ist der Geist *(Ruh)*, der in die verschiedenen Bereiche der Schöpfung eingeflossen ist: vom Thron Gottes über die Welten der Erzengel, der Engel, der Menschen, der Tiere, Pflanzen und Mineralien. Suhrawardi Maqtul schreibt, dass die Materie dichter werde, je weiter sich das Licht von Gott entferne und je schwächer und matter es werde. Die Schule der Illuministen hat diese Ansicht von ihm übernommen. Der Ursprung des Menschen liegt demnach in einem verborgenen Lichtland. Und wir Menschen sind die Lichtwesen jenes Landes, wurden aber ins Exil, das heißt in unsere grobstoffliche Welt gesandt. Der Sufismus weist uns nun den Weg zurück in die Lichtwelt unseres Ursprungs. Zwischen dem Ursprung allen Lichts und der irdischen Welt gibt es bestimmte Lichtwelten, die von engelhaften Wesenheiten bevölkert sind. Im »Lichtvers« des Korans heißt es:

> »Allah ist das Licht der Himmel und der Erde.
> Sein Licht gleicht dem in einer Nische in einer Mauer,

In der eine Lampe und die Lampe in einem Glas ist.
Das Glas scheint dann wie ein leuchtender Stern.
Es wird erhellt vom Öl eines gesegneten Baums, eines Olivenbaums,
Der weder im Osten noch im Westen wächst,
Dessen Öl fast ohne Berührung des Feuers Licht gibt
Und dessen Licht über allem Lichte steht,
Und Allah leitet zu seinem Licht, wen er will.
So stellt Allah den Menschen Gleichnisse auf,
Denn Allah kennt alle Dinge.«

Sure 24,36

Diesem Vers wird im Sufismus eine ganz besondere Bedeutung beigemessen. Dem Islam nach ist Gott nicht ein einzelner Götze, vielmehr durchdringt er mit seinem strahlenden Licht alle Bereiche der Schöpfung. Nach Abdallah, dem Sohn des Prophetengefährten Abbas, soll Mohammed selbst diesen Vers so interpretiert haben: Die Nische ist die Brust der Gläubigen, die Lampe das Herz, und die Flamme steht für den erleuchteten Geist. Die göttliche Führung im Herzen der Gläubigen ist wie reines Öl, das schon leuchtet, ehe das Feuer es berührte, und wenn das Feuer es berührt, wird es zu »Licht über Licht«.

Nachdem er eine entsprechende Schulung durchlaufen hat, lenkt der Sufi die Aufmerksamkeit auf das Licht in seinem Inneren und begreift, dass die Lampe – also Gottes Gegenwart – immer da gewesen ist. Sufis, die diese Konzentration auf das Licht erreichen wollen, fokussieren zu Beginn ihrer Schulung zum Teil tatsächlich reale Lichtquellen wie Lampen oder Kerzenlicht. Später brauchen sie keine äußeren Hilfsmittel mehr: Sie meditieren fortan auf ihr inneres Licht. Und ab einem bestimmten Zeitpunkt der Meditation wird das innere Licht

> »Das Herz gleicht einem geschliffenen Spiegel, den der Sucher zu reinigen hat, damit sich das Licht der Himmel und der Erde in der Lampe seines Herzens entzündet. Wahre Ekstase ist das Zusammentreffen von Licht und Licht – wenn die Seele des Menschen dem göttlichen Licht begegnet.«
>
> Abdul Quadir Al Gilani

so stark, dass die Mystiker eine Vereinigung von innerem Licht mit dem immer schon da gewesenen äußeren Licht erfahren. Die Individualität wird dabei verbrannt und der Unterschied zwischen Ich und Du, zwischen Innen und Außen wird aufgehoben.

Meditieren die Mystiker unter entsprechender Anleitung auf das Licht, dann kann es sein, dass ihnen Wesenheiten erscheinen: Es sind Engel. Im Islam geht man davon aus, dass die Engel noch vor den Menschen erschaffen wurden. Ihr Dasein ist reines Gottgedenken. Manchen erscheinen sie als wunderschöne menschenähnliche Gestalten, anderen als Lichtblitze, Wolken oder Strahlen, die Bewusstsein besitzen und mit den Gläubigen kommunizieren.

Die Lichtmystiker haben gelernt, sich ganz und gar auf die Engel auszurichten, bis sie diese in ihren eigentlichen Formen wahrnehmen können. Die Wesenheiten sind mitunter unglaublich groß und ungeheuer mächtig. Wehe dem, dessen Herz nicht rein ist und der es dennoch wagt, ihnen entgegenzutreten.

Es heißt, Mohammed selbst habe sich Erzengel Gabriel nur zweimal in seiner wirklichen Gestalt gezeigt. Das eine Mal, nachdem Mohammed Gabriel darum gebeten habe, ihn in seiner wahren Gestalt sehen zu dürfen. Daraufhin habe Gabriel den gesamten Horizont eingenommen – über den ganzen Berg Hira vom Westen bis zum Osten. Das zweite Mal habe Mohammed Gabriel in seiner wahren Gestalt bei seiner nächtlichen Himmelfahrt am »Lotosbaum des Endes«* gesehen. Sonst sei der Erzengel Mohammed immer als ein schöner Mann erschienen.

Es wird berichtet, dass Erzengel Gabriel dem Propheten Mohammed jedes Jahr einmal erschienen sei, um mit ihm gemeinsam den bisher offenbarten Koran zu rezitieren. Im Jahr des Todes sei er dem

---

* Mit dem »Lotosbaum des Endes« wird im Islam der äußerste Punkt der menschlichen Wahrnehmung bezeichnet. Hier ist der Gläubige Gott besonders nah.

Propheten Mohammed allerdings zweimal erschienen, um den Koran zu rezitieren. Daraus habe der Prophet geschlossen, dass er bald sterben würde, und habe seine Angelegenheiten geregelt.

Auch andere Menschen sahen den Erzengel Gabriel in der Gegenwart des Propheten. Mehrere Zeugen berichteten folgende Geschichte: Einmal habe Mohammed mit seinen Gefährten zusammengesessen, als ein Mann mit tiefschwarzen Haaren und strahlend weißen Gewändern den Raum betreten habe. Der Mann habe nicht wie ein Reisender ausgesehen und keiner der Gefährten des Propheten habe ihn gekannt. Und er habe direkt gegenüber dem Propheten Mohammed Platz genommen und seine Hände auf dessen Schenkel gelegt. Dann habe er dem Propheten Fragen zum Islam gestellt. Als der Fremde wieder fort gewesen sei, habe Mohammed die Anwesenden gefragt, ob sie wüssten, wer der Fremde gewesen sei. Seine Gefährten hätten verneint. Da habe der Prophet gesagt: »Es war Erzengel Gabriel.«

Spätere islamische Mystiker berichteten ebenfalls immer wieder vom Kontakt mit Engeln, so der islamische Gelehrte Ibn Sina (gest. 1037), der in Europa als Avicenna bekannt ist, einer der bedeutendsten Wissenschaftler und Mediziner des islamischen und europäischen Mittelalters. Wichtige Bereiche seiner Schriften nehmen Bezug auf die verschiedenen Engelswelten, die er in seinen Werken genau beschrieb.

Der Anblick göttlicher Boten kann in manchen Fällen so überwältigend sein, dass die Menschen in Verzückung geraten. Darum lässt man bei der sufischen Schulung größte Vorsicht walten. Mystiker, die Kontakt zu einer der Lichtwelten haben, können mit der Zeit immer höhere Lichtwelten erreichen, bis sie schließlich zur Quelle gelangen – zum höchsten Licht. Hier wird die Individualität des Menschen verbrannt ... und manche kehren nicht zurück. Jene aber, die zurückkommen, haben *wirkliche Erleuchtung* erfahren. Sie sehen die grobstoffliche Welt nicht mehr wie vorher und sind dann tatsächlich in mehreren Welten zu Hause.

Schon Al-Ghazzali erwähnte, dass Materie verschiedene Grade der Dichte habe, von denen jeder seine eigene Funktion besitze. Die meisten Menschen nähmen aber nur den untersten Dichtegrad wahr: unsere grobstoffliche Welt. Doch die Welt der Materie erstrecke sich in fortschreitender Verfeinerung bis in die Welt des Geistes hinein, die man für gewöhnlich als das Gegenteil von Materie betrachten würde. Gläubige, die die Wahrnehmung der Lichtwelten erreichten, hätten für die Probleme und Prioritäten auf der Erde nur noch ein Augenzwinkern übrig. Sie erführen, wie angesichts der göttlichen Schönheit die Angelegenheiten dieser Welt einfach verblassten.

> »Wer aus dem Sonnenlicht kommt und einen dunklen Raum betritt, der sieht nur noch Schatten.«
>
> Suhrawardi

Engelshierarchien

Wie Suhrawardi Maqtul, der sich im Besonderen mit den Engelserscheinungen beschäftigte, lehrte, wird die Schöpfung von den verschiedenen Engels-Orden getragen. Mit anderen Worten: Das Universum setzt sich aus bewussten Wesenheiten zusammen, die über die Schöpfung wachen. Suhrawardi unterscheidet zwischen den »vertikalen Orden« (den *Tuli*) und den »horizontalen Orden« (den *Ardi*). Der vertikale Strahl ist hierarchisch gegliedert. An seiner Spitze stehen die Erzengel, danach kommen die verschiedenen Engelshierarchien. Die höchste von ihnen heißt *Bahman*. Sie wird auch »das höchste Licht« *(Nur Al-Azam)*, das »höchste proximate Licht« oder »das Licht, das dem Schöpfer am nächsten ist« *(Nur Al-Aqrab)* genannt. Die nächste Stufe heißt »das siegreiche Licht« *(Nur Al-Qahir)*. Suhrawardi nennt sie auch »die Welt der Mütter« *(Ummahat)*, da alles im Universum von ihr abstamme. Auf der Ebene der Erzengel gibt es ebenfalls verschiedene Hierarchien, von denen jeweils die obere

> »Ich schwöre bei dem Abendrot, und bei der Nacht und bei dem, was sie zusammentreibt und bei dem Mond, welcher voll wird: ihr werdet von eurem jetzigen Zustand in einen völlig neuen versetzt.«
>
> Sure 85,16–19

über die unter ihr liegende herrscht – wobei sich Herrschaft und Liebe miteinander verbinden.

Der horizontalen Linie der Engel entsprechen die platonischen Ideen, nach denen jedes Ding eine Art Urbild in der geistigen Welt besitzt. Ibn Arabi bezeichnete diese Urbilder als *Ayan al-Thabib*. Jeder Erzengel regiert hier eine Spezies. Jedes Mineral, jedes Tier, jede Pflanze, jeder Mensch, alle Naturerscheinungen und Elemente entspringen den Erzengeln jener Linie.

»Den Geduldigen, den Aufrechten, den Wahrhaften, den Großzügigen und die, die Gott im Morgengrauen um Verzeihung bitten [wird Allah die Erleuchtung schenken].«

Sure 3,17

Der Aufstieg der Meister

Nach Suhrawardi gibt es in der Lichteinweihung vier Stufen der Weisheit: Auf der ersten Stufe fühlten Menschen einen Durst nach Erkenntnis und begäben sich auf den Weg. Auf der zweiten Stufe hätten Menschen schon gelernt, ihren Verstand zu gebrauchen und könnten aus Fakten logische Schlüsse ziehen.

Auf der dritten Stufe Stufe erlangten die Menschen schließlich die Gnosis *(Arifa)*. Hier sei der Mensch innerlich erleuchtet und habe Gott gefunden. Als Beispiele würden Halladsch oder Bistami genannt. Auf der höchsten Ebene, die Menschen erreichen könnten, hätten sie sowohl die Einheit Gottes begriffen als auch ihre Fähigkeit zum logischen Diskurs voll ausgebildet, so Suhrawardi. Als Beispiele dafür nennt er sich selbst, Platon und Pythagoras.

»Jeder Mensch hat seine Engel, die einander abwechseln und vor und hinter den Menschen gehen und Allah verändert nicht seine Gnade gegenüber den Menschen.«

Sure 13,11

Auf dem Weg zum höchsten Bewusstsein gibt es unendlich viele Stufen. An der Spitze der spirituellen Hierarchie steht nach sufischer Lehre der »Pol« *(Qutb)*, der über das Geschick der Menschen allgemein und über die Handlungen der Sufis im Besonderen wacht (siehe Kapitel 4.3, »Der Scheich«). Jede dieser Entwicklungsstufen ist mit einer speziellen Erleuchtung *(Ishraq)* verbunden. Steigt ein Sucher die Himmelsleiter empor, so offenbaren sich ihm Engelwesen, die ihn bestimmten Prüfungen unterziehen. Immer wenn ein Engel erscheint, ist das eine Erleuchtung für sich.

Außerdem benennt Suhrawardi drei Zustände nach dem Tod. Welchen der Verstorbene nun erfährt, das hängt vom Entwicklungsstand seiner Seele ab. – Die Seelen jener, die einen bestimmten Grad an Reinheit in ihrem Leben erreicht hätten, würden in die »Sphäre der Archetypen« versetzt, wo sie Emotionen, Klänge, Wohlgerüche, Geschmacksnuancen und visuelle Eindrücke erlebten, deren irdische Entsprechungen nur ein schwacher Abglanz seien. Diejenigen, deren Seelen sich verfinstert hätten, kämen in die »Welt der herabgestuften oder hängenden Formen«, das heißt in das Labyrinth der Dschinnen und der bösen Kräfte. Die Seelen der Gnostiker und Heiligen aber durchwanderten die »Welten der Engel und Erzengel«, bis zur Quelle allen Lichts: Allah.

»... [und die Engel sprechen] keinen von uns gibt es, welcher nicht seinen bestimmten Standplatz hätte wo wir uns in Reihen aufstellen und Allah preisen.«
Sure 37,164–166

Die sufische Lichtarbeit birgt große Gefahren: Zum einen gibt es dunkle Wesenheiten (siehe dazu auch Kapitel 5.13, »Exkurs: Geisterkulte und Magie in der islamischen Welt«). Diese seltsamen Schatten gehören zu den Begleitern der Menschen und manche von ihnen missbrauchen die Menschen für ihre eigenen niederen Zwecke. Geraten wir in den Bann solcher Dschinnen, so kann uns nur noch ein Sufi-Scheich helfen.

Im gnostischen Islam heißt es, dass Gott alle Wesen, auch die Engel und die Erzengel, gezwungen habe, sich vor Adam zu verneigen. Nur Iblis habe diese Geste verweigert. Es heißt, er habe sich vor keinem anderen als allein vor Allah verbeugen wollen. Dieser Ungehorsam sei jedoch keine selbstständige Entscheidung von Iblis, sondern von Anbeginn der Schöpfung so geplant gewesen. Allah habe Iblis verstoßen, dieser aber habe vorher noch die Macht als Verführer der Menschen eingefordert. Allah habe ihm diese Bitte gewährt, allerdings mit folgender Einschränkung: Iblis sollte keine Macht über Menschen mit reinem Herzen und jene in tiefem Gottgedenken haben.

Eine weitere Gefahr bei der Arbeit in den Lichtwelten ist, dass Menschen tatsächlich einfach in ihnen verschwinden können. Die oberen immateriellen Welten sind real. Bei seinem Aufstieg zum göttlichen Licht kann es aber geschehen, dass der Wanderer das eigentliche Ziel aus den Augen verliert, vom Weg abkommt und dann lange in einer dieser immateriellen Welt bleiben muss. Mohammed selbst hat gesagt, dass es mehrere Paradiese gebe und dass die Entfernung zwischen den Paradiesen so groß sei wie die Entfernung zwischen der irdischen Welt und dem ersten Paradies. Es gibt im Islam jedoch nicht nur die Paradiese, sondern auch die Höllen ... und ohne entsprechende Führung läuft der Reisende sogar Gefahr, sich in den unteren Welten zu verlieren.

Will man den Islam verstehen, ist es wichtig, die Himmelsreise *(Miradsch)* des Propheten zu kennen. Im Monat Radschab reiste Mohammed direkt zu Gott. Zu Beginn von Sure 17 wird diese Himmelsreise beschrieben: »Gepriesen sei er, der seinen Diener zur Nacht reisen ließ von der heiligen Moschee zur fernsten Moschee ...« Diese »fernste Moschee« wird mit dem Felsendom in Jerusalem gleichgesetzt, der zusammen mit der später in der unmittelbaren Nachbarschaft errichteten Al-Aqsa-Moschee das drittwichtigste Heiligtum des Islam darstellt. Mit dem Pferd Buraq flog Mohammed in Begleitung des Erzengels Gabriel von Mekka nach Jerusalem. Auf dem Weg machte Mohammed einen ersten Zwischenstopp auf dem Berg Sinai, wo Moses von Allah die zehn Gebote empfangen hatte, um dort das islamische Ritualgebet zu verrichten, und einen zweiten Zwischenstopp in Bethlehem – und zwar in dem Stall, in dem Jesus geboren wurde –, um auch dort das islamische Ritualgebet zu verrichten. Schließlich landete der Prophet auf dem Gelände des heutigen Felsendoms. Dies ist der Ort, an dem Abraham seinen Sohn Isaak opfern und später Salomon mit Hilfe der Dschinnen den Tempel errichtet haben sollte. An diesem heiligen Platz in dieser heiligen Nacht verrichtete Mohammed als Vorbeter zusammen mit den ihm vorangegangenen Propheten das Ritualgebet. Dann stieg er wieder auf das Pferd Buraq und flog zusammen mit dem Erzengel Gabriel durch die sieben Höllen und die sieben Paradiese. Dieser Flug durch die sieben Paradiese wird in der Literatur auch als Emporklettern einer gewaltigen Himmelsleiter beschrieben. In jedem der sieben Himmel traf er einen der Propheten, der vor ihm gelebt hatte, und sprach mit ihm.

Im siebten Himmel traf er Abraham, der in Mohammed seinen Nachfolger erkannte und zu ihm sprach: »Noch nie sah ich einen Menschen, der mir ähnlicher war als du.« Dann schritt Mohammed weiter zur allerhöchsten Gegenwart ... direkt zu Gott. Doch hier musste auch Gabriel zurückbleiben, denn selbst dem Erzengel war es nicht vergönnt, direkt vor Gottes Angesicht zu treten. Allein Mohammed, der Prophet, trat ein in das höchste aller Geheimnisse. Dadurch wurde er endgültig in seiner Mission als Prophet bestätigt. Die erste Stufe des Prophetentums ereilte Mohammed in der besonderen Nacht der Offenbarung, als ihm in der Höhle im Berg Hira der Erzengel Gabriel die ersten Verse des Korans übermittelte. Durch das direkte Zwiegespräch mit Gott während der Himmelfahrt wurde die Mission des Propheten endgültig besiegelt. Die Tatsache, dass er hierbei bei vollem Bewusstsein war, deuten orthodoxe Theologen dahingehend, dass die höchste Stufe des Entwerdens nicht ekstatische Verklärung ist, sondern vielmehr einen nüchternen Verstand voraussetzt. – Diese für die Menschheitsgeschichte so entscheidende Reise fand nicht in der linearen Zeit statt. Eine Magd soll einen Eimer Wasser umgestoßen haben, und noch ehe das Wasser den Boden benetzte, sei der Prophet von der langen Unterredung mit Gott zurückgekehrt. Dies ist ein wichtiges metaphysisches Phänomen: Zeit, wie wir sie kennen, gibt es in der anderen Welt nicht.

Paradiese und Höllen

Die Paradiese und Höllen, die Mohammed erlebte, werden sowohl im Koran als auch in den Hadithen genau beschrieben. Es heißt, es gebe sieben Paradiese oder Gärten und sieben Höllen. Die Höllen sind Orte von großer Drangsal und Pein. In ihnen werden die Menschen gemäß ihren irdischen Begierden bestraft: Die Weintrinker müssen übermäßig Wein trinken und die Faulen werden zu harter Arbeit angetrieben. Am schlimmsten werden die Götzendiener und Ungläubigen bestraft. Diese Menschen sind vom göttlichen Licht besonders weit entfernt. In den Höllen gibt es Früchte von einem Baum namens Zakkum zu essen. Dies ist der Baum des Unglaubens und seine Früchte sind besonders scheußlich. Darüber hinaus bekommen die Bewohner der Höllen siedend heiße Getränke zu trinken, sodass ihnen immer wieder aufs Neue die Eingeweide zerbersten.

> »Wer einst mit Verbrechen beschmutzt zu seinem Herrn zurückkehrt, der erhält die Hölle zur Strafe in welcher er nicht leben, aber auch nicht sterben kann.«
>
> Sure 20,74

Wie der amerikanische Sufi-Scheich Lex Hixon schreibt, sind die brennenden Ströme der Hölle aus demselben göttlichen Licht geschaffen, das auch die Gläubigen in ihrer paradiesischen Ekstase durchströmt. Die Ungläubigen und die Sünder, die in ihrem Inneren von den Auswüchsen ihres Unglaubens und ihres niederen Ego durchdrungen sind, erfahren dieses Licht in Form von kochender Lava als qualvolle Reinigung. Die Gläubigen jedoch, die sich in ihrem Inneren von Unglauben und irdischen Verhaftungen befreit haben, erleben dieses Licht als vitale Kraft, die ihren paradiesischen Körper mit Lebenskraft versorgt und die sie in sublimer Form in immer neue Ekstasen und Erkenntnisbereiche versetzt.

> Eines Tages fragte Rumis Frau ihren Mann nach der Bedeutung des geheimnisvollen Propheten-Hadith: »Die meisten Bewohner des Paradieses sind Schwachsinnige.« Rumi erwiderte: »Wenn sie keine Schwachsinnigen wären, wie könnten sie sich mit dem bloßen Paradies und seinen Quellen begnügen?«

Bei seiner Reise durch die oberen Welten durchschritt der Prophet Mohammed sieben paradiesische Gärten: Der erste war die »Wohnstatt der göttlichen Majestät« und ganz aus Perlmutt (weiß). Der zweite war die »Wohnstatt des Friedens« und aus Rubin (rot). Der dritte war die »Wohnstatt der Zuflucht« aus Chrysolith (grün). Der vierte war der »Garten der Unsterblichkeit« und aus roter und gelber Koralle. Der fünfte war der »Garten der Glückseligkeit« aus Silber. Der sechste war der »Garten von Firdaws«; er besteht aus rotem Gold. Der siebte war der »Garten von Aden (Eden)« aus Perlmutt (weiß). Der achte war die »Wohnstatt der Ruhe«; er ist aus rotem Gold ... und er formt die Kuppel über den anderen Gärten.

> »Doch noch köstlicher ist für sie [die Paradiesbewohner] das Wohlgefallen Allahs. Das ist eine große Glückseligkeit.«
>
> Sure 9,72

Durch die Gärten fließen vier Flüsse: einer aus Wein, einer aus Milch, einer aus Wasser und einer aus Honig. Sie entspringen alle einer Kuppel über den paradiesischen Gärten, die so groß sein soll, dass alle Menschen und Dschinnen der Welt, würden sie auf ihr sitzen, doch nur einem Vogel gleichen würden, der auf einem Berg sitzt. Die Kuppel ist aus weißem Perlmutt. Sie hat eine Tür aus grünem Korund und ein Schloss aus rotem Gold. Mohammed wollte einst von Erzengel Gabriel wissen, wie er auf diese Kuppel zur Quelle der vier paradiesischen Ströme gelangen könne. Gabriel antwortete: »Durch die Bismillah-Formel.« Da sprach Mohammed: »*Bismillah ar-Rahman ar-Rahim.*« Und schon stand er auf dieser wunderbaren Kuppel und erkannte, dass die Bismillah-Formel die Quelle jener Flüsse ist. In arabischen Buchstaben geschrieben, hat die Bismillah-Formel vier Schleifen. Aus der Schleife des ersten *Mim* fließt Milch, aus der Schleife des *Ha* fließt Wein, aus der Schleife des zweiten *Mim* fließt Honig und aus der Schleife des dritten *Mim* fließt das klare Wasser.

> »Das Buch der Gerechten [des Allwissens] ist in Illium [dem siebten Himmel].«
>
> Sure 83,18

»Und bringe frohe Botschaft denen, die glauben und gute

Werke tun, dass Gärten für sie sind, durch die Ströme fließen. Wann immer ihnen von den Früchten daraus gegeben wird, werden sie sprechen: Das ist, was uns zuvor gegeben wurde, und [Früchte] gleich welcher Art sollen ihnen dargebracht werden. Und sie werden darin Gefährten und Gefährtinnen haben von vollkommener Reinheit und darin werden sie weilen.«

Sure 2,26

Bismillah

Ar-Rahman Ar-Rahim

Im Sufismus werden die vier paradiesischen Ströme mit den vier besonderen Gaben gleichgesetzt, die der Mystiker in seiner Erleuchtung geschenkt bekommt: Milch steht für Wissen, Wein für Ekstase (die allerdings kein Kopfweh verursacht), Honig steht für Glückseligkeit und Wasser für Klarheit.

Der Verlauf der Woche in den Paradiesen wird in den Hadithen ebenfalls genau beschrieben: Am Samstag werden die Menschen vom Wasser trinken, am Sonntag vom Honig, am Montag von der Milch, am Dienstag vom Wein. Sie werden berauscht sein und eintausend Jahre lang fliegen, bis sie einen Berg von Moschus erreicht haben, unter dem *Salsabil*, ein köstliches Kamphergetränk, hervorfließt. Sie werden davon trinken, und das wird am Mittwoch sein. Dann werden sie eintausend Jahre lang fliegen, bis sie ein Schloss erreicht haben. Darin werden Ruhebetten stehen und es gibt Pokale mit Ingwergetränken. Die Menschen werden davon trinken. Das wird am Donnerstag sein. Dann wird eine Wolke aus weißen Juwelen eintausend Jahre auf sie herabregnen. Jedes Juwel wird von einer *Huri* (engelhaften Begleiterin) begleitet. Danach werden sie eintausend Jahre lang fliegen, bis sie den Sitz der Wahrhaftigkeit erreichen. Das wird

am Freitag sein. Sie werden am Tisch der Unsterblichkeit sitzen und Nektar, der mit einem Siegel aus Moschus versiegelt ist, wird auf sie herabfallen. Sie werden die Siegel brechen und davon trinken.
Die Gläubigen dort sind auch zum Besten der Menschheit und zur Lobpreisung Allahs schöpferisch tätig. Es gibt an diesem Ort zwar kein Geschlechtsleben, dafür aber Empfindungen, die mit der Liebe zwischen zwei Menschen vergleichbar sind – allerdings in einer sehr hohen und reinen Form. Außerdem wird die Bekleidung der Gläubigen in den Gärten beschrieben: Sie tragen siebzig Gewänder. Jedes von ihnen wechselt stündlich seine Farbe und es gibt bis zu siebzig Schattierungen.

Wichtig ist, noch einmal zu betonen, dass diese Gärten für Muslime kein Gleichnis darstellen, sondern reale Welten sind, die aus feinster Materie bestehen. Durch einen reinen Lebenswandel und religiöse Praxis gehen die Menschen schließlich in dieser reinen Welt der Engel auf. Allerdings betonen Sufis auch, dass sie ihre Erfüllung jenseits von Himmel und Hölle suchen: Dem wahren Liebenden genügt der göttliche Geliebte.

2.5 Buchstaben- und Zahlenmagie

In der islamischen Welt gibt es ein sehr tiefgründiges Zahlenorakel, mit dessen Hilfe man den göttlichen Geheimnissen näher kommen kann; es heißt *Abgad*. Hier werden Wörter und Eigennamen nach einem bestimmten System aufgeschlüsselt und zu Zahlen oder neuen Wörtern zusammengefügt. Diese lassen dann Rückschlüsse auf Potenziale, Entwicklungsmöglichkeiten und Aufgaben eines Menschen zu, die in seinem Namen verborgen lagen. Außerdem können die heiligen Aussagen des Korans in Zahlenkombinationen umgewandelt werden, wodurch es möglich ist, längere Passagen aus dem heiligen Buch in verkürzter Form, etwa auf Amulette, aufzuschreiben. Schlüsselt man Begriffe und Eigennamen mathematisch auf, so ist es möglich, den tiefsten Geheimnissen des Universums auf die Spur zu kommen.

> »Allah ist schnell im Zusammenzählen.«
> Sure 3,199

Jedem der 28 Buchstaben des arabischen Alphabets sind bestimmte Zahlen zugeordnet (siehe Tabelle), was eine Umwandlung von Eigennamen und anderen Wörtern in Zahlen ermöglicht. Das Abgad-System enthüllt uns auf diese Weise, wie bereits erwähnt, die verborgenen Bedeutungen und Eigenschaften eines Namens oder Begriffs, weshalb dieses System von vielen hohen Sufis genutzt wird.

Tabelle: Zuordnung von arabischen Buchstaben und Zahlen
(arabischer Buchstabe, Zahlenwert)

Alif:	1	Z:	7	Mim:	40	Qaf:	100	Dz:	700
Ba:	2	Hh:	8	Nun:	50	R:	200	Dh:	800
Jim:	3	Tt:	9	Sin:	60	Sh:	300	Tz:	900
Dal:	4	Ya:	10	Ajn:	70	T:	400	Gh:	1000
Ha:	5	Kaf:	20	Fa:	80	Th:	500		
Waw:	6	Lam:	30	Sd:	90	Kh:	600		

In einem ersten Schritt wird der Zahlenwert eines Wortes errechnet. Wichtig zu wissen ist, dass es viele Wörter mit gleichem Zahlenwert gibt.

Beispiel: »Mohammed«

M: 40 H: 8 M: 40 M: 40 D:4

Summe: 40 + 8 + 40 + 40 + 4 = 132

»Mohammed« entspricht also der Zahl 132, genau wie *Qualb* (Herz).

Q: 100 L: 30 B: 2

Summe: 100 + 30 + 2 = 132

Diese Übereinstimmung der Wörter »Mohammed« und »Herz« wird in der islamischen Mystik immer wieder betont. Und so heißt es, die Meditation auf den Propheten Mohammed sei geeignet, um das feinstoffliche Herz zu öffnen. Und der Kontakt zum Propheten Mohammed wird auf der anderen Seite durch die Meditation auf das eigene Herz hergestellt.

Ein weiteres Beispiel:

Der Zahlenwert von »Allah« (A[1] + L [30] + L [30] + H [5]) beträgt 66, genau wie der von »Adam und Eva« und einer Reihe islamischer Aussagen, wie *Hua hua billa Hu* (Er ist er ohne Attribute), *Hua ilahun Wahid* (Er ist ein einziger Gott) oder *Billa zaugin Au Guz* (Ohne Partner/Teil).

Dem islamischen Glauben nach ist Allah in allen Teilen der Schöpfung enthalten, und so sind die Sufis der Ansicht, dass man den Schöpfer erfahren kann, egal auf welchen Teil der Schöpfung man meditiert. Die Lehre des *Abgad* sagt des Weiteren aus, dass es besonders nützlich ist, sich mit Dingen zu beschäftigen, die der gleichen Zahl entsprechen wie der eigene Name. Sich mit der Gechchte von Adam und Eva auseinanderzusetzen oder mit den oben genannten islamischen Glaubensaussagen, die den gleichen Zahlenwert haben wie »Allah«, richtet das Denken auf Allah aus.

Diese Zahlen, die man in einem ersten Rechengang erhält, lassen sich wiederum umwandeln. Zum Beispiel offenbaren sich durch die Divisoren (Teiler) die tiefer liegenden Aspekte einer Sache. Das klassische Beispiel hierzu ist die heilige Aussage *Hu*, dieses Wort gilt im Koran auch als verborgener Name Gottes. Der Zahlenwert von *Hu* beträgt 11 (H [5] + U [6] = 11). Der Schweizer Sufi Freddy Bollag stellte fest, dass sich die Summen auffallend vieler heiliger Sätze im Koran durch 11 teilen lassen. So der Zahlenwert von *La illaha illa Lah* (165 = 11 x 15), der von »Mohammed« (132 = 12 x 11). Und die Kombination aus den besonders mächtigen Anrufungen *Allah* (66), *Hu* (11), *Hay* (Leben;108) und *Haqq* (Wahrheit; 18): 11 x 108 = 66 x 18. Allah hat offiziell 99 Namen (9 x 11) und 99 plus 66 beträgt wiederum 165.

Addiert man alle Zahlen von 1 bis 11, so ergibt das 66, die Zahl, die dem heiligen Namen *Allah* entspricht. 11 ist aber auch die Summe

Magisches Zahlenquadrat

von 6 + 3 + 2, deren Umkehrwerte 2, 3 und 6, addiert man sie, 1 ergeben. Die Summe aller Zahlen aus dem *Abgad* ergibt 5995 (11 x 545). Die in der arabischen Welt als kraftvoll geltende Zahl 1001 lässt sich ebenfalls durch 11 teilen (91 x 11), und das arabische Alphabet enthält in geschriebener Form 22 (2 x 11) Punkte. Und: Aus 11 Teilen besteht die rituelle Waschung *(Wudu)*, 11-mal taucht der Name *Allah* im Gebetsruf *(Adhan)* auf, 11-mal kommt *Allahu akbar* in jeder Gebetseinheit *(Raka)* vor und auf 11 Säulen sollte jede Moschee errichtet sein. 11 ist nach der alten kufischen Schreibweise auch die Anzahl der geradlinigen Striche im Wort *Allah*, und 33-mal insgesamt (3 x 11) wird nach jedem Gebet *Subhana Lah* (Gepriesen sei Allah), *Al Hamdullilah* (Gelobt sei Allah) und *Allahu akbar* (Allah ist größer) gerufen.

In einem nächsten Schritt können die aus den Zahlenwerten der einzelnen Buchstaben errechneten Summen in Hunderter, Zehner und Einer zerlegt werden. Diese werden dann erneut den Buchstaben aus dem Abgad zugeordnet. So lassen sich Wörter in andere umwandeln.

Beispiel: Der Name des Mystikers »Attar«

Ersetzt man die Buchstaben Ajn (70), T (9), T (9), Alif (1), R (200) durch ihre Zahlenwerte, so ergibt sich als Summe 289.
In Hunderter, Zehner und Einer zerlegt, ergibt das:
289 = 200 + 80 + 9

Diesen Zahlen ordnet man die folgenden Buchstaben zu:
200 = R, 80 = F, 9 = T.

Die Buchstabenkombination »Rft« liefert ein »Skelett« für neue Wörter, die sich ergeben, wenn man Vokale einfügt, beispielsweise:

Attar: Drogist, Parfumhändler
Fatir: Der Schöpfer

TaFaTTaR: spalten, brechen
FaTaRa: Fastenbrechen
FuTaiyRi: ein wertloser Mensch

Durch die Geringschätzung und Zerstörung seines eigenen niederen Egos wurde Attar zum „Verbreiter von Wohlgerüchen", aber auch zum Verkünder des Fastenbrechens, was beides in der Sufi-Tradition auch Allegorien für spirituelle Zustände sind, die die Menschen an ihren Schöpfer erinnern sollen.

Ein anderes Beispiel sind die Worte des Propheten: »Es ist Pflicht für einen Muslim, sich Wissen anzueignen, und wenn er dafür bis nach China gehen muss.« Das arabische Wort für China ist *Sin.* Die Buchstaben S (90) + Ya (10) + N (50) ergeben die Zahl 150. Diese setzt sich wiederum aus 100 und 50 zusammen. Nach dem *Abgad* umgewandelt, erhält man nun die Buchstaben Q (100) und N (50). Also entspricht das Wort *Sin* (China) *Qn* (genau prüfen, sich sammeln). Daraus ergibt sich folgende esoterische Deutung der obigen Worte des Propheten: Es ist Pflicht für einen Muslim, sich Wissen anzueignen, indem er die Dinge genau prüft bzw. indem er sich im Geist sammelt.

Solche Wortspiele sind in der islamischen Mystik immer wieder von großer Bedeutung. Da es in der arabischen Sprache beispielsweise viele Verben gibt mit zahlreichen, durch Umbildung der Wurzel abgeleiteten Wortstämmen – die jeweils unterschiedliche Bedeutungsaspekte betonen –, können selbst alltägliche Dinge in sehr poetischer und philosophischer Form wiedergegeben werden

Eine weitere Anwendungsmöglichkeit ist die folgende: Arabische Wörter werden in der Regel aus drei Wurzelkonsonanten gebildet, über bzw. unter die man die drei Vokale I, A und U als kleine Punkte bzw. Striche setzt. Verschiebt man die Punkte bzw. Striche nach einem bestimmten System, so ergibt sich ein völlig neuer Text. Außerdem steht die Mehrzahl der arabischen Wörter nicht allein, sondern entfaltet ihren Sinn erst im Zusammenhang mit anderen Wörtern.

Aus den drei Wurzelkonsonanten eines altarabischen Wortes lassen sich nun natürlich verschiedene Wörter bilden. Das macht Arabisch, wie oben bereits erwähnt, zu einer sehr poetischen Sprache, in der verschiedene Wörter nicht nur ähnlich klingen, sondern in ihrem ähnlichen Klang eben auch auf gemeinsame Wurzeln hinweisen. Wie Al-Ghazzali schreibt, ist Poesie die Sprache des Herzens, durch die tiefer liegende Zusammenhänge erkannt werden können. So gilt in der islamischen Mystik die Untersuchung von ähnlich klingenden Wörtern als ein hervorragendes Mittel, um die verborgenen Aspekte des Seins zu ergründen.

Zudem legt die Tatsache, dass viele arabische Wörter ähnlich klingen, unterschiedliche Auslegungen nahe. Das Wort für Hingabe *(Islam)* hat beispielsweise die gleiche Wurzel *(slm)* wie Frieden *(Salam).* Daraus wird die Aussage abgeleitet: Erst wenn man sich Gott hingibt, wird ein Gefühl von innerem Frieden erreicht.

Rumi sagte einst: *Udhribel-kalb wa yata addaba el-fahd* (Schlage den Hund [*Kalb*] und der Leopard *[Fahd]* wird sich benehmen). Dieser Satz war eine der geheimen Losungen der Mevlevi-Derwische. Damit wird angedeutet, dass die Züchtigung der niederen Triebpersönlichkeit, hier durch den Hund symbolisiert, zur Kultivierung der edlen Persönlichkeit, durch den Leoparden symbolisiert, führt. *Kalb* (Hund) klingt ähnlich wie *Qualb* (Herz), und *Fahd* (Leopard) klingt ähnlich wie *Fa'hid* (die Unachtsamen). So schwingt automatisch die Botschaft mit: »Zügle dein Herz und die Unachtsamen [Sinne] verhalten sich richtig.«

In der Geschichte von Adam und Eva heißt es, dass sie vom Baum (*Schischera*) eine Frucht pflückten. *Schischera* klingt jedoch wie *Schschra* (*Streit),* und das bedeutet auch: Weil sie zu streiten begannen, wurden sie aus dem Paradies vertrieben.

Zu den wichtigsten islamischen Formeln gehört *Bismillah ar-Rahman ar-Rahim* (Im Namen Gottes, des Gnädigen und des Allbarmherzigen). Während *ar-Rahman* als die äußere Gerechtigkeit Allahs interpretiert wird – eine Eigenschaft, die notwendig ist, um jedes einzelne Wesen zu versorgen –, gilt *ar-Rahim* als die konkret umgesetzte Gerechtigkeit, mit der Gott jedem einzelnen Geschöpf hilft, wenn es Hilfe benötigt. *Ar-Rahim* bedeutet aber auch »Gebärmutter«: In ihr entsteht neues Leben und sie beschützt das heranwachsende Wesen.

Ein weiteres Wortspiel, das auf den Propheten Mohammed zurückgeht, ist der Zusammenhang zwischen *Ahmad*, einem der Namen des Propheten, und *Ahad*, Eins. Es heißt *Ana Ahmad billa mim* (Gott ist Ahmed ohne M), weshalb lange Abhandlungen über die Bedeutung des Buchstabens M geschrieben wurden. Bei den Bektashis gibt es sogar ein Gebet zum diesem Buchstaben.

Murid (Schüler) und *Murshid* (Lehrer) klingen ebenfalls ähnlich: Durch kontinuierliches Üben wird aus dem Schüler ein neuer Meister. *Ab* (sprich: Abu) heißt Vater und *Abn* (sprich: Ibn) Sohn. Der Unterschied zwischen Vater und Sohn liegt allein im Buchstaben *Nun*, weshalb in poetischer Form Wörter mit diesem Buchstaben den Unterschied zwischen Vater und Sohn erklären können. Und *Faqur* meint »Armut«, *Fachr* dagegen hat die Bedeutung »Stolz, Zierde«. Der Prophet sprach: *Faqur fachr* (Meine Armut ist meine Zierde). Dieser Satz wird folgendermaßen gedeutet: Die eigentliche Würde des Menschen offenbart sich nicht in seinem weltlichen Reichtum, sondern in seinem weltlichen Verzicht. Ein weiteres Beispiel sind die Wörter *Lah* (Gott) und *La* (Nein). *Allah* kann auch als *Al La*, »das Nichts«, gedeutet werden, was bedeutet, dass man sich keine Vorstellungen von Gott machen kann. Oder *Hubb*, was für »Liebe« steht, und *Habb*, was »Samen« meint: Aus der Liebe erwächst der Samen. Das kann man einerseits erotisch interpretieren und andererseits wie folgt: Aus der göttlichen Liebe, *Hubb*, bildet sich der Samen für alle Dinge der Schöpfung. Und ein letztes Beispiel: *Sirr* (Geheimnis), *Si'r* (Gedicht) und *Saar* (Haar): Das Geheimnis kann nicht mit Worten erklärt werden. Um den Zustand zu begreifen, braucht es Poesie. Die Zustände der Sufis sind so fein wie ein Haar.

Im esoterischen Islam gibt es die *Hurufi*, eine Gruppe, die sich speziell mit Zahlen- und Buchstabensymbolik befasst. Die Bektashi-Derwische haben viel von diesem Gedankengut übernommen. Der Begründer der Hurufi war Fadlullah Asterabadi; er wurde 1398 als Ketzer hingerichtet. Bei den Hurufi werden die 28 Buchstaben des arabischen Alphabets mit verschiedenen anderen Dingen in Verbindung gebracht, so mit den 28 Mondtagen eines Monats, den 28 namentlich im Koran erwähnten Propheten oder den insgesamt 28 Gliedern der Finger. Ibn Arabi sprach auch von 28 Emanationen des Göttlichen.

Es entstand eine Tradition, nach der man speziell über die Form und den Klang der Buchstaben meditierte. Der Buchstabe H wird beispielsweise als Kreis gemalt und so zur Kurzform von *Huwa*, »Er«. Indem die Mystiker in die H-Schleife (ه) am Ende des Namens *Allah* eintauchen, offenbart sich ihnen das Göttliche. Mohammed sagte zum Beispiel, dass der ganze Koran in der ersten Sure, *Al Fâtiha*, enthalten sei. Die Aussage der Fâtiha sei wiederum in ihren ersten drei Wörtern zu finden: *Bismillah ar-Rahman ar-Rahim*, die sich nun auf das Wort *Bismillah* reduzieren ließen und dieses wiederum auf den Buchstaben B (ب). Schließlich sei der ganze Koran im Punkt unter dem B enthalten. – Und so haben viele Mystiker über das B und den Punkt darunter meditiert.

Es heißt auch, der Buchstabe Alif (ا), der als gerader Strich gezeichnet wird, sei Ausdruck des Göttlichen. Auf ihn gingen alle anderen Buchstaben zurück. Und das B (ب) werfe sich vor seinem Schöpfer zu Boden.

Hakim Sanai erkannte, dass der erste Buchstabe des Korans B (ب) und der letzte Buchstabe S (س) das Wort *BaS*, »Schluss«, bilden: Dem Koran ist nichts mehr hinzuzufügen. Er ist die abschließende Buchreligion.

Man kann in den arabischen Buchstaben aber auch Körperhaltungen entdecken. So bilden die Buchstaben A (ا), D (د) und M (م),

die im Namen »Adam« auftauchen, die drei Stellungen des Ritualgebets: stehen, sich beugen und niederwerfen (siehe dazu Kapitel 5.1, »Das Gebet«). Die geschwungenen Buchstaben sind außerdem im menschlichen Gesicht wieder zu finden:

Tughra (ein kalligrafischer Schnörkel) die Augenbrauen
Sad (ص) die Augen oder auch *Ajn*, (ع)
Alif (ا) die Nase
Anfangs-*Hu* (هـ) die Nasenlöcher
Mim (M) (م) der Mund und *Dal* (د) oder *Jim* (ج)die Locken

Man begann, in den Falten auf der Stirn und den Grübchen zu lesen. Eine Bezeichnung für Sufis war darum auch: »die die Gesichter der Menschen lesen können«.

Oft wird das Abgad-System angewendet, um magisch-heilerisch zu wirken. Auch hierfür wird der Name einer Person in eine Zahl umgewandelt. Man nimmt hier den eigenen Vornamen und den der Mutter. Haben die Betreffenden mehrere Namen, so ist nur der erste von Bedeutung. Männernamen werden durch *Ibn*, »Sohn«, und Frauennamen durch *Bint*, »Tochter«, mit dem Vornamen der Mutter verbunden. Anhand der errechneten Zahl ergibt sich das Sternzeichen eines Menschen.

Diese numerologische Astrologie impliziert eine Vielzahl von rituellen Handlungen, die Glück und Segen bringen sollen. Dies beinhaltet beispielsweise, einen bestimmten Geldbetrag zu spenden und an Tagen, die dem Sternzeichen zugeordnet sind, bestimmte Dinge zu tun und andere zu unterlassen.

Ein anderes System innerhalb des *Abgad* ist *Jafr.* Dabei werden die Zahlenwerte entsprechender Passagen aus dem Koran zusammengezählt, wodurch man auf vergangene oder zukünftige Ereignisse schließen kann. *Jafr* kann außerdem dazu genutzt werden, um in Texten bestimmte Jahreszahlen zu verschlüsseln. So lässt sich aus dem Titel des sufischen Einweihungsbuches *Bagh wa Bahar* (Garten und Frühling) durch *Jafr* die Zahl 1217 errechnen: Sie entspricht dem Entstehungsdatum des Textes.

Eine weitere Methode innerhalb des Abgad, *Tahatil* (Königsnamen) genannt, geht davon aus, dass jedes Ding einen »Königsnamen«, einen »herrschenden Namen« und einen »Unterweltsnamen« hat. Durch die moderne Literatur verbreitete sich diese Methode in der arabischen Welt rasant. Auch Situationen können in Königsnamen umgewandelt werden, zum Beispiel: »Samiya liebt Abdulhamid« *(Samiya tuhibbu Abdulhamid).* Den sich ergebenden Zahlenwerten lassen sich der Engel *Dakata'il*, der Geist *Zasa'il* und der Dämon *Gafaqatis* zuordnen, die den beiden Liebenden beistehen.

Die Buchstaben dürfen aber nicht zur Vielgötterei führen. Wie der islamische Mystiker Niffari sagt, ist die allzu intensive Beschäftigung mit Buchstaben ebenfalls Götzendienst und dieser hält den Menschen bekanntermaßen von Gott fern, denn: Am allerhöchsten Ort gibt es weder Formen noch Buchstaben.

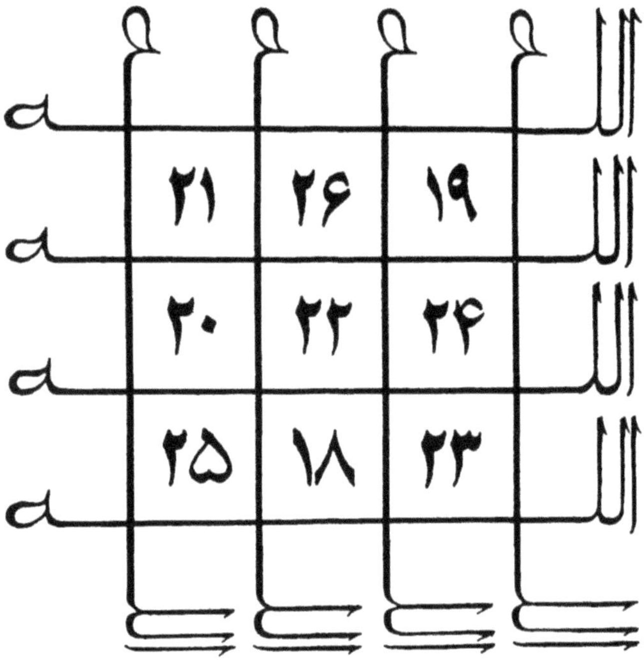
١٩ ٢٦ ٢١
٢٤ ٢٢ ٢٠
٢٣ ١٨ ٢٥

3. Kritik am Leben des Menschen

3.1 Die Menschheit schläft

In seinem Buch *Der Garten der Wahrheit* skizziert der afghanische Mystiker Hakim Sanai (gest. 1131) neben seinen spirituellen Unterweisungen und Ratschlägen an den König auch die Grundsituation der Menschen: Sie würden schlafen und befänden sich in einem ununterbrochenen Traumzustand. Sie beschäftigten sich mit unnützen Dingen und nähmen sich selbst ungeheuer wichtig. Ein Zugang zu wahrer Religion, so Sanai, sei in diesem Zustand nicht möglich.

Die Menschen sind von einer seltsamen Traumwolke umgeben, die sie die wahren Probleme und Gottes Größe nicht wahrnehmen lässt. Sie handeln nicht wirklich selbstständig, sondern werden wie von einem Automatismus getrieben und machen immer wieder die gleichen Fehler. Bedrohliche Situationen und Schockzustände, bestimmte Formen körperlicher Bewegung oder das Beten bewirken Augenblicke der Wachheit, doch unmittelbar danach fallen die Menschen wieder in Schlaf. Mit »Schlaf« meinen Sufis das Alltagsbewusstsein eines Menschen und mit »Wachzustand« bezeichnen sie die Erleuchtung bzw. jene Momente, in denen ein Mensch seine eigene Welt und sein eigenes Denken transzendiert, etwas Größeres erspürt oder sogar in ihm aufgeht.

El Mahdi Abbassi (gest. 911) erklärte einst, dass es in allen Menschen einen Widerstand gebe, an dem jeder Versuch scheitern könne, sie aus seinem Elend zu befreien. Die Leute glaubten ihm nicht. Da wies El Mahdi einen Mann an, einen Sack voll Gold auf eine Brücke zu stellen. Und er ließ einen Mann holen, der gerade bankrott gemacht hatte. Dieser sollte die Brücke überqueren. El Mahdi stand mit einigen

Augenzeugen auf der anderen Seite der Brücke. Als der Mann die Brücke überquert hatte, fragten sie ihn, was er gesehen habe.
»Nichts«, antwortete der Schuldner.
»Nichts?«, fragten die Leute erstaunt.
»Als ich die Brücke überquerte«, sagte der Mann, »dachte ich, dass es lustiger wäre, mit geschlossenen Augen über sie zu laufen.«

Diese Geschichte spiegelt die Situation der Menschen wider: Die Antworten und Lösungen liegen unmittelbar vor ihnen. Die Mehrzahl der Gläubigen jedoch verschließt die Augen vor den Tatsachen und beschäftigt sich lieber mit Belanglosigkeiten. Der durchschnittliche Mensch ist immer abgelenkt. So treibt er durchs Leben. Er hat den Kopf voller Tagträume und weiß kaum, woher er kommt, wohin er geht oder wo er sich gerade befindet.

Dieser Schlafzustand ist wiederum von keiner durchgängigen Qualität. Würde der Mensch sich in seinen Tagträumereien für längere Zeit voll und ganz auf einen Gedanken konzentrieren, wäre er zu Großem fähig. Viele Menschen haben so Erstaunliches vollbracht, doch die meisten vergeuden ihre Energien mit sinnlosem Geplänkel.

Eines Tages kam der große Bahauddin Naqushbandi in ein Dorf. Die Menschen dort, die nicht wussten, wer er war, fragten ihn, woher er komme.
»Weiß nicht«, antwortete er.
»Was ist gut?« – »Weiß nicht.«
»Was ist schlecht?« – »Weiß nicht.«
»Was ist rechtens?« – »Was gut für mich ist.«
»Was ist unrecht?« – »Was schlecht für mich ist.«
Bahauddin schickte sich an, das Dorf zu verlassen. Er ging in eine Richtung, in der nur Wildnis lag.
»Wohin gehst du?«, fragten ihn die Dorfbewohner.
»Weiß nicht.«
Da verloren sie die Geduld mit ihm und jagten ihn fort. Sie hielten ihn für einen Verrückten. In Wahrheit aber wollte Bahauddin ihnen nur ihre eigene Situation vor Augen führen.

Kein Erdenbürger ist in diesem Schlafzustand immer derselbe: In einem Moment hat er etwas scheinbar begriffen, im nächsten Augenblick fällt er in alte Muster zurück. Heute ist der Mensch verständnisvoll und kooperativ, morgen starrköpfig und gekränkt. Das, was als Ich wahrgenommen wird, sind eigentlich mehrere kleine Einzel-Ichs, die ständigen Veränderungen und Schwankungen unterworfen sind. Hormonelle Einflüsse, falsche Ernährung und sogar das Wetter beeinflussen jene Illusion, die als konstantes Ich erlebt wird.

Ein Gleichnis, das auf Halladsch zurückgeht, verdeutlicht das: In einem großen Haus sind viele Dienstboten beschäftigt. Eines Tages verschwindet der Hausherr und die Dienstboten führen das Haus selbstständig weiter. Nach einiger Zeit gibt es jedoch Streit um die Kompetenzen. Jeder beansprucht das ganze Haus für sich allein und es kommt zu einem heillosen Durcheinander. In diesem Gleichnis gibt es jedoch ein gutes Ende: Ein paar ältere Dienstboten versuchen, zumindest etwas Klarheit zu schaffen, und führen das Haus so gut wie möglich, bis der Besitzer des Hauses zurückkommt.

Das Haus in diesem Beispiel steht für die Gesamtpersönlichkeit des Menschen, der Eigentümer des Hauses für das Höhere Selbst, dem es bestimmt ist, das Haus zu führen. Die Dienstboten sind die untergeordneten Kräfte, die die verschiedenen Bereiche wie Denken und Gefühle abdecken. Ist der Hausherr jedoch nicht präsent, so wollen die untergeordneten Kräfte das Sagen haben im Haus. Nun kommt es zu Rangeleien und Besitzansprüchen. Vielleicht gewinnt sogar eine der untergeordneten Kräfte die Oberhand. Jedenfalls wird dann geleugnet, dass es jemals so etwas wie einen Hausherrn gegeben hat. Es herrscht große Verwirrung, und der Zustand des Hauses wird immer schlechter.

Al-Ghazzali beschreibt den menschlichen Organismus als Reich, in dem das nach Erkenntnis strebende Herz König ist. Die Vernunft ist der weise Berater (arabisch: *Wesir)* des Königs. Die aggressiven Kräfte im Menschen sind die Polizei, die den Organismus vor äußeren Feinden schützt. Die Begierden sind die Steuereintreiber, die für irdischen Reichtum in Form von Nahrung, Lustbefriedigung und Ruhe sorgen. Kommt die Vernunft als weiser Berater abhanden, gewinnt eine der untergeordneten Kräfte die Oberhand. Je nach Veranlagung herrschen dann die aggressiven Kräfte, die unruhig sind und Streit suchen, oder die Begierden, die verschlagen sind und sich nach Faulheit, nach Völlerei oder Wollust sehnen.

Die Lage des normalen Gläubigen verschlechtert sich, wenn er nicht nur wie betrunken durchs Leben torkelt, sondern außerdem noch geistige Wesenheiten mit ihm kommunizieren. Im Sufismus nennt man das »Einflüsterungen«. Der Mystiker Umar-Suhrawardi (gest. 1234) spricht in seinem berühmten *Handbuch für Derwische* von vier Arten von Einflüsterungen: eine von der niederen Seele, eine von Gott, eine vom Teufel und eine von den Engeln. Die Einflüsterung der niederen Seele erscheint unten am Herzen, die von Gott oben am Herzen, die vom Engel rechts am Herzen und die vom Teufel links am Herzen.

Durch unentwegte Übung gibt es für den Derwisch die Möglichkeit, die verschiedenen Einflüsterungen auseinanderzuhalten. Werden hingegen normale Menschen von solchen »Einfällen« heimgesucht, so geben sie diesen ohne Nachdenken und ohne sie zu verstehen nach. Die Einflüsterungen der niederen Seele sind auf Triebbefriedigung ausgerichtet. Sie verleiten zu Faulheit und Genusssucht. Ereilen den Derwisch solche Einflüsterungen, dann gibt er diesen nicht unmittelbar nach, sondern fasst sie als Botschaften auf, die sorgfältiger Prüfung bedürfen. Weder treibt ihn seine Natur zu gehetzter Eifrigkeit, noch reizt ihn seine Lust zu vorschnellem Handeln. Weiten sich die Ansprüche des niederen Selbst aus, so kommen noch die Einfälle des Teufels hinzu. Sie stellen das Böse als gut dar und das Unwahre als wahr. Sie sind von einem eigentümlichen Fanatismus gekennzeichnet. Das Mittel ist hier ununterbrochenes Gottgedenken *(Dhikr)* und kritische Hinterfragung der Impulse mithilfe des Verstandes.

Der Unterschied zwischen den Einflüsterungen des niederen Selbst und denen eines Teufels ist, dass das niedere Selbst beharrlich fordert, bis es erreicht hat, was es will. Ein Teufel geht aber, ist sein Verführungsversuch fehlgeschlagen, weiter und versucht es bei einem anderen Menschen. Auch hohe Mystiker sind vor den Eingebungen des Teufels nicht gefeit, doch lassen sie sich nicht von ihrem frommen Pfad abbringen. Wie der Prophet Mohammed einmal erklärte, hat jeder Mensch einen Teufel, der ihm persönlich zuflüstert. Er, Mohammed, habe jedoch seinen Teufel zum Islam bekehrt.

Die Eingebungen der Engel sind für Menschen uneingeschränkt förderlich. Engel stellen das Gute in Aussicht und erklären das Wahre für wahr. Auch sie sprechen ständig zu den Menschen, doch denen mangelt es oft an Aufmerksamkeit. Die Eingebungen der Engel sind von großer Klarheit, Nachsicht und Vernunft. Während sie zum göttlichen Sein führen, sind die Eingebungen Gottes noch grundlegender. Es sind allgemeine Erkenntnisse, die von allen gleichermaßen anerkannt werden. Beispiele hierzu finden sich in hochkarätigen theologischen Debatten. Die Scheichs sind sich darüber einig, dass einer, der etwas Verbotenes isst, zwischen der Eingebung des Engels und der Einflüsterung des Teufels nicht mehr unterscheiden kann. Und solange noch eine Spur von Verlangen besteht, existiert zumindest ein Rest Unbewusstheit, was die verschiedenen Ursprünge der Einfälle anbelangt.

Wie Suhrawardi betont, ereilen den Menschen, der *Fana fi Allah* (das Entwerden in Allah) erreicht hat, keine Einflüsterungen mehr, auch nicht von den Engeln oder dem Schöpfer. – Eingebungen sind Boten, und wenn der Gläubige mit seinem Schöpfer vereint ist, braucht es keinen Boten mehr. Sobald der Derwisch aber aus dieser Sphäre zurückkehrt, nehmen die Eingebungen und Einflüsterungen wieder zu.

Wie wichtig im Islam ein ununterbrochenes waches Bewusstsein ist, verdeutlicht das folgende Gleichnis, das auf den vierten Kalifen Hazrat Ali zurückgehen soll: Es war einmal ein Mann, der, solange er lebte, sehr tugendhaft war. Er war äußerst fromm, freundlich und freigebig. Er hatte nur einen Fehler: Er war unachtsam. Als dieser Mensch nun gestorben war, wurde er vor die Tore des Paradieses geführt, doch sie waren verschlossen. »Sei achtsam«, wurde ihm gesagt, »denn sie öffnen sich nur alle hundert Jahre einmal für kurze Zeit.« So wartete er vor den Mauern des Gartens der Wahrheit eine Zeit, die ihm wie hundert Jahre vorkam. Irgendwann ließ seine Aufmerksamkeit nach und er wurde für einen kurzen Augenblick schläfrig. Als er wieder zu sich kam, schlossen sich die Tore zum Paradies gerade wieder und er musste nochmals hundert Jahre warten.

Der Mensch ist in der Regel jedoch nicht nur im gegenwärtigen Moment unaufmerksam, sondern auch, was seine Fehler anbelangt. Im Arabischen gibt es das Sprichwort: »Manche Menschen halten das, was sie dreißig Jahre lang falsch gemacht haben, für Erfahrung.«

Bei seiner Geburt wird dem Menschen eine bestimmte Anzahl von Aufgaben gegeben, die er im Leben zu bewältigen hat. Sind sie erledigt, stellen sich neue. Die Bewältigung der Aufgaben führt zur Erkenntnis und schließlich zur Vereinigung mit dem Unaussprechlichen. Sind die Menschen erleuchtet, so stellen sich neue Aufgaben auf einer subtileren Ebene. Alle Menschen erfüllen einen Teil der zu bewältigenden Aufgaben, doch bleibt jeder einmal bei einem Problem stecken. Und dann beginnt man einzuschlafen. Die jetzige Situation wird nicht gesehen, und es türmen sich neue Probleme auf.

Rumi schreibt, dass der Strom der Weisheit unerschöpflich sei wie der Regen, doch Regen falle der Jahreszeit entsprechend. Wer zum Markt gehe, könne unermesslich viel Zucker kaufen, doch der Kaufmann fülle nur so viel ab, wie in den Beutel passe und wie der Käufer auch bezahlen könne. Die Währung, mit der Gottes Weisheit erlangt wird, heißt: »Mut und Glauben«.

Sufi-Scheichs betonen immer wieder, dass dem Menschen nur eine begrenzte Anzahl von Erfahrungen gegeben ist. Wird mit ihnen sparsam umgegangen, verlängert sich das Leben. Ist man mit seinen Erfahrungen leichtsinnig, kann ein schnelles Ausbrennen die Folge sein.

Wie Rumi im *Mathnawi* schreibt, fließt der Strom der Gnade ununterbrochen. Du aber schläfst und nimmst ihn nicht wahr. Des Schläfers Saum saugt sich mit Wasser voll, er aber jagt im Traum Trugbildern nach und schreit: »Weiter! Weiter! Bald muss Wasser kommen.« Nur falsches Denken hindert ihn, den Zugang zu sich selbst zu finden. Versessen auf sein »Weiter! Weiter!«, hat er sich ganz und gar vom Hier entfremdet, und wegen eines Hirngespinstes rennt er vor der Wirklichkeit davon.

3.2 Die Gewohnheiten

Wer sich mit Sufismus beschäftigt, wird schnell auf den Begriff *Dunya* stoßen. Damit ist die grobstoffliche, irdische Welt gemeint. Im Koran wird Dunya als »Spiel und Scherz« bezeichnet (6,32; 29,64) und als »geringes Vergnügen« (4,77; 9,38). Sie betrügt den Menschen (3,185; 6,130) und den Ungläubigen erscheint sie als Pracht (2,212). Der Koran missbilligt es, wenn man Dunya zu sehr liebt und dem Jenseits vorzieht (2,86; 87,16; 4,74; 16,107). Manche orthodoxen Muslime lehnen Dunya völlig ab und bezeichnen sie zuweilen sogar als »Hure«, »Sündenpfuhl« oder »böse Hexe«.

Fortgeschrittene Mystiker sehen Dunya jedoch nicht so dramatisch. Sie wissen, dass Gott den Menschen durch sie manch edle Freude schenkt. Jeder kann sich in ihr das Paradies verdienen und den mystischen Pfad beschreiten. Dhun Nun sagte, Dunya sei alles, was von Gott ablenke. Es gelte darum, sie mit Gleichgültigkeit zu betrachten. Sie sei es nicht wert, dass man ihr allzu große Aufmerksamkeit schenke, das heißt auch keine allzu große Ablehnung. Aus diesem Grund sprechen sich viele islamische Mystiker gegen eine zu strenge Entsagung aus: Dadurch würde man sie wiederum nur adeln. Allein der Mensch macht Dunya gut oder schlecht. Es gibt sie nur, weil es den Menschen gibt. Lebt er gottesfürchtig in ihr, so wird sie gut; wenn er in ihr sündigt, so macht er sie schlecht.

Muslimische Gelehrte wie Al Farabi und Al-Ghazzali erkannten, dass die Welt, die uns umgibt, nicht von jedem gleich wahrgenommen wird. Jeder durchschnittliche Gläubige nimmt sie anders wahr. Da die mittelalterlichen Gelehrten durch die antike Philosophie geprägt waren, mag es sein, dass dieser Gedankengang von Plato übernommen wurde: Jeder Mensch lebt in seiner eigenen Realität, die durch Gewohnheiten und Überlieferung immer fortgesetzt wird. Eltern und Lehrer sagen den Kindern, dass die Welt so oder so sei, und die Kinder übernehmen die Sichtweise der Älteren mit der Zeit. Doch die Menschen wissen nicht, dass es noch eine andere Wahrnehmung gibt als ihre eigene. So wird das, was die meisten von uns für die »objektive Realität« halten, von Generation zu Generation weitergegeben. Und Dunya wird nicht nur durch die Gewohnheiten der Menschen immer wieder aufs Neue bestätigt, sondern auch durch ihre Gedanken.

Die meisten nehmen an, dass die Welt, so wie wir sie kennen, die einzig richtige und mögliche Deutung der Realität ist. Dass es außerhalb der eigenen Wahrnehmung noch ganz andere Interpretationen geben kann, kommt uns nicht in den Sinn. Ein Beispiel hierzu: Europäer wundern sich immer wieder über die Fähigkeit der Wüstenvölker, sich in der Wüste auch über weite Strecken zu orientieren und sicher ans Ziel zu gelangen. Einer der Gründe dafür ist: Die Sprachen der Wüstenvölker haben mehrere Wörter für »Sand«, die seine unterschiedlichen Formen beschreiben. Dadurch können sich die Menschen in der Wüste detaillierte Wegbeschreibungen geben. – In den europäischen Sprachen dagegen gibt es jeweils nur ein Wort für »Sand«; die Menschen, die in Europa leben, mussten nie lernen, die unterschiedlichen Formen von Sand bewusst wahrzunehmen. Mit anderen Worten: Sie nehmen also auch nur einen kleinen Teil der göttlichen Fülle wahr. Diese Folgerung lässt sich auch auf die geistigen Welten anwenden: Wenn ein Mensch beispielsweise keine Engel wahrnimmt, dann nicht, weil es keine Engel gibt, sondern weil dieser Mensch nicht gelernt hat, auf Engel zu achten.

Will man einen Sucher mit den höheren Welten vertraut machen, ist es entscheidend, der Mühle der Gewohnheiten, Sichtweisen und Gedanken Einhalt zu gebieten. Betritt man den mystischen Pfad, so muss man die gewohnten Strukturen verlassen. Das ist sehr schwierig, da es für einen Menschen unmöglich ist, sein ganzes Leben auf einmal umzustellen und ab sofort nichts mehr zu denken. Das gelingt vielleicht für ein paar Sekunden, doch die alltäglichen Sichtweisen, Gewohnheiten und Gedanken der Schüler nehmen bald wieder ihren Raum ein. Im Sufismus wurden deshalb Übungen entwickelt, die den Menschen allmählich in einen Zustand der Ruhe und Aufmerksamkeit versetzen (siehe Kapitel 5, »Die Praxis«).

Viele Aufgaben müssen gelöst werden, denn hinter der vertrauten Kulisse des Alltags lockt nicht gleich das Paradies. Der Mensch an sich ist fähig zu wachsen und Probleme zu lösen. Und doch versinken die meisten Menschen ab einem gewissen Alter in einen tiefen wohligen Schlummer – sie wachsen nicht weiter. Dieser Zustand tritt etwa mit dem 30. Lebensjahr ein: Nun lernen wir nicht mehr *wirklich* dazu. Wir haben nur noch festgefahrene Meinungen, die sich immer selbst bestätigen. Das zeigt sich auch in der Macht unserer Vorurteile: Wir begegnen anderen mit bereits vorgefertigten Überzeugungen und verlassen sie mit denselben Vorurteilen wieder. Wirklicher Dialog zwischen Fremden ist so nicht möglich. So glaubt ein durchschnittlicher Mitteleuropäer zu wissen, dass alle Afrikaner, Juden oder Araber so und nicht anders seien. Trifft dieser Mitteleuropäer nun einen Juden, Araber oder Afrikaner persönlich, überlagert seine Vorstellung die Realität. Es ist letztendlich egal, wie der Afrikaner wirklich ist, was er tut oder sagt. Der vorurteilsbeladene Mitteleuropäer wird sich in seinen Ansichten nur bestätigt fühlen.

Wie sehr der Mensch in seinen Gewohnheiten gefangen ist, verdeutlicht folgende Geschichte:

> Ein Mann suchte unter einer Laterne seinen Schlüssel. Ein Fremder kam dazu und half ihm beim Suchen. Nach einiger Zeit fragte der Fremde den Mann, ob dieser denn sicher sei, dass er den Schlüssel hier verloren habe.
> »Nein«, antwortete dieser, »aber hier ist es wenigstens hell.«

Diese Geschichte beschreibt die Situation des Menschen trefflich: Er ahnt vielleicht, dass die Lösung außerhalb seiner kleinen überschaubaren Welt liegt, doch nur wenige wagen den Sprung ins Unbekannte.

In der Sufi-Schulung wird nun die Wahrnehmungsfähigkeit erweitert. Ziel ist nicht, das Denken ganz und gar abzuschaffen, sondern den Kopf zuerst einmal »leer zu machen«, damit neue Erfahrungen Platz haben. Da sich die Menschen mit unglaublicher Kraft an ihre gewohnten Verhaltensmuster klammern, braucht es natürlich auch viel Kraft, um sich daraus zu lösen. Die Übungen der Sufis sind ein gutes und sehr mächtiges Mittel. Sie haben die Kraft, die gewohnten Denkstrukturen positiv zu wandeln.

Die Gewohnheiten führen zu körperlichen Verspannungen, die die meisten Menschen schon gar nicht mehr spüren. Indem der Geist fortwährend in die gleichen Bahnen gelenkt wird, wird auch der Körper ständig zu den gleichen Haltungen gezwungen. Solche Anspannungen tauchen in der Regel im Schulterbereich auf und zeigen sich in unseren Atemgewohnheiten. Durch sie wird viel Lebenskraft vergeudet, weshalb man im Orient großen Wert auf Massage und schüttelnde Formen der Bewegung legt, die eingefahrene Bewegungsmuster durchbrechen und den Geist aufwecken. Hierzu zählen auch die Derwisch-Tänze, die entwickelt wurden, um den ganzen Körper optimal mit Energie *(Baraka)* zu versorgen und den Geist zu öffnen (siehe Kapitel 5.4, »Bewegung und Tanz«).

Die meisten Menschen, die in der grobstofflichen Welt »eingeschlafen« sind, können sich gar nicht vorstellen, dass es eine Welt gibt, die außerhalb ihrer Gewohnheiten liegt ... und wenn sie es können, glauben sie, diese Welt müsse der reine Schrecken sein. Suhrawardi erzählt hierzu die Geschichte vom Chamäleon und den Fledermäusen: Das Chamäleon und die Fledermäuse hatten Streit. Da nahmen die Fledermäuse das Chamäleon gefangen und beratschlagten, wie sie es möglichst grausam töten könnten. Sie entschieden, es dem Sonnenlicht auszusetzen. Das war die grausamste Strafe, die sich die Nachttiere vorstellen konnten ... Das Chamäleon aber war zufrieden, denn es kannte nichts Schöneres als die Sonne. – Was die Fledermäuse fürchteten, war seine Rettung.

Die in ihren Gewohnheiten feststeckenden Menschen nehmen ihre eigenen Fehler nicht wahr. Stattdessen projizieren sie sie auf andere, um sie dann da draußen eifrig zu verfolgen. So kommt es, dass ein Geizhals, der sich seines Geizes nicht bewusst ist, alle anderen für geizig hält und dass ein aggressiver Mensch, der sich selbst als unschuldiges Opfer sieht, seine Umwelt als aggressiv erlebt. In der Bibel wird dieser Aspekt ebenfalls angesprochen, da heißt es: »Was siehst du aber den Splitter in deines Bruders Auge und nimmst nicht wahr den Balken in deinem Auge?« (Matthäus 7,3).

Eine gute Sufi-Übung besteht darin, die Kritik, die andere Menschen an einem selbst üben, mit Interesse anzuhören. Auf diese Weise kann man wirklich etwas über seine Fehler erfahren und man lernt etwas über den anderen, denn was das Gegenüber einem vorwirft, spiegelt stets auch dessen eigenen inneren Zustand wider.

Rumi schreibt: »Wenn du einen Fehler bei deinem Bruder siehst, so ist der Fehler, den du bei ihm siehst, in dir selbst.« Weiter schreibt er, dass die Menschen keinerlei Ekel vor ihrem eigenen Geruch und vor ihren Abszessen hätten. Sähen sie jedoch an ihrem Gegenüber einen Pickel, dann werde ihnen schlecht. Genau so sei es mit den schlechten Eigenschaften: Hätten sie sie selbst, kümmere es sie nicht. Sähen sie sie jedoch bei anderen, dann würden sie wütend und seien angeekelt.

Ein Paradoxon ist auch, dass die Menschen glauben, immer das Beste zu wollen. Es gibt sogar Verbrecher, die das von sich glauben. Grausame Missetaten waren dann entweder »ausgleichende Gerechtigkeit« oder wurden für ein »höheres Ideal« begangen.

In *Garten der Wahrheit* erzählt Sanai folgende Geschichte: Ein Elefant kam in eine Stadt voller blinder Menschen. Als diese ihn entdeckten, befühlten sie ihn. Doch schon bald brach ein Streit aus. Die Blinden, die seinen Fuß abtasteten, waren der Überzeugung, der Elefant habe die Form einer Säule. Die seinen Rüssel befühlten, behaupteten, er habe die gleiche Gestalt wie ein Wasserschlauch. Die sein Ohr abtasteten, meinten, er sei wohl eher wie ein Fächer, während die an seinem Rücken der Ansicht waren, er sei wie ein Thron. – Und so ist es auch mit der Wahrheit: Streithähne sehen nur einen Teil der Wahrheit, doch geraten sie gleich mit denen in Konflikt, die einen anderen Teil der Wahrheit sehen.

> Rumi erzählt folgende Geschichte: Ein Mann schenkte vier Männern eine Münze. Diese vier waren ein Türke, ein Perser, ein Araber und ein Grieche. Bald entbrannte ein Streit darüber, was sie für das Geldstück kaufen sollten.
> Der Perser sagte: »Kaufen wir uns Onghud.«
> »Nein«, sagte der Araber, » wir kaufen Ainab.«
> Der Türke hingegen wollte »Üzüm«, während der Grieche »Istafili« verlangte. Ein anderer Mann hörte den Streit und kaufte für die vier Männer Trauben. Die vier Männer waren zufrieden, denn auf Persisch heißen Trauben *Onghud*, auf Arabisch *Ainab*, auf Türkisch *Üzüm* und auf Griechisch *Istafili*.

Gewohnheiten sind übrigens auch ein Hauptgrund für Fremdenfeindlichkeit: Die Menschen halten an ihren Gewohnheiten fest und gehen ihren Tagträumereien zerstreut nach. Erschwerend kommt dazu, dass diese Gewohnheiten nicht einheitlich sind, sondern von Kultur zu Kultur verschieden. Je mehr Menschen in ihren Gewohnheiten schlafen, umso mehr fürchten sie sich vor Menschen anderer Kulturen, da ihre Gewohnheiten die eigenen in Frage stellen. Es gibt Menschen, die sagen nun: »Wenn jeder Mensch seine eigene Realität hat, dann gibt es *keine* Realität.« Doch das ist aus der Sicht des Tassawuf Unsinn. Es gibt eine alle Welten umfassende Realität *(Haqq).* Wer diese Quintessenz gefunden hat, findet sich spielend leicht in jede neue Situation ein.

Wenn die Derwische von höheren Bewusstseinszuständen erzählen, dann ist das ein schwieriges Unterfangen. Den Menschen fehlen die Erfahrungen, um das Gehörte mit etwas in Zusammenhang zu bringen, das sie kennen – und es so zu verstehen. Sie werden die Derwische vielleicht als Lügner und Betrüger abstempeln und die Beschreibungen der Derwische von Liebe, Dankbarkeit, Freude, Geduld oder Gnosis *(Arif)* mit den ihnen bekannten Begriffen in Verbindung bringen. Tiefe Weisheit muss dann trivial erscheinen und wird folglich abgelehnt und vielleicht sogar der Lächerlichkeit preisgegeben.

Die Bewusstseinszustände der Sufis sind von großer Beständigkeit, Klarheit und Intensität und nicht mit dem Alltagsbewusstsein der normalen Gläubigen zu vergleichen. Um diese Zustände zu verstehen, muss man sie selbst erfahren haben.

Eine Geschichte von Rumi aus dem *Fihi ma Fihi* (»Von allem und Einem«) verdeutlicht das: Ein Mekka-Reisender kam vom Weg ab und verirrte sich in der Wüste. Dort traf er ein Beduinenpaar. Sie boten ihm Obdach für die Nacht und gaben ihm Wasser zu trinken. Als der Pilger das Wasser trank, brannte es salzig in seiner Kehle. Der Pilger fragte die beiden Beduinen, was sie bloß in der Wüste machten. Er erzählte ihnen von den prächtigen großen Städten, in denen es frisches Wasser gab. Nachdem der Reisende eingeschlafen war, fragte die Beduinenfrau ihren Mann, was er über das Gerede des Fremden denke. »Frau«, sprach dieser, »höre nicht auf sein Gerede. Es gibt so viele Neider, die andere, wenn sie sie gut versorgt und glücklich sehen, unzufrieden machen wollen.«

Man stelle sich einen einfachen Mann vor, der seine Heimat nie verlassen hat, der aber andere Länder und Kulturen in Südamerika, Europa, Afrika oder Asien aus Erzählungen, Büchern und aus dem Fernsehen kennt. Er glaubt zu wissen, wie es in diesen Ländern zugeht, und wertet diese Kulturen ab. Aber in Wahrheit verknüpft er nur seine eigene Erfahrung mit dem, was ihm gesagt und vorgeführt wurde. Um die fremden Kulturen wirklich kennenzulernen, müsste er die ihm vertraute Umgebung verlassen und in das Fremde eintauchen. Sufis sind Menschen, die die vertraute Umgebung verlassen haben. Sie wissen: Bevor sie göttliche Erkenntnis erlangen, muss ein langer und gefahrvoller Weg beschritten werden. Nach und nach wächst jedoch Gottvertrauen, durch das sie in einen Zustand großer Harmonie und Klarheit gelangen. Wie Abu Said sagte, bedeutet Sufi sein, sich von festen Ideen und vorgefassten Meinungen zu lösen und nicht zu versuchen, dem eigenen Schicksal zu entgehen.

3.3 Die Nafs

Glück und Unglück sind gleich verteilt und die meisten Menschen haben eigentlich keinen Grund zum Jammern. Dennoch gibt es eine Kraft, die uns unentwegt unzufrieden sein lässt. Diese Kraft wird von den Sufis *Nafs Ummara* genannt, Kurzform: *Nafs*. *Nafs* ist die Gesamtsumme der niederen Einzel-Ichs wie Gier, Geiz, Streitsucht, Faulheit oder Angst. Sie hält den Menschen von den höheren Bewusstseinszuständen fern. Das Aufgehen in Allah kann erst geschehen, wenn die Menschen aufhören, sich selbst wichtig zu nehmen, wenn sie sich nicht mehr ablenken lassen und Liebe und Vertrauen in die Schöpfung entwickeln. Doch gibt es eine Stimme im Menschen, die fortwährend sagt: »Ich, ich, ich.« Diese Stimme verhindert das Glücklichsein. Der Mensch sagt: »Schau her, ich bin wichtig.« Doch dieses »Wichtigsein« versperrt seine Sicht auf das Entscheidende. Das unentwegte »Ich, ich, ich« lässt ihn immer wieder anecken, und schließlich leugnet er sogar, dass es überhaupt so etwas wie Glück gibt.

> »Bei der Seele und dem, der sie geschaffen hat und ihr die Fähigkeit zum Schlechten, aber auch zum Guten eingegeben hat. Glückselig ist der, der sie geläutert hat, unglücklich aber die, die sie unter ihren Sünden begraben.«
>
> Sure 91,7–10

Der Zustand der Ichlosigkeit wird bei den Sufis *Fana* genannt. Die Menschen, die in Fana eintreten, betrachten sich nicht mehr als individuelles Selbst. Sie sind der Illusion ihrer irdischen Identität entwachsen. Stattdessen

> »Oh du vollkommen beruhigte Seele *(nafsul muthma innah)* kehre in vollkommen erleuchtetem Zustand zurück zu deinem Herrn.«
>
> Sure 89,27–28

herrscht in ihnen göttliches Bewusstsein, das sie die Schönheit und die Vielfalt der Schöpfung wahrnehmen lässt. Das gewöhnliche Ich der Menschen dagegen erlebt sich eher als etwas Besonderes. Um dieses Besondere hervorzuheben, betonen viele leider eher die Gegensätze als die Gemeinsamkeiten mit anderen Menschen. Deshalb ist das Ich, das heißt die irdische Persönlichkeit, eher auf Kampf eingestellt. Die Persönlichkeit ist eine Rüstung, die den Menschen unbeweglich macht. Sie wirft ihn wie Treibgut hin und her und schafft ständig neue Probleme. Die Menschen nehmen sich wichtiger, als sie in Wahrheit sind, und die alles durchdringende Größe Allahs sehen sie nicht. Das zeigt eine bekannte Sufi-Parabel sehr deutlich auf:

> »Wir haben den Menschen erschaffen und wir wissen, was seine Seele *(nafs)* ihm zuflüstert, denn wir sind ihm näher als seine Hauptschlagader.«
>
> Sure 50,16

> Ein Mann wollte seine Geliebte besuchen. Er klopfte an ihre Haustür.
> »Wer ist da?«, ertönte es von innen.
> »Ich bin's«, antwortete der Mann.
> »Wie kann es ich sein, wenn ich doch schon hier drinnen bin?«, ertönte es von innen. »Geh weg, hier ist nicht genug Platz für zwei.«
> Der Mann war untröstlich. Seine Angebetete hatte ihn zurückgewiesen. Doch nach einiger Zeit hatte er verstanden. Er klopfte erneut an die Haustür.
> »Wer ist da?«, ertönte es erneut von innen.
> »Du bist's!«, sprach der Mann und die Tür wurde ihm geöffnet.

Nafs waren bei der Entwicklung des Menschen äußerst nützlich. Sie haben das biologische Überleben gesichert. Doch ab einem gewissen Grad der Entwicklung sind sie für den mystischen Sucher gefährlich.

> Eine Mücke beschwerte sich bei König Salomo über den Westwind: Andauernd störe er sie bei ihrem Treiben und lasse sie nicht zu dem kommen, was sie vorhätte. Da befahl König Salo-

mo dem Wind, vor Gericht zu erscheinen. Der Wind erschien und die Mücke wurde einfach weggeweht.

So ist es mit den Menschen: Andauernd beschweren sie sich über die Fallstricke ihres Schicksals. Im Zustand der Erleuchtung aber, wenn das höchste Sein sich offenbart, bleibt von der Individualität der Menschen nichts mehr übrig, und all die Probleme und Wichtigkeiten des Alltags werden einfach weggeweht.

»Muslime, bis wann noch mit diesem Ich? Schämt euch! Lasst es sein! Was ihr bei der Auferstehung nicht sagen könnt, das sagt auch hier nicht. Diese Ichbezogenheit ruiniert die Menschen. Sie ist der Baum des Fluchs.«

Abu Said

Nicht nur das Ich-Bewusstsein hindert den Menschen an der Entwerdung, sondern auch die Sinneseindrücke und die sinnlichen Genüsse. In seiner Zerstreuung gibt der Mensch dem Geschaffenen mehr Bedeutung als dem Schöpfer. Sein biologischer Organismus ist auf Freude und Leid eingerichtet. In der mystischen Erkenntnis Allahs sind allerdings ungeahnte Freuden möglich, die weit über die bekannten irdischen Empfindungen hinausgehen. Materielle Güter sind nicht immer frei verfügbar, doch der Geliebte ist immer in seiner ganzen Fülle gegenwärtig. Der Mensch müsste seine Sinne nur vom Geschaffenen, das heißt der Welt der materiellen Erscheinung ab- und sich dem Schöpfer zuwenden. Hinter den Schleiern der Zerstreuung erwartet ihn ein Glück, gegen das alles Geschaffene nur ein schwacher Abglanz ist.

Rumi schreibt, dass der Strom der Weisheit unerschöpflich sei wie der Regen, doch Regen falle der Jahreszeit entsprechend. Wer zum Markt gehe, könne unermesslich viel Zucker kaufen, doch der Kaufmann fülle nur so viel ab, wie in den Beutel passe und wie der Käufer auch bezahlen könne. Die Währung, mit der Gottes Weisheit erlangt wird, heißt: »Mut und Glauben«.

Wer das Glück im Geschaffenen sucht, wird nie zufrieden sein: Kaum ist die eine Sehnsucht befriedigt, kommt schon die nächste auf. So findet man keine Ruhe und Zufriedenheit. Die Zerstreuten haben vergessen, dass sie in all den irdischen Ablenkungen eigentlich nur den einzig Geliebten suchen: Gott. Haben sie ein Ziel im Außen erreicht, so müssen sie gleich ein neues finden, da die nur für kurze Zeit und auch nur scheinbar befriedigte Sehnsucht sofort wieder erwacht.

Doch die Menschen, die materiellen Dingen verhaftet sind, schlafen lieber. Das eigentliche Glück zieht an ihnen vorüber.

Es ist wie mit dem Affen, der nicht loslässt. Es heißt, um einen Affen zu fangen, müsse man eine Flasche mit einer Kirsche darin aufstellen. Der Affe fasst in die Flasche hinein und greift nach der Kirsche. Doch hat er diese in der Hand, kann er die geschlossene Faust nicht mehr durch den Flaschenhals herausziehen. Sie steckt fest. Er müsste die Frucht nur loslassen. Und genau so ist es mit den Menschen und ihren Gewohnheiten. Instinktiv wissen sie, dass Gewohnheiten sie ins Verderben führen, und dennoch klammern sie sich fest an sie.

> »Wo die Liebe ist, gibt es kein Ich. Für den Geliebten ist alles nur das Du. Der Weg zu Gott ist der Verlust des Selbst. Erfreue dich, mein Gott, an deinen Liebenden! Geheiligt sei ihr Tod! Ein Festschmaus sei deine Schönheit für sie! In deiner Glut mögen wie Weihrauch ihre Seelen brennen.«
>
> Rumi, *Oden*

Attar zeigte die Mechanismen von Nafs in seinen *Vogelgesprächen* deutlich auf. Die Ausreden der Vögel stehen sinnbildlich für die Vermeidungsstrategien bzw. Angst der Menschen, sich auf den geistigen Weg zu begeben.

> Der Wiedehopf, der traditionell das Symbol für die Derwische ist, rief alle Vögel zusammen. Er erzählte ihnen von Simurgh, dem großen unsterblichen Vogel, der auf dem Berg Quaf in den Ästen des Baumes des Wissens wohnt (er steht hier für Allah). Der Wiedehopf forderte die Vögel auf, mit ihm zu Simurgh zu reisen, um durch ihn Erleuchtung und Unsterblichkeit zu erlangen. Anfangs waren alle Vögel von der Idee begeistert, doch dann fand einer nach dem anderen eine Entschuldigung, warum er nicht mitkommen könne: Die Nachtigall trat vor und

bekundete ihre Liebe zur Rose. Sie sei so stark, dass ihr keine Kraft mehr zur großen Reise bleibe. Dann entschuldigte sich der Papagei. In seinem Käfig gefangen, sehne er sich nach der Quelle der Unsterblichkeit, die von Khidr bewacht werde. Die große Reise zu Simurgh sei für ihn nicht nötig. Auch habe er in seinen Flügeln nicht genügend Kraft, um sich emporzuschwingen; ihm reiche die Quelle Khidrs.

Der Pfau, dessen Federn hunderttausend verschiedene Farben haben, trat vor. Ihm sei es vorbestimmt, im irdischen Paradies freundlich zur Schlange zu sein. Er sei ja daraus vertrieben worden, doch er wolle unbedingt wieder dorthin zurück. Ihm genügten die Tore zum Paradies, dem irdischen Garten Eden. Die Ente, deren Gewand ganz fein ist, entschuldigte sich folgendermaßen: Da sie den ganzen Tag im Wasser lebe, komme ihr keines der Geschöpfe an Reinheit gleich. Den ganzen Tag bete sie und vollziehe die Waschungen. Warum zum Schöpfer aufbrechen? Das Wasser sei ihr genug.

Das Steinhuhn hingegen sagte, dass es liebe, den ganzen Tag in alten Gemäuern umherzustreifen und wertvolle Steine zu suchen. Der Weg zu Simurgh sei ihm zu beschwerlich. Und der Lämmergeier, der dem König Schatten spendete, sprach über seine Position. Alle Tiere fürchteten ihn wegen seiner Nähe zum weltlichen Herrscher, warum solle er diese Position aufgeben? Der Falke betonte ebenfalls seine Nähe zum Herrscher. Für ihn gebe es nichts Schöneres, als mit dem König zur Jagd zu gehen. Dabei fielen genug Bissen für ihn ab. Ein schöneres Leben könne er sich nicht vorstellen.

Der Reiher kam angestelzt und entschuldigte sich. Seine Leidenschaft gehöre dem Meer. Er lebe dort in einer schönen Lagune und habe so das Meer vor Augen, und dennoch sei es ihm nicht beschieden, darin zu leben. Er sei harmlos und störe keinen. Wie könne einer, der sich nur nach einem Tropfen Wasser sehne, die ganze Macht von Simurgh ertragen?

Die Eule zog es vor, in Ruinen zu leben. Dort gebe es Ruhe vor den Streitigkeiten der Welt, und manchmal fänden sich auch Schätze. Die Reichtümer seien ihr genug. Danach kam der

Sperling. Er zitterte am ganzen Körper. Wie könne ein so schmächtiger Kerl wie er sich auf eine so weite Reise machen? Dazu sei er viel zu schwach. Lieber warte er darauf, seinen Propheten Josef in der Zisterne zu finden, damit dieser dem Pharao die Träume deuten könne. Das sei ihm vorherbestimmt.

Der Wiedehopf hörte sich das alles an. Dann sagte er, dass das alles nur faule Ausreden seien. Die noblen Ideale seien in Wahrheit nur Eitelkeit und Illusion. Würden die Vögel begreifen, wessen Schatten sie seien, wären ihnen Leben und Tod gleichgültig. Man könne für Simurgh nicht die gleichen Gefühle haben wie für die Welt. Doch in seiner Gnade habe Simurgh uns einen Spiegel geschenkt, in dem er sich widerspiegele. Dieser Spiegel sei unser Herz: »Schaut in euer Herz hinein, dort werdet ihr sein Bild sehen.«

Nafs machen die Menschen in einer gewissen Weise berechenbar. Genau wie ein guter Jäger die Gewohnheiten seiner Beute kennt, haben die Sufis die Verstrickungen der Menschen verstanden. Sie selbst haben ihre Leidenschaft umgewandelt: Sie gilt nur noch Gott. Doch im Umgang mit den normalen Gläubigen sind Nafs den Sufis wichtige Verbündete, sei es, um einen neuen Schüler zu gewinnen oder um Feinde abzuweisen. Indem man etwa den Lüsternen von schönen Frauen erzählt und den Habgierigen von leicht zu machendem Geld, erweckt man das Interesse dieser Menschen und kann sie danach gut in Richtung Erwachen lenken.

> Ein Derwisch und sein Schüler unterhielten sich. Der Schüler wollte von seinem Lehrer wissen, worin der Unterschied zwischen ihnen beiden bestehe.
> »Der Unterschied«, sprach der Derwisch, »ist folgender: Ich habe zwei Untergebene, die deine Herrscher sind: Gier und Aggression.«

Die Situation des Menschen wird sehr treffend in folgender Erzählung beschrieben:

Ein edler junger Mann, der in einem Reich voller Freude, Frieden und Harmonie lebte, wurde beauftragt, in ein fremdes

> Reich zu reisen, um dort neue Erfahrungen zu sammeln. In jenem fremden Land gebe es einen heilenden Stein, der von einem Untier bewacht werde. Diesen Stein sollte der junge Mann holen.
>
> Als er in dem fremden Land ankam, wurde er von einer seltsamen Schläfrigkeit befallen. Er vergaß alles: seinen Auftrag, seine Herkunft und wer er war. Der junge Mann ging in dem Land einer einfachen Beschäftigung nach, durch die er seinen Lebensunterhalt verdiente. So verging Jahr um Jahr.
>
> Irgendwann wurden die Menschen in seinem Heimatland unruhig. Sie schickten Boten aus, die ihn finden sollten. Die Familie des jungen Mannes sandte ihm mit den Boten eine Melodie. Als er sie vernahm, erinnerte er sich wieder an seine noble Herkunft und ihm fiel sein Auftrag wieder ein. Sogleich ging er zu dem Untier, schläferte es mit der Melodie ein, nahm den Edelstein und kehrte in seine Heimat zurück.

Das noble Land in dieser Sufi-Erzählung steht für unsere göttliche Herkunft, das fremde Land für die irdische Welt. Das Untier symbolisiert Nafs und die sinnlichen Genüsse. Der Stein ist die göttliche Weisheit, die in der Schöpfung verborgen liegt, und die Melodie der Islam. Die meisten Menschen schlafen in dieser Welt ein und vergessen ihre Herkunft und ihren Auftrag. Und die Sufis spielen den Menschen die übersinnliche Melodie vor, damit sie sich an ihre Herkunft und ihre Aufgaben erinnern.

4. Der Weg

4.1 Die Tariquats

Das arabische Wort *Tariqu* bedeutet »Weg«. Im Sufismus sind mit *Tariquats* »Orden« gemeint. Sufi-Orden sind also *Wege zu Gott*; wir Menschen sollen durch die überlieferten Methoden zur Erleuchtung finden. Im Laufe der Zeit entdeckten Meister Methoden zur geistigen Entwicklung, die über Generationen hinweg weiterentwickelt und weitergegeben wurden. So entstanden wirkungsvolle Schulungssysteme, die Menschen seit Jahrhunderten in die Freiheit führen. Manche der heutigen Tariquats existieren bereits seit dem 10. oder 11. Jahrhundert. Die Techniken dieser Orden sind von solcher Kraft, dass sie immer noch geeignet sind, uns zu öffnen, obwohl sich unsere Welt heute von der früheren Zeit ganz und gar unterscheidet.

> Durch kontinuierliches Üben erwacht man. Für die Sufis ist die Existenz Gottes keine Frage des Glaubens, sondern eine Erfahrung. Die Erkenntnisse, die in den Gotteserfahrungen gewonnen werden, sind, wenn überhaupt, nur schwer vermittelbar. Schließt sich ein Mensch aber aus freien Stücken einem Sufi-Orden an, so kann er Gott selbst erfahren.

Manche Schulungssysteme werden seit Jahrhunderten unverändert weitergegeben. Zum Beispiel gab es in den Bergen von Afghanistan bis zum Einmarsch der sowjetischen Truppen im Jahr 1980 eine Sufi-Zusammenkunft *(Hadra)*, die seit dem 9. Jahrhundert jeden Donnerstagabend abgehalten wurde. Einige Orden sind die Nachfahren starker spiritueller Bruderschaften aus vorislamischen Zeiten, die später zum Islam konvertierten. Hierzu gehören bestimmte *Sadhu*-Orden in Indien, die Lichtkulte der Babylonier in Persien und ägyptische Tariquats, die sich auf ein pharaonisches Erbe berufen.

Ein neuer Orden entsteht dadurch, dass ein Heiliger seinen Schülern bestimmte Übungen gibt, die sie dann vereinheitlichen und für mehr Menschen zugänglich machen, oder indem ein Orden Scheichs in andere Regionen entsendet, um dort ein neues Zentrum zu errichten.

Das Wissen, das die verschiedenen Tariquats besitzen, unterscheidet sich nicht besonders voneinander. Die Methoden und Techniken sind jedoch den verschiedenen Kulturen der islamischen Welt angepasst. So ist der sufische Weg in Ägypten – einer Kultur, in der allgemein viel gefeiert, an Magie geglaubt und ausgelassen getanzt wird – ein anderer als etwa in der Türkei, wo eher eine ernste und gesammelte Stimmung herrscht. Türkische Chronisten aus der osmanischen Zeit berichteten immer wieder schockiert, dass die Sufi-Orden in Ägypten laut in den Straßen für ihre Versammlungen warben und dass die Treffen in ausgelassener Stimmung und in aller Öffentlichkeit abgehalten wurden. Es gab ständig Umzüge, bei denen die Derwische nicht nur Kunststücke vorführten, sondern auch die Fahnen und Wimpel ihres Tariquat trugen. In Ägypten tanzen selbst die *Naqushbandis*, die einen inneren Weg der Sammlung und Andacht gehen. Die Sufi-Orden auf dem indischen Subkontinent dagegen sind von der dort vorherrschenden transzendenten Stimmung beeinflusst: Die Menschen können zum Beispiel über längere Zeit hinweg in einer Sitzhaltung verharren, um im *Hu,* das heißt dem geheimen Namen Gottes, der auch als der Urton des Universums gilt, aufzugehen. In Schwarzafrika hingegen tanzen sich Männer und Frauen gemeinsam in Ekstase. In China muss auf den Ahnenkult Rücksicht genommen werden und in einigen Gegenden Indonesiens fand der Geisterglaube Eingang in die sufische Lehre.

> »Und wir gaben dem Moses ein: Gehe mit meinen Dienern nachts aus Ägypten, schlage mit dem Stock auf den Boden und mache ihnen einen trockenen Weg *(tariq)* durchs Meer.«
> Sure 20,77

Einige Orden verbreiteten sich durch Migration überall auf der Welt. Andere – wie die *Shaddilia* und die *Senussi*, die hauptsächlich in Nordafrika und Arabien anzutreffen sind; die *Bektashi*, die vor allem in der Türkei vorkommen; die *Nimatullahi* im persischen Raum; die *Muriden* in Senegal und die *Chishti*, die vor allem in Indien und Pakistan leben – haben die Grenzen bestimmter Länder und Regionen nie überschritten. Die *Naqushbandis,* die *Rifai,* die *Quadiria* und viele andere agieren international. Letztere sind fast in der ganzen islamischen Welt zu finden.

Ägypten galt schon immer als Zentrum des Islam. Das liegt unter anderem daran, dass in Kairo seit Jahrhunderten die wichtigsten islamischen Rechtsschulen ansässig sind. So findet man bis heute in Ägypten eine große Vielfalt an Ordenssystemen.

Durch die Pilgerfahrten nach Mekka, Medina und Jerusalem verbreiteten sich die Tariquats ebenfalls. Früher – in einer Zeit, als es noch keine schnellen Transportmittel gab – bedeutete die Pilgerfahrt (*Hadsch*) für die Muslime aus den entfernteren Ländern der islamischen Welt einen solchen Kraftaufwand, dass viele Pilger die Reise erst gegen Ende ihres Lebens machten. In der Tat wünschen sich viele Muslime, in Mekka zu sterben. Für die Mehrzahl der Gläubigen ist die Pilgerfahrt in finanzieller Hinsicht noch immer ein enormer Kraftaufwand, doch kann sie dank Flugzeug, Auto, Bahn und Bus in einem relativ kurzen Zeitraum vollzogen werden.

Früher dauerten diese Reisen so lange, dass sich nicht wenige Pilger für längere Zeit in Saudi-Arabien oder Jerusalem aufhielten. Manche ließen sich sogar dort nieder. Da die großen Orden an diesen Orten vertreten waren, tauschte man Wissen und Erfahrungen aus. Die Pilger suchten sich einen Lehrer und wurden unterwiesen. Kehrten sie in die Heimat zurück, nahmen sie das System mit. So kann zum Beispiel die Verbreitung der arabisch-nordafrikanischen *Shaddilia* auf den Komoren* erklärt werden oder die der *Isawya* in Marokko, deren Begründer Ibn Isa angeblich in Mekka von *Haidari*-Derwischen in indischen Yoga-Techniken unterwiesen wurde.

* Inselgruppe zwischen Mosambik und Madagaskar.

Durch Migration wurde die Lehre dann auch in die westlichen Länder getragen. So ist die *Tidjannia* in Frankreich und den USA unter Menschen afrikanischen Ursprungs vertreten, England besitzt bedeutende Zentren indo-pakistanischer Gruppen, während es in Deutschland viele *Naqushbandis* unter den türkischen Mitbürgern gibt.

Die Zugehörigkeit zu einem Sufi-Orden hängt nicht nur von der Nationalität des Schülers ab, sondern auch von der gesellschaftlichen Klasse, der er angehört. Dem *Mevlevi*-Orden in der Türkei gehören eher Menschen der gebildeten und wohlhabenden Kreise an; den *Kubrawya* Handwerker; den *Bektashi* die ländliche Bevölkerung. Und die *Naqushbandis* ziehen, ganz unabhängig von der Herkunft, einen bestimmten, eher orthodox religiös geprägten Menschentypus an.

Diese Lehrsysteme sind lediglich grob umrissen und passten sich über die Jahrhunderte und Kulturen hinweg der jeweiligen Umgebung und Mentalität an. Ein Beispiel dafür sind die *Naqushbandis*, auf die sich eine Fülle von Sufi-Gruppen beziehen. Mit dem geheimen Wissen um die menschliche Psyche und ihren Aufbau ausgestattet, begleiteten die Scheichs dieser Linie viele Menschen auf dem Weg der Erleuchtung und einige erhielten dann einen Lehrauftrag, den sie irgendwo in der Welt erfüllen sollten. Im Lauf der Geschichte bildeten sich bei den *Naqushbandis* zwei große Linien heraus, von denen die eine hauptsächlich in der Türkei, dem Kaukasus und Zentralasien wirkt und die andere vor allem auf dem indischen Subkontinent und in Afghanistan. Doch man findet in der islamischen und westlichen Welt eine Fülle von Gruppierungen, die sich *Naqushbandi* nennen (siehe weiter unten).

Das Wissen der Sufis ist nie wirklich verloren gegangen. Im Lauf der Jahrhunderte sind viele spirituelle Lehrsysteme in die höheren Sphären entschwunden, aber zum geeigneten Zeitpunkt wieder auf die Erde herabgeflossen, um sich den Menschen erneut zu erschließen. Ein Beispiel dafür ist die sehr wirkungsvolle

Hadra (Zusammenkunft) des *Burhanyia*-Ordens. Das Dhikr (siehe Kapitel 5.2, »Das Dhikr«) der *Burhanyia* kann man auf die Tradition des Ibrahim Dusuki aus der ägyptischen Stadt Dusuki aus dem 12. Jahrhundert zurückführen. Doch im Lauf der Zeit verschwand es von der Bildfläche. In seiner ursprünglichen Form wurde es erst von dem sudanesischen Scheich Mohammed Osman (gest. 1983) wieder ins Leben gerufen. Mohammed Osman wurde schon als Kind von seinem Onkel in den Sufismus eingeweiht. Später fand sich für den jungen Mann kein geeigneter Lehrer, und so erschienen ihm in Visionen vorangegangene Heilige, die ihn die Sufi-Übungen lehrten. Eines Tages sprach ein blinder Ägypter Mohammed Osman in einer Moschee in Khartoum an und sagte, er komme aus der Stadt Dusuki im Nildelta und sei von Ibrahim Dusuki (gest. im 13. Jahrhundert) geschickt worden. Mehrere Monate lang lehrte der Ägypter Mohammed Osman das Ritual der *Dusuki*. Während einer über vierzigtägigen Vision bekam Mohammed Osman von Ibrahim Dusuki und vom Prophetenenkel Hussain selbst die Neugründung des Ordens aufgetragen. Während seiner Ausbildung betete Mohammed Osman ständig dafür, dass sein blinder Lehrer wieder sehen möge. Der Lehrer, dem die Gebete seines Schülers nicht verborgen geblieben waren, konnte ihm eines Tages tatsächlich die Farben der Gegenstände im Raum nennen. Er erklärte, dass er kein Augenlicht brauche, um die Farben zu »sehen«. Als die Ausbildung beendet war, verließ der Blinde Khartoum. Viele Jahre später, als Mohammed Osman einmal in die Stadt Dusuki reiste, fragte er dort nach dem blinden Lehrer, doch kein Mensch konnte sich an ihn erinnern. Später fand Mohammed Osman eine von seinen Großeltern versteckte Urne, in der das ganze Wissen des Ordens schriftlich niedergelegt war. So konnte das Ritual des Ordens wieder vollständig hergestellt werden. Heute ist der Tariquat *Burhanyia* nach Jahrhunderten der Versenkung einer der größten Sufi-Orden weltweit. Allein in Ägypten und im Sudan gibt es hunderttausende Anhänger. Darüber hinaus ist dieser Orden in der ganzen arabischen Welt vertreten und besitzt auch in Europa, Amerika und Japan zahlreiche Zentren.

Orthodoxe und freie Bruderschaften

Im Westen wird manchmal zwischen »freien« *(bishar)* und »orthodoxen« *(bashar)* Bruderschaften unterschieden. Diese Unterscheidung muss jedoch im richtigen Kontext gesehen werden. Bashar-Schulen sind solche, die sich an den islamischen Geboten, der *Sunna*, orientieren. Diese Gruppen bauen ihre mystische Erkenntnis auf einer islamischen Lebensweise auf, die auf den Propheten Mohammed zurückgehen soll und die schon vor Jahrhunderten von den verschiedenen islamischen Rechtsschulen festgelegt wurde.

Bishar-Schulen hingegen stehen außerhalb der Gesetze des orthodoxen Islam. Beiden gemeinsam ist jedoch das Streben nach geistiger Entwicklung jenseits von weltlicher Bindung. In einigen Bishar-Gruppen ist allerdings Alkohol- und Drogenkonsum verbreitet, was als unislamisch zu werten ist.

Die endgültige Einteilung in bishar und bashar scheint jedoch schwierig. Sufi-Scheichs wissen, wie genau man hinsehen muss: So kann es vorkommen, dass eine Gruppe, wie die *Rifai* oder die *Kadiri,* sich in einigen Gegenden nach den Gesetzen des orthodoxen Islam richtet und deshalb als bashar gilt, in anderen aber nicht, weshalb sie als bishar anzusehen ist. Keinesfalls bezieht sich die Einteilung in »frei« und »orthodox« auf einen Schwierigkeitsgrad und sie sollte auch nicht zum Anlass genommen werden anzunehmen, man könne in dem einen oder anderen Orden Alkohol trinken oder andere Drogen nehmen.

Will ein Sucher aber nur sein bisheriges Leben fortführen und sich mit der Mitgliedschaft in einem Sufi-Orden schmücken – selbst wenn es ihm nicht bewusst ist –, wird das letztendlich die Illusion seines Ego stärken. Und der Scheich wird diese Absicht bemerken und anmahnen. Westliche New-Age-Sinnsucher idealisieren Bishar-Gruppen bisweilen und verurteilen Bashar-Gruppen, indem sie sie als »orthodox« oder »patriarchalisch« bezeichnen. Letztlich geht es ihnen aber nur darum, so weiterzuleben wie bisher und die Illusion des Ego beizubehalten.

Der Beginn der Schulung

Will man sich aus den Verstrickungen der Nafs lösen, muss man bereit sein, hart und diszipliniert zu arbeiten. Die erforderliche Ausdauer und Disziplin ist bis heute die größte Hürde, die man nehmen muss, will man in einen Sufi-Orden aufgenommen werden. Mit der Ausbildung ist ein mehrjähriger Prozess verbunden, für den Lehrer und Schüler ein enges Bündnis eingehen, das von gegenseitiger Verpflichtung geprägt ist. Der Lehrer übernimmt außerdem eine große Verantwortung. Viele Meister nehmen keine Schüler an, die Schulden oder andere große Probleme, wie etwa Eheprobleme, haben. Jeder Anwärter muss solche Schwierigkeiten *vor* der Schulung ausräumen, für die man all seine Kraft und Energie braucht.

> Es wird gesagt, es gibt nichts zu erreichen. Und dennoch ist Ausdauer notwendig.

Um die Ernsthaftigkeit eines Anwärters zu prüfen, wird er anfangs nach seinen Motiven befragt. Vielen Anwärtern erscheinen die Fragen unfreundlich und brüskierend, dabei sind sie einfach nur direkt: Die Lehrer kennen die Mechanismen der Psyche und sprechen den Neuankömmling sehr offensiv auf versteckte oder verdrängte Motive an. Manche Aspiranten wollen allein deshalb in einen Sufi-Orden aufgenommen werden, um ihre Eitelkeit zu befriedigen. Andere hoffen darauf, magische Fähigkeiten zu erwerben, oder sie wollen eben mal nur »ein Häppchen Übersinnliches« zu sich nehmen, aber ihr Leben auf keinen Fall wirklich verändern. Die Fragen können besonders sensible Interessenten durchaus in einen Schockzustand versetzen. Erweist sich der Aspirant als zu wankelmütig, wird er zurückgewiesen. Menschen, die ernsthaft an einer Schulung interessiert sind, mögen vielleicht auch schockiert sein, werden sich von ihrem Vorhaben aber dennoch nicht abbringen lassen. Sie haben die Kraft, die Reaktion ihrer »Persönlichkeit« richtig einzuordnen, da sie die Wahrheit spüren, nach der sie sich sehnen.

Eine Befragung ist aber in jedem Fall notwendig, denn zeigt der

Anwärter schon zu Beginn mangelnde Ausdauer, besteht die Gefahr, dass er bereits nach kurzer Zeit das Interesse verliert und die Arbeit einfach abbricht – Zeit und Energie wären dann vertan.

Beispielhaft ist die Initiation in den *Mevlevi*-Orden: Wird der Aspirant nach den oben beschriebenen Gesprächen zur Initiation zugelassen, so muss er zuerst einmal drei Tage in der Küche auf einem Schafsfell sitzen und einfach beobachten, was sich dort abspielt. Er darf nicht sprechen und schläft sogar auf dem Fell. Hat der Aspirant dann immer noch Interesse, muss er 18 Tage lang in der Küche niedere Dienste verrichten. Zudem putzt er die Latrinen ... und bedankt sich für alle Befehle. In der Küche, so heißt es, wird nicht nur das Brot geformt, sondern auch der Mensch. In dieser Zeit zeigt sich darum, ob der Anwärter zum Derwisch geeignet ist oder nicht. Ist er es nicht, so werden ihm des Nachts die Schuhe Richtung Tür gestellt und er muss dann am Morgen das Kloster *(Dergah)* verlassen.

Besteht er auch diese Prüfung, so wird er für die 1001 Tage dauernde Ausbildung zum Derwisch zugelassen. In einer speziellen Zeremonie werden ihm die Derwisch-Gewänder angelegt. Er wird in insgesamt 18 Bereichen ausgebildet: So lernt er Arabisch und Persisch, damit er den Koran und die Schriften Rumis im Original lesen kann. Er lernt den Drehtanz, wird in Meditation unterwiesen und regelmäßig in Klausur geschickt. Auch künstlerisch wird er ausgebildet. Er erlernt Kalligrafie, ein Musikinstrument und, wenn er dazu geeignet ist, auch das Singen. Gegen Ende der Ausbildung muss der Derwisch noch einmal die Latrinen putzen und niedere Küchendienste verrichten, was ihm zeigen soll, dass Lernen und Dienen nie aufhören. Nach der Lehrzeit kann der Derwisch sich dann *Dede,* »Väterchen«, nennen und er hat die freie Wahl, in der *Dergah* zu bleiben oder in die Welt hinauszugehen und eine Familie zu gründen.

Manche Derwisch-Orden fordern einen formellen Übertritt zum Islam, bei anderen ist das nicht unbedingt nötig. Im Westen werden immer wieder Christen und Juden initiiert und in Indien auch

Hindus. Populäre Sufi-Gruppen im Westen, die auch Nicht-Muslime initiieren, sind der *Internationale Sufi Orden* von Pir Vilayat Khan und das *Golden Sufi Center* von Irina Tweedie. Der indische Lehrer Irina Tweedies, Maher Sahib, war selbst ein Hindu, der von seinem Lehrer, einem Muslim, in den *Naqushbandi*-Orden initiiert wurde.

Nach der Aufnahme in einen Sufi-Orden werden dem Schüler in der Regel, wie bereits erwähnt, bestimmte Meditationstechniken und oft auch Verhaltensmaßregeln *(Adab)* gegeben. Manche Übungen werden jahrelang praktiziert (siehe Kapitel 5, »Die Praxis«), doch verändern sich die meisten mit dem Wachstum des Schülers: Sie werden intensiver. Nach und nach klärt sich das Bewusstsein, und es stellen sich Freude, Sicherheit und Klarheit ein. Männer und Frauen werden ihrer kulturellen Umgebung entsprechend initiiert. In einigen Kulturen praktizieren Männer und Frauen in den Zusammenkünften das Dhikr gemeinsam. Das ist zum Beispiel in der Türkei, in Westafrika, im Balkan und einigen Gegenden der ehemaligen Sowjetunion sowie in Westeuropa und Nordamerika der Fall.

Wer in einen Sufi-Orden initiiert ist, kann sein Familienleben meist problemlos weiterführen. Bedeutende Aspekte der sufischen Ausbildung sind: Liebe, Probleme erkennen und lösen sowie gegen die persönlichen Egoismen kämpfen. Daher gelten Sufis in vielerlei Hinsicht als die perfekten Ehepartner (siehe Kapitel 5.11, »Liebe, Sexualität und Ehe«). Es ist auch keine Seltenheit, dass alle Mitglieder einer Familie einem Sufi-Orden angehören.

Oftmals gibt es in den Tariquats »äußere« und »innere Kreise«: Zum »äußeren Kreis« gehören Menschen, denen es genügt, sich gefühlsmäßig mit dem Orden zu identifizieren, das heißt, die ihre seelische Heimat im Orden sehen, ohne unbedingt die Übungen zu machen. Dann gibt es jene, die im »inneren Kreis« sind, die sich weiterentwickeln wollen und auch bereit sind, dafür ihr bisheriges Leben mit all seinen Annehmlichkeiten aufzugeben. Die Arbeit in einem Tariquat erfordert Disziplin. Die Menschen akzeptieren die Ordensregeln während ihrer Ausbildung ohne Wenn und Aber. Sind die angestrebten mystischen Zustände jedoch erreicht und stabilisiert, müssen sie nicht weiter Mitglieder des Ordens bleiben. Sie können dann gehen, »wohin Gott sie führt« – wie die Sufis es ausdrücken.

In manchen Orden treten die Schüler während ihrer Ausbildung einem Konvent, einer klosterähnlichen Gemeinschaft, bei. Voraussetzung ist aber, dass das frühere weltliche Leben restlos abgeschlossen ist: Keine geschäftliche oder familiäre Angelegenheit darf ungeklärt sein. Nur dann ist man für die übersinnliche Schulung offen. Hat der Schüler die formale Ausbildung abgeschlossen, kann er ins Berufsleben zurückkehren und eine Familie gründen.

Wer in ein bestimmtes Lehrsystem initiiert ist, sollte sein Wissen nicht mit dem Wissen anderer Lehrsysteme vermischen. Die »Grundzutaten« der verschiedenen Tariquats sind ungefähr die gleichen, werden diese allerdings wahllos vermischt, entsteht Verwirrung. Der bekannte Scheich Hamzar Shakoor, der in Nordamerika lebt, drückt es so aus: Es ist wie mit der europäischen Küche. Die Grundzutaten sind in Italien, Frankreich und Deutschland ungefähr die gleichen, doch würde man die Rezepte mischen, ergäbe das nur Matsch. Es kommt allerdings auch vor, dass ein Sufi, der nach den Regeln eines Systems ausgebildet ist, von seinem Scheich zum Scheich eines anderen Ordens geschickt wird, damit er dort neue Unterweisungen erhält. In den islamischen Ländern existierte ein sehr dichtes Netz von Sufi-Lehrern unterschiedlicher Tariquats, wobei manche immer nur einen bestimmten Aspekt der Lehre unterrichteten; hatte der Schüler diesen verinnerlicht, wurde er zu einem befreundeten Scheich geschickt, damit er weitere Unterweisung erhalten konnte.

Es wird gesagt, dass der Derwisch drei Reisen macht: Die erste Reise ist die beschwerliche Reise zu Allah, die zweite ist die in Allah hinein. Und die dritte Reise führt wieder aus Allah heraus – hier wird die Erfahrung der Erleuchtung im Alltag umgesetzt. Mit der spirituellen Unterweisung verbindet sich oft auch eine praktische: Sufi-Lehrer gehen vielleicht in ihren weltlichen Beruf, zum Beispiel als Kfz-Mechaniker, Teppichknüpfer oder Kupferschmied, zurück ... und ihre Lehrlinge sind gleichzeitig ihre Schüler. Beim Abschluss der esoterischen Ausbildung haben die Muriden dann gleichzeitig ein Handwerk gelernt. Sie können nun arbeiten und selbst an der Verbreitung der Lehre mitwirken (siehe Kapitel 5.7, »Arbeit und Hingabe«).

Es gibt Scheichs mit der Lehrerlaubnis von mehreren Tariquats. Sie unterrichten den Großteil ihrer Schüler meist nach den Regeln eines Ordens und eine kleine Schülergruppe nach den Regeln eines anderen Ordens. Oder sie unterrichten ihre Schüler hauptsächlich nach den Regeln eines Ordens, in die sie nach Gutdünken die Methoden anderer Tariquats integrieren. Das steht jedoch nicht im Widerspruch zum weiter oben Gesagten, dass Systeme nicht gemischt werden sollten: Ein *erfahrener* Sufi-Lehrer darf Techniken kombinieren; der unerfahrene Schüler ist zu einer sinnvollen Kombination allerdings nicht in der Lage.

Von Ahmed-i Sirhindi (gest. 1624), dem Erneuerer des Sufismus auf dem indischen Subkontinent, wird gesagt, er sei in mehr als vierzig Ordenssystemen ausgebildet gewesen. Sirhindi gilt als Ahnherr der *Mujjaddidi,* des indischen Zweiges der *Naqushbandis*, in der sich Elemente vieler anderer Traditionen wiederfinden.

Kleidung

Den zeitlichen und regionalen Gepflogenheiten entsprechend treten Ordensmitglieder in einer bestimmten Tracht auf. Die *Rifai* in Nordafrika tragen eine schwarze *Galabia* (nordafrikanisches Kleidgewand) mit schwarzem Turban, die *Shaddilia* eine grüne Galabia mit grünem Turban, die *Quadiria* treten ganz in Weiß auf und die *Yassawia* ganz in Rot. In Anatolien trugen die *Bektashi* zeitweise Schwarz und ihre Schädel waren kahl geschoren. Die *Mevlevi* tragen bei rituellen Kreistänzen zylinderförmige graue Filzhüte, die ihren eigenen Grabstein symbolisieren, und ein schwarzes Kleid, das sie während ihres Tanzes ablegen, um ein darunter liegendes weißes zu enthüllen. Die in Indien und Zentralasien umherwandernden *Qualander* hingegen gehen in bunten Flickenkleidern und -mützen, die zum Teil mit Glöckchen behängt sind. Durch diese erzeugen sie bei ihren Tänzen einen bestimmten Rhythmus. In vielerlei Hinsicht erinnern *Qualander* an die europäische Vorstellung vom Harlekin.

> Ein Hund überquerte vor einem Mann im Derwisch-Gewand die Straße. Da schlug der Derwisch nach dem Hund, der jedoch vor Gericht ging und Genugtuung forderte. Der Derwisch argumentierte, dass der Hund vor ihm gar nicht hätte die Straße überqueren dürfen, da er doch ein Derwisch sei. Daraufhin musste der Mann das Derwisch-Gewand ablegen. Der Hund hatte nur deshalb die Straße vor ihm überquert, weil er darauf vertraut hatte, dass ein Derwisch niemals nach ihm schlagen würde.

Tragen die Derwische Tracht, so hebt der Scheich sich durch seine Kleidung von den anderen Derwischen ab – meist durch die Kopfbedeckung. Der *Mevlevi*-Scheich zum Beispiel trägt einen schwarzen Filzhut, der *Shaddilia*-Scheich den roten Filzhut der orthodoxen Geistlichkeit und der Scheich der indischen *Naqushbandis* einen gold- und rosafarbenen Turban. Manche Scheichs der *Malang* treten auf dem indischen Subkontinent in auffallenden, leuchtend roten Gewändern in Erscheinung.

Nicht alle Tariquats tragen Tracht. Manche Gruppen lehnen das ganz und gar ab, da sie reine Äußerlichkeit sein kann und ihrem Träger in den Augen der anderen eine Weisheit zuschreibt, die er vielleicht gar nicht besitzt. Vor allem im Westen erscheinen männ–liche Sufi-Lehrer deshalb eher dezent gekleidet im Dreiteiler und weibliche in eleganten Kostümen. Die Mitglieder mancher westlicher Sufi-Gruppen tragen allerdings auch auffallende orientalische Gewänder. Zwar wird die Wirkung einiger Übungen und Tänze durch die Art der Gewänder verstärkt, aber es gibt keinen Grund, außerhalb der Übungen orientalische Gewänder zu tragen. Sicher können bisherige Lebensmuster durchbrochen werden, wenn man sich ein neues Äußeres zulegt, doch kann dieser neue

Lebensausdruck auch zu einer Scheinwelt werden, in der man die eigentlichen Probleme nicht angeht. In diesem Fall wäre der neue orientalische Lebensstil kein Bruch mit den alten Mustern, sondern einfach nur »mehr vom Alten«.

Bekannte Tariquats

Zu den bekanntesten Tariquats gehören die über die ganze Welt verbreiteten *Quadiri*, die sich auf den großen Sufi-Heiligen Abdul Quadir Al Gilani (gest. 1166) beziehen und die ein sehr intensives Dhikr praktizieren. Die Sufis peinigen sich dabei selbst mit spitzen und scharfen Gegenständen, um so in der göttlichen Ekstase aufzugehen.

Eine weitere Gruppe sind die *Rifai*, die sich auf den großen Heiligen Ahmed ar-Rifai beziehen und sich ebenfalls zuweilen mit Gegenständen Verletzungen zufügen. Den *Rifai* wird ein besonderes Verhältnis zu Schlangen und Skorpionen nachgesagt. Deshalb werden Mitglieder dieses Ordens immer wieder gerufen, um Skorpione oder Schlangen von einem Grundstück zu entfernen.

Die *Naqushbandis* sind ein weiterer einflussreicher Derwisch-Orden. Sie pflegen eher den inneren und kontemplativen Weg; ursprünglich waren sie im Vorderen Orient, in Zentralasien und Indien verbreitet. Verschiedene Gruppen berufen sich auf diese Tradition, etwa orthodoxe Tariquats wie die *Süleymanci*, die *Haqqani* in der Nachfolge von Scheich Daghestani, aber auch das im Westen verbreitete *Golden Sufi Center* von Irina Tweedie sowie die Gruppe um Sayed Omar Shah, den Bruder des weltbekannten Buchautors Idries Shah.

Die *Azizani* hingegen sind ursprünglich im Nahen Osten beheimatet. Bei ihnen wird vor allem auf den Koran meditiert und Dhikr in Verbindung mit Atem und Gesang praktiziert, um so die feinstofflichen Zentren zu öffnen.

Bektashi hingegen sind vor allem in der Türkei vertreten. Sie sind ihrer Tradition nach zu einem freien Wanderleben verpflichtet. *Bektashi* durften beispielsweise ursprünglich nie mehr als vierzig Tage an einem Ort verbringen. *Nimatullahi* gibt es vor allem im persischen Kulturraum. Sie gedenken in einer besonderen Form Alis, des Schwiegersohns des Propheten. Und *Shaddilia* und *Burhania* haben sich den Gepflogenheiten und der Mentalität des nordafrikanischen und sudanesischen Kulturraums angepasst. Dhikrs werden sehr intensiv und ekstatisch abgehalten. *Burhania* finden neuerdings auch bei den Sinnsuchern Nordamerikas und Westeuropas großen Anklang. Vor allem in Ägypten gibt es *Ahmadia,* die auf den großen Sufi-Heiligen Ahmed Al Baddawi Bezug nehmen. Ihr Tanz ist ebenfalls ekstatisch. *Senussi* leben ebenfalls vor allem in Nordafrika und vertreten einen vergleichsweise orthodoxen und nüchternen Islam. Sie gelten als die Ahnherren des politischen Islamismus. Und *Chishti* sind vor allem auf dem indischen Subkontinent anzutreffen. Sie predigen das Ideal der Armut und sind stark von den indischen Yoga-Lehren beeinflusst. Untergruppen der Chishti sind *Sabria* (die »Geduldigen«) sowie der von Hazrat Inayat Khan zu Beginn des 20. Jahrhunderts gegründete *Internationale Sufi Orden*, der die Lehren der *Chishti* den Gepflogenheiten der westlichen Welt anpasste.

Die *Ruhania* hingegen sind ein moderner Sufi Orden, der von Samuel L. Lewis begründet wurde, bei dem in Verbindung mit Dhikr reigenartige Tänze praktiziert werden.

In Indien und anderen Teilen Asiens vertretene *Suhrawardi* vermitteln die klassische Sufi-Ausbildung mit Tanz, Gottgedenken und Kontemplation. Ihre Lehren stammen von Umar as-Suhrawardi. Die auf den großen Heiligen Jalaluddin Rumi zurückgehenden *Mevlevi* sind im Westen auch als »Tanzende Derwische« bekannt; sie haben ihre Heimat hauptsächlich in der Türkei und im Vorderen Orient. Zum Schulungsweg der *Mevlevi* gehört ein intensives hochgeistiges und auch künstlerisches Studium, das durch den Drehtanz verinnerlicht wird. *Kubrawya,* die sich auf Nagmuddin

Kubra beziehen, waren ursprünglich in Persien und Zentralasien verbreitet. Sie praktizieren eine besondere Form der Lichterschau (siehe Kapitel 5.8, »Die Pilgerfahrt«). *Tidjaniyyah* sind ein schwarzafrikanischer Orden und vor allem im Senegal, in Mali und den angrenzenden Ländern vertreten. Wohingegen sich *Qualander* und *Malang*, beides unorthodoxe Bruderschaften, einem Wanderleben außerhalb der gesellschaftlichen Konventionen verschrieben haben. Sie sind in weiten Teilen Asiens verbreitet. Viele ihrer Mitglieder nehmen Drogen, musizieren und zeigen artistische Darbietungen. Auch die *Yassawia* führen ein unorthodoxes Wanderleben und praktizieren spektakuläre Dhikrs. Sie sind in weiten Teilen der islamischen Welt anzutreffen. Türkische *Jerrahi* und die aus ihnen hervorgegangenen *Halveti* sind vor allem in den modernen Großstädten der Türkei verbreitet. Sie haben viele Lehren früherer Sufi-Gruppen übernommen und diese mit dem zentralasiatischen Schamanismus verbunden. *Jerrahi* haben im Westen einen starken Zulauf.

Zu den Randbereichen des Sufismus gehören aber auch magisch-heilerische Kulte wie die der *Gnawa* in Marokko und der *Zar* in Ägypten. Durch berauschende Musik, Tanz und teils auch durch Drogen wird der Kontakt mit Geistern gesucht, um so heilerisch aktiv werden zu können (siehe dazu 5.13, »Exkurs: Geisterkulte und Magie in der islamischen Welt«).

4.2 Die Stationen des Aufstiegs

»Sufismus ist die innere Lehre aller Religionen.«
Al-Ghazzali

Nur jene, die göttliche Erkenntnisse erlangt haben, wissen um ihre Tiefe. Wie Al-Ghazzali schreibt, weiß ein Kind nichts von den Eigenschaften eines Erwachsenen. Der Erwachsene weiß nichts von den Eigenschaften eines Gelehrten. Und der Gelehrte versteht die Einsichten eines Erleuchteten nicht.

Der Weg (*Tariqu*) ist das Ziel und auf einer Reise kommt man durch viele Orte. *Maqam* ist das arabische Wort für »Ort«.* Die Sufis bezeichnen damit die mystischen Stufen, die auf der Wanderschaft zum Geliebten, zu Gott, durchlaufen werden. Ein Maqam entspricht immer einem bestimmten Bewusstseinszustand, einer bestimmten Bewusstseinsstufe, auf der man immer feinere Aspekte der göttlichen Realität wahrnimmt. Mit anderen Worten: Maqams sind die Standorte, auf denen sich die Derwische in nach und nach immer enger werdendem Abstand vor Gottes Thron einfinden.

Die Schüler erhalten die Antworten nicht dann, wenn sie sie haben wollen, sondern wenn sie sie brauchen.

Von Maqams, den ein für alle Mal erreichten »Bewusstseinsstandorten«, werden die Zustände, *Hal,* unterschieden. *Hal* bezeichnet einen flüchtigen Augenblick, in dem sich die göttliche Realität dem Menschen offenbart. Im Gegensatz zu den Maqams sind diese Zustände (*Hulul)* nur vorübergehend und werden wieder vergessen. *Maqams* hingegen sind endgültig errungene Bewusstseinsstufen, die dem Sufi nicht mehr verloren gehen. Sie bauen aufeinander auf. Und so geht man davon aus, dass jeder Ort erst zur vollen Entfaltung gelangt, wenn die nächsthöhere Stufe erreicht ist. Einzelne Maqams können in gewisser Hinsicht auch als eine Reihe von Erleuchtungen betrachtet werden. Das Ziel eines Sufi ist das Eintauchen *(Fana)* in die allerhöchste Realität: *Haqq*. *Fana* kann mit dem Begriff *Unio Mystica* aus der christlichen Mystik und mit *Samadhi* aus dem Buddhismus und dem Hinduismus gleichgesetzt werden. In *Fana* wird der Unterschied zwischen dem Einen und dem Vielen ausgelöscht. – Der Einzelne geht im Absoluten auf.

Vor *Fana* liegen die Zustände *Tawwakul* (Gottvertrauen), *Shukr* (Dankbarkeit), *Rida* (Freude) und *Sabr* (Geduld). Auch sie sind hohe Erleuchtungen und werden durchlaufen, bevor man in *Fana* eintritt. Die sufische Methode, um in diese Bereiche vorzudringen,

---

* Das arabische *Maqam* bedeutet neben »Ort« auch »Heiligengrab« und »Tonleiter«.

ist das »ununterbrochene« Gottgedenken, Dhikr (siehe Kapitel 5.2, »Das Dhikr«). Mit der Zeit erfährt man *Tajili* (sprich: tadschilli), die göttlichen Selbstoffenbarungen. Im Zustand von *Tajili* wird der Mensch mit einem überwältigenden Gefühl von Klarheit und Liebe durchströmt. Bei einfachen Gläubigen verflüchtigen sich diese Zustände allerdings ungenutzt. Unter der Aufsicht eines Scheichs werden diese Offenbarungen dazu genutzt, dass eines der höheren Zentren, als die Maqams auch gelten, geöffnet wird. In der poetischen Sprache der Sufis heißt das: »Auf dem Weg zum Mittelpunkt des Universums wird ein neuer ›Garten‹ erreicht.«

Die Maqams sind hierarchisch angeordnet: Üblicherweise beginnt die Ausbildung mit den unteren Wahrnehmungsorten, wobei man nun nach und nach zu den höheren weiterschreitet. Bei einigen orthodoxen Tariquats wie den *Haqqani-Naqushbandis* wird jedoch der umgekehrte Weg gelehrt. Hier sollen durch Dhikr und rechte Lebensführung *(Adab)* zuerst die obersten paradiesischen Tore geöffnet werden. Über die verschiedenen Engelwelten öffnen sich dann die Stufen nach unten ... bis zur Stufe des irdischen Gläubigen, die jedoch durch ein Tor von den bereits erreichten Welten abgeschottet bleibt. Erst beim Tod des Gläubigen wird der Haqqani-Tradition zufolge dieses letzte Tor geöffnet, und ihm erschließen sich die paradiesischen Welten dann ganz und gar. Aus Verhalten, Redeweise und Träumen des Schülers kann der Lehrer auf dessen Bewusstseinsstand, das heißt den erreichten Maqam, schließen. Dem Schüler *(Murid)* werden nun entsprechende Aufgaben übertragen, die seinen Zustand festigen und ihn vorbereiten auf die nächsthöheren Ebenen.

> »Alles was existiert, wird sich auflösen *(fana)* nur das wunderbare und majestätische Angesicht deines Herrn wird bestehen bleiben *(baqa)*.«
>
> Sure 55,26–27

Die Reihenfolge, Benennung und Beschreibung der Maqams unterscheiden sich in den verschiedenen Sufi-Traditionen: Ansari (gest. 1089) beschrieb mehr als hundert Stufen, darunter: Erwachen, Verzicht, Armut, Sehnsucht und Entwerden *(Fana)*. Attar fasst in seinen *Vogelgesprächen* die Stufen zu sieben Tälern zusammen, die die Vögel auf ihrer Reise zu Simurgh durchqueren müssen: Das *erste Tal* ist das der Suche. Hier sammeln sich die Vögel und beginnen ihre Reise. Hunderte von Schwierigkeiten müssen gemeistert werden. Die Schüler müssen lernen, sich von den irdischen Belangen zu lösen und in Geduld *(Sabr)* zu üben. Die Vögel werden mehrere Jahre in diesem Tal verbringen, da sich ihr Zustand unentwegt ändert. Das ‚ist das der Liebe. Hier durchflutet den Sucher seine Sehnsucht. Er liebt voll und ganz, ohne Vorbehalte und Urteile. Er ist bereit, alles für den Geliebten zu opfern. So wie sich für einen Verliebten die Fehler und Makel seiner Angebeteten in Tugenden und Vorzüge verwandeln, schwindet für den Gottesfreund auf dieser Stufe die Unterscheidung zwischen »gut« und »böse«, »schön« und »hässlich«. *Das dritte Tal* ist das der Erkenntnis. Hier wird der Sufi mit den Geheimnissen der Schöpfung vertraut gemacht. Er lernt, die Schöpfung in jedem Atom zu erblicken, und denkt über tausend leuchtende Geheimnisse nach.

Attar schreibt dazu: »Wenn sich ihm [dem Schüler] das Geheimnis des innersten Wesens aller Geschöpfe klar enthüllt, verwandelt sich der Ofen dieser Welt in einen Blumengarten.«

Das vierte Tal ist das der Unabhängigkeit und Loslösung. Hier verlieren die Wichtigkeiten und Geschehnisse der Welt ihre Bedeutung. Der Liebende mag handeln oder nicht – letztendlich ist es gleichgültig. Die Welt um ihn herum wird zerstört. Was bleibt, ist Gott. *Das fünfte Tal* ist das der Einheit. In diesem Tal wird die Einheit hinter der Vielheit erkannt. Egal wohin die Vögel auch blicken: Alles, was sie sehen, ist der von ihnen ersehnte König. *Das sechste Tal* ist das der Verwirrung. Hier werden die Vögel von großer Trauer befallen. Sie wissen nicht mehr, wen sie lieben sollen, und sie beginnen, sich selbst zu vergessen. Dieses Tal ist voller Seufzer, denn es herrscht große Bedrückung. Die Vögel erlangen Einsichten, die sie verwirren und verstören. *Das siebte Tal* ist das der Entbehrung und des Todes. Hier werden die Vögel in ihre Grundsubstanz aufgelöst. Aloeholz und Dornen mögen in ihrer Beschaffenheit verschieden

» Allah, welcher der Herr der Stufen ist.«
Sure 70,3

sein, doch nachdem sie verbrannt wurden, ähnelt sich ihre Asche. Der Tropfen, der zuerst ein Ganzes war, ist im Ozean aufgegangen, um für immer an seinem Spiel und seinen Bewegungen teilzuhaben. Er existiert und existiert doch nicht. Wie kann das sein? Es übersteigt das Fassungsvermögen des menschlichen Geistes.

Haben die Vögel auf ihrer Reise die sieben Täler durchschritten, treten sie schließlich in den Palast des Königs ein, um dort nach der Auslöschung die Unsterblichkeit zu erreichen. Sie haben erkannt, dass sie selbst der König, der *Si Murgh* (persisch, »30 Vögel«) sind.

Die indischen Chishti wiederum lehren eine andere Abfolge der mystischen Zustände: Der Schüler, der in seinem Dhikr erfolgreich ist, erreicht einen Zustand, der *Mithal* genannt wird und in dem ihm große schöpferische Kräfte zuteil werden. Es ist die Ebene der Metaphern und Bilder. Egal ob Musik, Rhetorik, Technik, Poesie, Handwerk oder Kunst, der Schüler besitzt große Schaffenskraft und hat durch sie am göttlichen Ganzen teil.

»Die Gläubigen werden mit der schönsten Stätten im Paradies dafür belohnt, dass sie duldsam waren, dort wird ihnen Erleuchtung und Frieden zuteil und dort werden sie dauerhaft bleiben. Welch herrliche Aufenthaltsorte *(muqama)*.«
Sure 25,75–76

Als Nächstes betreten die Menschen einen Bereich, der *Malakut* genannt wird. Hier entdecken sie ihren makellosen Kern. Es wird eine objektive Schau der eigenen Person von außen möglich und die Aspiranten beginnen, sich ihrer selbst bewusst zu werden. Sie werden ihrer eigentlichen Aufgaben gewahr, und möglicherweise kommt es ihnen vor, als würden sie nach einem bestimmten Plan handeln. Die einen sagen, dass hier das Kind im Innern zum Vorschein kommt, die anderen, dass der Mensch erst wirklich erwachsen wird. Nun betreten die Sucher *Jabarut*, den nächsten Bereich. Hier wird ihnen der göttliche Sinn der Welt enthüllt. »Gut« und »böse«, »stark« und »schwach« – all diese Gegensätze werden als sich ergänzende Kräfte empfunden, die auf ihre Art langfristig zu einer positiven Entwicklung auf der Welt beitragen. Alles hat einen Sinn, selbst Elend und Leid.

Die Sinnsucher betreten jetzt einen Bereich, der *Lahut* heißt. Hier werden die Programmierungen hinter allen Bereichen der vielfältigen Welt verstanden. In *Lahut* ist der Logos im Menschen entfaltet. Die ganze Schöpfung bewegt sich spiralförmig zum Göttlichen hin. Auf dieser Ebene betrachten die Weisen die Vielheit der fantastischen Welt und verstehen alle Mechanismen. Als Nächstes kommen die »Menschen der Wahrheit« in einen Bereich, der *Hahut* genannt wird. Das schon immer Gewusste wird hier offenbar. Und dieses Offenbarwerden ist die Quintessenz hinter der Aussage *La illaha illa Lah* (Es gibt keinen Gott außer Allah). Das Wesen Gottes und die Einheit hinter der Vielheit wird erkannt. Auf dieser Stufe lösen sich die Menschen als eigenständig handelnde Individuen auf: Ganz gleich, wohin sie schauen, überall erblicken sie Gott.

Eine andere Beschreibung des Weges durch Maqams wird von Junaid gegeben. Die einzelnen Stufen sind hier *Tauba* (Reue), *Wara* (Abstinenz von Unreinem), *Zuhd* (dem Erlaubten entsagen), *Tawwakul* (Gottvertrauen), *Faqur* (Armut), *Sabr* (Geduld/Duldsamkeit), *Shukr* (Dank), *Rida* (Freude), *Khauf* (Ehrfurcht), *Raja* (Hoffnung), *Merhaba* (Liebe) und *Marif* (Erkenntnis). Das Ziel der spirituellen Entwicklung ist auch hier *Fana*, das Entwerden in der alleinigen Realität des höchsten Wesens. Auf der Stufe von *Fana* geht das getrennte Ich-Bewusstsein verloren. Mag ein Mensch in diesem Zustand auch rein äußerlich als Mensch erscheinen, er ist nicht mehr das subjektiv handelnde Individuum, sondern empfindet sich selbst nur als Spielball und Instrument der vollkommenen Einheit. Rumi verglich den Sufi in dieser Vollkommenheit mit einem Stück Eisen: Wird es nur lange genug ins Feuer gehalten, so wird es dem Feuer gleich, selbst wenn es noch die Form des Eisens hat. Und Ibn Arabi schreibt, dass die Menschen auf dieser Ebene Werkzeuge seien, durch die Gott selbst die Schönheit seiner Schöpfung kontempliere.

In der orientalischen Welt ist der Anblick von entrückten Menschen nichts Ungewöhnliches. Es sind Menschen, die aus den gesellschaftlichen Konventionen herausgefallen sind, die keinem im herkömmlichen Sinne geregelten Leben mehr nachgehen und sich nicht mehr um ihre unmittelbaren familiären Belange kümmern, denn egal, wo sie sind und was sie gerade tun, in ihrem Bewusstsein ist alles Allah – überall um sie herum. Viele der Menschen auf dieser Stufe gelten darum als »heilige Verrückte« *(Madschnun).*

Die bewusste Einswerdung mit Gott ist aber nicht das Ende der sufischen Arbeit, hier beginnt sie vielmehr erst, so Al-Ghazzali. Ein noch höheres Maqam ist darum *Baqa*, die »Beständigkeit«. Die Menschen auf dieser Stufe können wieder in den Alltag zurückkehren, um ihre Erleuchtung hier zu leben. Sie gehen einem Beruf nach, kümmern sich um ihre Familie etc. Die Menschen, die *Baqa* erreicht haben, geben ihr Wissen durch ihre Worte und ihre Taten weiter ... in aller Stille. In aller Demut tragen dazu bei, dass die Welt harmonischer und besser wird.

Auf einer weiteren Stufe leben die »Menschen des Weges« ihr Wissen nicht nur in ihrem Alltag, sondern können es auch verschiedenen kulturellen Umgebungen anpassen. Die Meister der Weisheit unterrichten und wirken in anderen Ländern, wo sie das sufische Wissen dem jeweils vorherrschenden Wissensstand, den Gewohnheiten und Erwartungen entsprechend formulieren. Sie holen die Menschen da ab, wo sie wirklich sind. Auf der nächsthöheren Stufe können Scheichs auch in den übersinnlichen Welten handeln: Sie begleiten Verstorbene auf ihrer Reise und können Menschen auf dieser Erde erscheinen und sie unterrichten. Vor allem durch die besondere Technik der *Rabita* (Herzensbindung) kann der Kontakt zu solchen Meistern hergestellt werden (siehe Kapitel 5.9, »Die Herzensbindung«).

4.3 Der Scheich

»Wer keinen Scheich hat,
hat den Sheitan (Satan) als Scheich.«

Der Mensch braucht Hilfe. Ein im Sumpf Versinkender kann sich nicht selbst retten, und so braucht der Mensch jemanden, um aus der Dunkelheit zum Licht zu gelangen. Im Orient kommt diese Aufgabe dem Scheich zu. Das Wort *Scheich* bedeutet »Ältester« und wird in mehreren Zusammenhängen benutzt: Es bezeichnet sowohl den Führer eines Beduinenstammes als auch einen religiösen Lehrer oder einen Geisterbeschwörer (siehe Kapitel 5.13, »Exkurs: Geisterkulte und Magie in der islamischen Welt«). In einigen Ländern, wie etwa in Ägypten, wird das Wort »Scheich« schon fast inflationär verwendet, indem fast jeder so bezeichnet wird, der auch nur ein wenig Ahnung von spirituellen Dingen besitzt. In Persien und auf dem indischen Subkontinent werden Scheichs *Pir* genannt. In religiösem Zusammenhang ist der Scheich mit dem *Guru* der Hindus vergleichbar. Es gibt kaum eine intensivere menschliche Beziehung als die zwischen Guru (Scheich) und Schüler *(Murid).* Der Schüler vertraut sich von ganzem Herzen der Liebe, der Weisheit und der Macht seines Lehrers an und der Scheich kümmert sich um die geistige Entwicklung seines Schülers. Werden spirituelle Ratschläge abgewiesen, so entwickeln sich manche Fähigkeiten einseitig, während alte negative Muster weiter das Regiment führen. Dies programmiert den Absturz des Suchers quasi vor.

»Allah ist der Freund *(aulya)* der Gläubigen.«
Sure 2,257

Der Prophet sagte, es gebe immer eine bestimmte Anzahl von Heiligen. Diese »Besonderen« müssen sich untereinander nicht kennen. Nach Abu Nu'aym sind es zu jeder Zeit 500 – die Besten aus Mohammeds Gemeinde. Abdallah bin Masud ist der Ansicht, es seien 356 – davon hätten 300 ein Herz wie das von Adam, 7 ein Herz wie das von Abraham, 40 wie Mose, 5 wie Erzengel Gabriel, 3 wie Erzengel Michael und 1 wie Erzengel Israfil. Gabriel ist im

Islam der Erzengel für Erdbeben und der Übermittler göttlicher Botschaften, Michael der Bezwinger des Üblen und verantwortlich für Regen und Israfil ist der Erzengel des Jüngsten Gerichts und der Auferstehung. Stirbt dieser eine Beste, so ersetzt Gott ihn aus der Gruppe der drei; stirbt einer der drei, so ersetzt ihn Gott aus den fünf; stirbt einer der fünf; so ersetzt ihn Gott aus den vierzig; stirbt einer der vierzig, so ersetzt ihn Gott aus den sieben; stirbt einer der sieben, so ersetzt ihn Gott aus den dreihundert; stirbt einer der dreihundert, so ersetzt ihn Gott aus den gewöhnlichen Gläubigen.

> Gerade spirituell interessierte Menschen im Westen laufen Gefahr, ihr Wissen zu überschätzen und sich selbst zu wichtig zu nehmen. Die Ratschläge eines weiter entwickelten Menschen werden dabei leider allzu schnell zurückgewiesen.

Im Sufismus ist der Scheich der Leiter des Ordens. Er kann sich diesen Titel nicht selbst geben, sondern er wird ihm offiziell verliehen. Und doch gibt es immer Männer und Frauen, die aus sich heraus erwachen und beginnen, ihre Mitmenschen zu unterrichten. Auch sie werden als »Scheich« anerkannt; aber nicht jeder, der erwacht ist, wird Scheich. Wer den vollkommenen Zustand von *Fana* in *Baqa* gefestigt hat, sammelt nicht zwangsläufig Menschen um sich. Viele, vielleicht sogar die meisten, setzen ihre Erfahrung direkt im Leben um und teilen ihre Erkenntnisse, wenn überhaupt, nur einigen wenigen mit.

Bektashi-Scheich

In manchen Gegenden gibt es in fast jedem Stadtviertel und jeder kleinen Ortschaft einen Scheich, der allen auch als Ratgeber zur Verfügung steht und die Menschen in seiner Wohnung, in einer Moschee oder in einem öffentlichen Teehaus empfängt.

Dem Scheich übergeordnet ist der Großscheich; er ist der Leiter eines großen Ordens oder ein Scheich, der die Lehrerlaubnis für mehrere Tariquats besitzt. Gibt es innerhalb der Orden einen Großscheich, so sind auch die »einfachen« Scheichs an seine Verfügungen gebunden.

Die beiden übergeordnete Instanz ist *Qutb*, der »Pol«. Es heißt, dass jede Generation einen »Pol« hervorbringt. Er ist das strahlende Oberhaupt aller Sufis und steht an der Spitze der Hierarchie der Heiligen. Er besitzt eine Aura, die alle anderen Scheichs seine Autorität und Würde unmittelbar anerkennen lässt. In der islamischen Welt gab es immer wieder heilige Menschen, die spirituelles Wissen in solchem Ausmaß verkörperten, dass die Pilger in Scharen zu ihnen strömten und selbst die anderen Scheichs den Rat dieser Heiligen befolgten. Es heißt, die Aufgabe des *Qutb* sei es, die Harmonie in der Welt wiederherzustellen und zu erhalten. Er muss allerdings nicht immer in Erscheinung treten. Oft gibt er den Scheichs aus dem Verborgenen Weisung.

Mevlevi-Scheich

Der *Qutb* kann in einen oder mehrere Orden initiiert sein. In jedem Fall wird er von den Scheichs der verschiedenen Orden als übergeordnetes Oberhaupt anerkannt. Die Shaddilia-Sufis sagen zum Beispiel, dass der »Pol« stets auch in ihrem Orden initiiert sei. Bekannte *Qutbs* aus der Vergangenheit waren Abdul Quadir al Gilani, Dhun Nun, Ibn Arabi, Rumi, Suhrawardi, Hamadani, Bahauddin Naqushbandi, Sirhindi und Mohammed Iqbal, der Philosoph und Staatsgründer Pakistans.

In manchen Zeiten gibt es mehrere solche Männer. Dann unterscheidet man den »Pol des Westens«, den

»Pol des Ostens«, den »Pol des Nordens« und den »Pol des Südens«. Zu Zeiten, in denen sich keiner fand, sind sich die Scheichs der Sufi-Orden selbst überlassen und müssen ohne Heiligen auskommen.

Eine andere Form von weit entwickelten Scheichs sind die *Khwajas (Chwoschas),* die vor allem in Zentralasien eine Rolle spielen. *Khwaja* bedeutet so viel wie »Meister der Weisheit«. Darunter versteht man besondere Sufi-Meister, die so ausgebildet wurden, dass sie historische Aufträge bewältigen können. Viele Khwajas waren vor allem im Naqushbandi-Tariquat initiiert. Bekannte Khwajas waren Ansari, der in Zentralasien die Technik des stillen Dhikr (siehe Kapitel 5.2, »Das Dhikr«) verbreitete; Nizamuddin Aulia Chishti, der den Sufismus in Indien bekannt machte, und Guijwari, der nach dem Mongolensturm in Zentralasien die Landwirtschaft reformierte, indem er ein neues Bewässerungssystem einführte, das mehrere Jahrhunderte bestehen sollte.

Rifai-Scheich

Sufis besitzen aber nicht nur irdische Führer wie den *Qutb*, sondern auch einen übersinnlichen: *Chidr*, »der Grüne«. Chidr ist jener sagenumwobene Prophet, der schon Moses als Wegbereiter erschienen ist. Diese koranische Gestalt tritt im Leben der Sufis immer wieder auf und weist die Richtung, wenn der Wanderer den Weg aus den Augen verloren hat oder wenn er in seiner spirituellen Entwicklung einen neuen Weg einschlagen soll. Meistens erscheint Chidr als alter Mann. Aber er wurde auch schon als Jüngling, als Frau oder als Tier gesehen. Nicht nur Wandermönchen, die von ihrem Weg abgekommen sind, steht der »grüne Prophet« bei, sondern auch Menschen, die fest im

Leben stehen, um ihnen Ratschläge zu erteilen. (In Kapitel 5.7, »Arbeit und Hingabe«, findet sich eine Geschichte über das Erscheinen von Chidr.)

Frauen können ebenfalls ins Amt eines Scheichs berufen werden. Dann spricht man von einer *Scheicha*. Sie unterrichten dann in der Regel auch nur Frauen. Nur ganz selten unterrichtet eine Scheicha Männer, wohingegen männliche Scheichs sowohl Männer als auch Frauen unterrichten.

Ein Sufi-Scheich muss hoch qualifiziert sein. Er muss Charisma besitzen und mit den göttlichen Quellen der Imagination, der Intuition und der Inspiration in Verbindung stehen. Andererseits muss er gut ausgebildet sein, sodass er sein Wissen durch Koranpassagen und Zitate der alten Mystiker untermauern kann. Was der Scheich sagt, leuchtet allen ein. Der Scheich erkennt die Schwächen seiner Schüler und spricht sie darauf an. Durchdrungen von den göttlichen Welten, ist er in seiner Willenskraft, seiner Erscheinung und seinem Auftreten stärker als die Jünger. *Muriden* vertrauen ihrem Leiter in allen Bereichen und sind ihm sehr zugetan – was auf Gegenseitigkeit beruht: Ein guter Scheich ist quasi immer »verliebt«.

Außerdem besitzt ein Scheich eine besondere Aura. Es gibt Gegenden, in denen erzählt wird, dass allein der Blick eines Scheichs eine besondere Wirkung auf die Menschen habe. Wer zu einem Scheich pilgerte und seinen Blick empfange, könne diesen, wieder heimgekehrt, weitergeben.

Mohammed Amin al-Kurdi (gest. 1914) hat einen Verhaltenskodex für Sufi-Scheichs aufgestellt: Ein Scheich kennt die religiöse Lehre so gut, dass der Novize niemand anderen fragen muss. Der Scheich kennt die Gefahren und Krankheiten der Seele und die Mechanismen, wie man sie heilt und in Harmonie hält. Er ist seinen Schülern gegenüber nachsichtig und gütig, das heißt, er behandelt sie mit Weisheit und Milde, wenn sie wieder in ihre alten Gewohnheiten zurückfallen. Er erkennt die Fehler seiner Schüler, aber er spricht nicht über sie. Auch hält sich, so Al-Kurdi, der Scheich vom Hab und Gut seiner Schüler fern; er begehrt nichts davon. Er hält sich selbst an all das, was er von seinen *Muriden* verlangt – das heißt: Er lebt, was er lehrt. Er richtet sich einen Klausurraum her, in dem er allein sein kann. Ferner meidet er den allzu häufigen Kontakt mit seinen Schülern zu Beginn der Schulung. Seine Schüler sollen zu Anfang keinen Kontakt zu den Novizen anderer Scheichs haben. Der Scheich sollte seine Schüler daran hindern, übermäßig zu essen und schädliche Nahrungsmittel zu sich zu nehmen. Der Scheich, so Al-Kurdi, lässt nicht nach, die Novizen zu ihrem Heil zu führen. Achtet der Novize den Scheich nicht mehr in hohem Maße, so unterbindet der Scheich den Kontakt des Schülers zu den anderen Schülern und lässt den Betreffenden allein im Klausurraum sitzen. Schwindet der Respekt ganz und gar aus dem Herzen eines Schülers, so muss der Scheich ihn freundlich entlassen, da dieser, so Al-Kurdi, nun zu seinen größten Feinden gehört.

Immer wieder kommen Menschen mit kaum ausgeprägten esoterischen Fähigkeiten zu Scheichs und projizieren ihre eigenen niederen Instinkte und Ansichten auf sie. Den Scheichs wird dann unterstellt, sie seien keine Erleuchteten, sondern lediglich auf Eigennutz bedachte Schwindler. Dazu die folgende Geschichte im Kasten rechts.

Menschen haben außerdem die gefährliche Angewohnheit, alles sofort zu beurteilen

Der große Sufi-Heilige Dhun Nun wurde einmal von einem jungen Mann besucht, der behauptete, dass Dhun Nun gar kein echter Gottesmann sei, sondern nur so tue. Dhun Nun streifte daraufhin einen kostbaren Ring vom Finger und beauftragte den jungen Mann, zum Markt zu gehen und den Ring für ein Goldstück zu verkaufen.
Der Mann tat, wie ihm geheißen, doch fand sich auf dem Markt noch nicht einmal einer, der ihm mehr als ein Silberstück für den Ring geboten hätte. Daraufhin schickte Dhun Nun den jungen Mann zu einem Goldschmied; er sollte in Erfahrung bringen, wie viel dieser für den Ring zahlen würde. Der Goldschmied bot ihm sofort mehr als tausend Goldstücke.
Als der junge Mann zurückkehrte, sprach Dhun Nun: »Und genau so ist es mit deiner Einschätzung der Sufis. Du verstehst gerade so viel davon wie die Krämer dort drüben von der Goldschmiedekunst. Wenn du Edelsteine schätzen willst, musst du zuerst Goldschmied werden.«

(siehe Kapitel 3.2, »Die Gewohnheiten«). Sehen sie einen Scheich, so sagen sie vielleicht: »Ich weiß selbst, was richtig ist, aber der Scheich sagt etwas anderes. Er hat unrecht.« Wer urteilt, wächst aber nicht mehr. Er interpretiert die Welt nach seinem eigenen beschränkten Horizont. Und dabei wird er niemals all die Schätze sehen, die jenseits seines Horizonts liegen. Viele Schüler machen sich ein Bild von einem Meister der Weisheit – und das, noch bevor sie überhaupt irgendeinem begegnet sind. Treffen sie dann einen Scheich, so vergleichen sie ihn mit ihrer Vorstellung und denken zwangsläufig: »Er kann überhaupt kein Weiser sein, denn sonst würde er dies oder jenes nicht tun.« Sie sind sich nicht darüber im Klaren, dass das Bild, das sie haben, überhaupt keinem realen Scheich entsprechen kann. Schlimmstenfalls bekämpfen sie die Weisen sogar. Sie denken, dass sie im Auftrag einer höheren Gerechtigkeit handeln, wenn sie gegen die vermeintlichen Betrüger angehen. Diese Menschen bellen letztendlich jedoch nur ihre eigenen Spiegelbilder an.

> Von Nizamuddin Chishti (gest. 1236) stammen die drei folgenden Fragen, durch die man erkennen kann, ob man sich in der Gegenwart eines Pir befindet: »Fühlst du dich in seiner Gegenwart voller Frieden?«; »Vergisst du weltliche Angelegenheiten und sind deine Gedanken nur auf Gott gerichtet?« und »Spürst du in deinem Herzen die heilende Wirkung seiner Gegenwart?«

Es heißt: Jeder hat den Scheich, den er verdient. Ein Scheich mag mit ungewöhnlichen Methoden arbeiten ... aber kein Schüler ist gezwungen, bei diesem Lehrer zu bleiben. Das Wissen der Sufis ist zu heilig, um an Dummköpfe vergeudet zu werden. Wer einen Scheich aufsucht, sollte bedenken, dass er in Wirklichkeit nichts zu verlieren hat. Niemand braucht wiederzukommen. Besitzt ein Mensch auch nur ein Mindestmaß an Offenheit, so wird er in jedem Fall etwas gewinnen: das Wissen, was er wirklich ist und wie er dazu werden kann.

Wer befreit ist, dem ist sein gesellschaftlicher Status egal. Ein *Fakir* ist nicht auf Äußerlichkeiten angewiesen; sein innerer Reichtum ist ihm mehr als genug. Wenn er als Autoritätsperson in Erscheinung tritt, dann nicht aus persönlichen Gründen, sondern um seinen Mitmenschen zu dienen.

Trifft ein Wahrheitssucher auf einen Menschen, der auch nur ein bisschen Weisheit besitzt, dann sollte er alles daransetzen, um von ihm zu lernen ... und sei es auch nur, wie man dem Lehrer gegenübertreten kann, der einem bestimmt ist.

> Einmal traf ein junger Weisheitssucher auf einen alten Weisen. Der Jüngling fragte den Alten: »Ich möchte gern lernen. Kannst du mich lehren?«
> Der Scheich antwortete: »Ich glaube nicht, dass du weißt, wie man lernt.«
> Der Sucher fragte weiter: »Kannst du mich lehren, wie man lernt?«
> Daraufhin antwortete der Weise: »Kannst du lernen, mich lehren zu lassen?«

Abu Said sagte einst, als er gefragt wurde, was das Wesen des Sufismus sei: »Sufismus ist, zu wissen, wo man sitzt, wenn der Tee eingeschenkt wird.« Das bedeutet, dass ein wesentlicher Teil der Schulung darin besteht, sein Wissen zu ordnen, damit man den Lehrern mit gebührendem Respekt und Offenheit begegnen kann.

Der Weg des Sufis ist nicht einfach, und nicht jeder ist in der Lage, ihn zu gehen, denn der Schüler muss an einem bestimmten Punkt mit seinem bisherigen Leben brechen. Er beginnt aufzuwachen und für sein Leben wirklich Verantwortung zu übernehmen. Wie überall gibt es auch im Sufismus Menschen, die die Übungen zu Beginn begeistert ausführen und dann kurz vor dem Erwachen umkehren und weglaufen. – Einige kommen dann vielleicht zurück, andere jedoch verlieren sich wieder in der Routine des Alltags und vergessen all die feinen Erfahrungen, die sie während ihrer mystischen Ausbildung machen durften.

> Rumi verglich die Heiligen mit Lampen: Einer Lampe ist es egal, wo sie hängt. Je höher sie aber hängt, umso mehr Menschen kann sie Licht schenken.

In der westlichen Welt, wo zum gegenwärtigen Zeitpunkt viele unterschiedliche spirituelle Systeme angeboten werden, kann man beobachten, dass viele Menschen einer Gruppe nur für eine kurze Zeit angehören, um dann in eine andere zu wechseln. So sammeln sie eine Vielzahl von Erfahrungen ... machen den entscheidenden Schritt in die Bewusstheit aber nicht. Das ist eine paradoxe Situation. Der Antrieb mag tatsächlich in einer tiefen Sehnsucht liegen, dennoch wird der spirituelle Weg eher zu einer Freizeit-Aktivität, die angenehme Gefühle vermitteln soll. Es mag vorkommen, dass solche Menschen nach Jahren auf einmal begreifen und plötzlich erwachen. Geschieht das nicht, dann war die Zeit des Lehrers vertan.

Für Sufi-Scheichs war es im Laufe der Jahrhunderte nicht immer einfach zu lehren. In der islamischen Welt wurden Derwische immer wieder verfolgt. In Saudi-Arabien etwa ist der wahhabitische Islam Staatsreligion. Der Wahhabismus lehnt die mystische Vereinigung des Menschen mit Gott im Diesseits ab, und so können die Scheichs mancher Orden ihr Wissen nur im Verborgenen weitergeben. Aber auch außerhalb der islamischen Welt war die Verbreitung des Geheimwissens mit großen Gefahren verbunden. Und so waren Scheichs bei der Auswahl ihrer Schüler stets sehr wählerisch.

> Ein Mann besuchte einst einen Derwisch, um sich unterweisen zu lassen. Der Mann verfügte bereits über einiges Wissen und erzählte dem Derwisch davon. Da schenkte der Derwisch dem Mann Tee ein, bis die Tasse überlief. Doch der Derwisch goss weiter und weiter. »Du bist wie diese überlaufende Tasse«, sagte der Derwisch. »Um neues Wissen aufzunehmen, musst du dich erst einmal leer machen.«

Gurdjieff, einer der *Khwaja* des 20. Jahrhunderts, wurde einmal von einer berühmten Zeitgenossin in seinem *Institut zur Harmonischen Entwicklung* bei Fontainebleau (in Frankreich) besucht. Als Gurdjieff die Frau sah, ließ er sich verleugnen: Sie war einfach zu sehr von sich überzeugt. Ein Fortschritt wäre, wenn überhaupt, erst nach Jahren mühseliger Arbeit möglich gewesen. Seine Zeit und Kraft schenkte er lieber einem Menschen, der noch bzw. schon über einen gewissen Grad an Lernfähigkeit verfügte.

Ein Scheich kann auch in Träumen und anderen Vorankündigungen, die er richtig zu interpretieren weiß, erfahren, dass ihm ein Schüler vorbestimmt ist. Ist das der Fall, so legt der Scheich geschickt Fallen aus, um den Schüler einzufangen. Scheichs empfangen solche Schicksalswinke aber auch, wenn sie ahnungslosen Menschen praktisch im Vorbeigehen Informationen übermitteln sollen.

Um das Innere des Menschen zu befreien, ist manchmal Härte nötig, wie diese Geschichte zeigt: Ein Schwarm Fliegen kommt durch das offene Fenster ins Haus und fliegt durch das offene Fenster auf der anderen Seite des Hauses wieder hinaus. Eine Fliege aber landet auf dem Schenkel der Frau des Scheichs. Dieser erschlägt sie ... und die Fliege wurde zu einem Sufi. – Es heißt: Will die Rosenblüte aufgehen, so muss die Knospe erst zerbrechen. Zum Teil kann sogar körperliche und psychische Gewalt notwendig sein, um einen Schüler aus seinen Gewohnheiten zu reißen. In diesem Zusammenhang wird dem Stock des Scheichs eine verklärende, aber auch heilende Wirkung zugeschrieben.

Wendet ein Scheich Gewalt an, so ist sie niemals Selbstzweck, sondern ein notwendiges Mittel, um einen Schüler auf sein Fehlverhalten und das eigentlich Wichtige aufmerksam zu machen. Vor allem in westlichen Sufi-Gruppen wird dieses Prinzip der Härte manchmal falsch verstanden und ist vielleicht sogar reiner Selbstzweck. Der Scheich entscheidet allerdings stets selbst, welche Mittel er anwendet ... und er weiß, dass die Welt, die ohnehin schon voller Gewalt ist, durch mehr Härte nicht besser wird. Ein Scheich lebt in seinen Handlungen Liebe, Nachsicht und Milde und lässt sich dabei nie von Zorn oder Ungeduld leiten.

4.4 Die Gemeinschaft

Gemeinschaften sind für den spirituellen Sucher wichtig, und der Sufismus ist da keine Ausnahme. Die Anwesenheit spirituell aufgeschlossener Menschen fördert die eigene Spiritualität, denn Gruppen färben auf den Einzelnen ab. Die Gegenwart von niederen Charakteren hat zumindest auf den einfachen Gläubigen negative

Auswirkungen. Gerade in der heutigen Zeit, wo Menschen zu sehr von Negativität beeinflusst werden, können Sufi-Gruppen ein entscheidender Ausgleich sein.

Wer das Glück hat, Derwisch-Gemeinschaften zu erleben, ist von der heiligen Atmosphäre, die dort herrscht, überrascht. Die Zusammenkünfte finden in der Regel donnerstagabends statt – auch in nichtislamischen Ländern. Der Freitag spielt im Islam nämlich die gleiche Rolle wie der Sonntag im Christentum, sodass man den Donnerstagabend mit dem westlichen Samstagabend vergleichen kann. Offiziell beginnt der Freitag nach dem Abendgebet am Donnerstag.

Die Zusammenkunft der Derwische heißt *Hadra*, »Anwesenheit«. Der Name entstand, da die dort versammelten Gläubigen die Anwesenheit Gottes bezeugen. Dadurch, dass sich alle Sufis weltweit donnerstagabends treffen, entsteht ein Energiefeld, das dann wieder auf die einzelnen Gruppen zurückwirkt. Bei den Zusammenkünften entsteht oft eine Atmosphäre großer Heiligkeit. Die Menschen sprechen auch außerhalb der eigentlichen Rituale wie Tanz oder Meditation fast immer die gleichen Sätze, die fast alle aus dem Koran stammen: *La illaha illa Lah* (Es gibt keinen Gott außer Allah), *Allah ja bariqfiq* (Gott segne dich), *Mashallah* (Gott will es so), *Insh'allah* (Wie Gott will), *Al Hamdulillah* (Gelobt sei Gott), *Subhana Lah* (Gepriesen sei Gott), *Labbayk Allahumma Labbayk* (Hier bin ich Gott, zu deinen Diensten), *La haula wa la quata illa bill-lah* (Es gibt keine Kraft und keine Stärke außer bei Gott), *Allahu akbar«* (Gott ist größer) etc.

Westliche Kritiker mögen einwenden, dass es sich hierbei um eine bloße Aneinanderreihung von Floskeln handele. Dass die meisten Menschen mit immer den gleichen Floskeln kommunizieren, sei dahingestellt. Aber diese Sätze sind keine Floskeln. Sie stammen aus dem Koran und wurden seit der Zeit des Propheten Mohammed über die Jahrhunderte hinweg von Muslimen gesprochen. So sind sie mit der Kraft unzähliger Mystiker aufgeladen. Sie werden auch als »Sätze des Glücks« bezeichnet: Sie versetzen die Menschen beinahe automatisch in eine höhere Stimmung (siehe dazu Kapitel 5.2, »Das Dhikr«).

In der Tat liegt das unmittelbare Glückserleben der Derwische jenseits aller gesprochenen Worte. Die Muriden »klinken« sich in die Sätze, die ja aus den himmlischen Regionen offenbart wurden, ein. Das Glücksempfinden wird so reproduziert.

In Suhrawardis Abhandlung »Im Zustand der Kindheit« fragt ein Junge einen älteren Lehrer, warum eine Gruppe einen so bestimmenden Einfluss auf das Leben der zugehörigen Derwische habe. Der Lehrer antwortete, dass auch Vögel, sobald sie ihrem Käfig entwichen sind, sich automatisch einer Gruppe anschließen, in der sie die weiten Flüge unternehmen. Die Gemeinschaft gibt ihnen Kraft und beschützt sie. Der einzelne Vogel ist dann nicht mehr nur ein einzelnes Wesen, sondern steht unter der Obhut der Gruppe. In einer Gruppe können bestimmte Energien erzeugt werden, die dann wieder auf die einzelnen Derwische zurückwirken. Wird im Tanz Raserei erreicht und gehen die Derwische völlig aus sich heraus, so Suhrawardi, so ist dies ein Zeichen dafür, dass sie der Gruppe vertrauen. Die Derwische können sich hin- und herwerfen, sodass ihre ganzen Körper Gefäße für die unaussprechlichen Einsichten werden. Sie springen auf und ab. Sie heben in der Gemeinschaft die Hände, um nach den höheren Welten zu greifen. Die Musik und die Vertrautheit der Gruppe bringen die Seele dazu, den Körper ganz verlassen zu wollen. Und wie der Vogel im Käfig auf- und abspringt und den Käfig nur ein Stück weit vom Boden abheben lassen kann, so Suhrawardi, so kann die Seele der Anfänger den Körper ebenfalls nur ein Stückchen vom Boden abheben lassen. In einer gewöhnlichen Gesellschaft wären solche Ausbrüche nicht möglich. In einer Derwisch-Gruppe jedoch wird der Raum gegeben, dass diese Ekstasen sich entwickeln können, sodass die Derwische die höheren Welten ganz betreten können. Wie Suhrawardi weiter schreibt, können nach der Ekstase die Tänzer oft nur noch schweigen und still beten. Auch dafür ist in einer Derwisch-Gruppe Platz.

Im Gegensatz zu christlichen Orden gibt es in Derwisch-Orden keine lebenslange Verpflichtung. Hat ein Schüler das Ziel erreicht, so braucht er den Hadras nicht mehr beizuwohnen. Er ist jetzt ein Meister der Weisheit und kann sich ein neues, höheres Ziel setzen. Es kann sogar sein, dass ein Schüler seinen Orden verlassen muss, um das eigentliche Ziel zu erreichen. Der Scheich schickt den Muriden dann einfach weiter. Er hat seinem Schüler in einer Atmosphäre großer Heiligkeit alles beigebracht. Doch den letzten Schritt muss der Muride selbst tun. Er muss seinen eigenen Weg gehen und das Gelernte im Alltag leben und lebendig werden lassen.

Es kann auch sein, das eine Gruppe gemeinschaftlich die Stufen der Bewusstwerdung vollzieht, um letztendlich dann auseinanderzugehen. Beispielhaft ist die Geschichte von Bahauddin Naqushbandi und den Kaufleuten:

> Einmal kamen ein paar Kaufleute in der Wüste an der *Dergah* (dem Kloster) von Bahauddin Naqushbandi vorbei. Sie hatten von diesem Sufi-Meister viel gehört und begehrten darum Einlass. Was sie aber dann hinter den Klostermauern sahen, raubte ihnen schier den Verstand. Diese Sufis schienen alle verrückt zu sein. Sie schrien und kreischten, ein paar weinten ungehemmt, andere lachten oder warfen sich wie Kinder zu Boden. Mittendrin saß Bahauddin und überwachte das Treiben. Die Kaufmänner, die das Ganze nicht verstanden, zogen schnell weiter und erzählten den anderen von diesem Ort.
>
> Bei ihrer Rückkehr schauten die Kaufleute wieder in diesem Kloster vorbei und mit ihnen ein paar Neugierige, die Sensationelles erhofften. Was sie aber dann erblickten, entsprach ganz und gar nicht ihren Vorstellungen. Die Derwische saßen alle im Kreis beisammen, tief versunken in Gebet und Meditation, und mittendrin saß wieder Bahauddin Naqushbandi und überwachte alles. Die Neugierigen blieben wieder nicht lange und zogen weiter.

Nach einiger Zeit kam die Karawane wieder an dem Kloster vorbei. Die Kaufleute schauten hinein, aber das Kloster war leer. Nur noch Bahauddin saß allein da und meditierte. Die Kaufleute wollten nun wissen, was all dies zu bedeuten hatte.

Bahauddin erklärte es: »Das erste Mal, als ihr vorbeikamt, herrschte Katharsis. All die Spannungen und Probleme, die sich in den Derwischen seit ihrer Kindheit angestaut hatten, konnten hier erstmals wirklich ausgelebt werden. Als ihr beim zweiten Mal vorbeikamt, hatten die Schüler all ihren psychischen Müll ausgelebt, und da erst waren sie wirklich fähig zur tiefen Meditation. Heute aber seht ihr mich allein, denn all die Derwische sind so weit ausgebildet, dass sie in die Welt ziehen konnten, um auch andere Menschen zu unterrichten und mir neue Schüler zu bringen.«

Einem Kind kann man an Land die Mechanismen des Schwimmens erklären. Allerdings wird es die Fähigkeit zu schwimmen erst erwerben, wenn man es ins Wasser lässt.

5. Die Praxis

5.1 Das Gebet

»Im Ritualgebet begegnen die Menschen der Unendlichkeit.«

Das Ritualgebet *(Sâlat)* ist einer der fünf Grundpfeiler des Islam. Fünf Gebete am Tag sind vorgeschrieben: bei Sonnenaufgang, am Mittag, am Nachmittag, am Abend und in der Nacht. Doch ist das muslimische Gebet weitaus mehr als bloße Pflichtübung. Es versetzt die Menschen in einen höheren Bewusstseinszustand und hat positive Auswirkungen auf den Körper. Der indische Autor Ashraf Nizami sagt, das Pflichtgebet sei das »Yoga des Islam«.

> »Sei deinem Herrn ganz ergeben, verehre ihn und beuge dich mit denen, die sich vor ihm beugen.«
>
> Sure 3,43

Die Gebetsrichtung aller 1,2 Milliarden Muslime ist die Kaaba (arabisch: »Kubus«) in Mekka, ein kubusförmiges Bauwerk aus groben Steinen mit schwarzem Umhang, in das der heilige Stein *(Al-Hadschar Al-Assuad)*, ein Meteorit, eingelassen ist. Die Kaaba gilt den Muslimen als Schnittstelle zwischen Himmel und Erde und ist der Überlieferung nach von Abraham und seinem Sohn Ismail errichtet worden. An derselben Stelle soll vorher schon eine Kaaba gestanden haben, die von Adam nach seiner Flucht aus dem Paradies gebaut worden sein soll. Die irdische Kaaba ist das genaue Abbild jener Kaaba, die die Engel im Paradies errichteten, um Gott dort zu preisen. Mit anderen Worten: Beim Ritualgebet richten die Gläubigen ihr Bewusstsein auf den Punkt, an dem sich Himmel und Erde berühren.

Geht ein Mensch den spirituellen Weg, öffnen sich seine höheren Zentren. Diese Öffnung in bisher für ihn unbekannte Welten kann ihn vorübergehend verwirren – die Schöpfung mag ihm chaotisch erscheinen. Hier gibt das Ritualgebet mit seinen Bewegungen, seinen liturgischen Rezitationen und seiner Ausrichtung nach Mekka dem Reisenden Halt.

Es kommt auf dem Schulungsweg des Öfteren vor, dass der Muride einen mystischen Zustand *(Hal)*, den er erlebt hat, später ganz und gar vergisst. Durch die rituellen Übungen der Sufis – wie Dhikr und Ritualgebet – werden die Schüler trainiert, damit sie immer wieder in diese hohe spirituelle Ebene eintreten können. Die Religion fängt die Menschen also auf. Und das geschieht nicht zuletzt durch eine umfassende Schulung, die den Aspiranten mit den mystischen Ebenen vertraut macht. Gerade in der heutigen Zeit gibt es New-Age-Schulen, die metaphysische Methoden ohne religiöse Verwurzelung anbieten. Geraten die Menschen nun in einen Zustand der Verwirrung, so verlassen sie die Gruppe, kommen möglicherweise nie wieder und vergessen die erlebten mystischen Zustände sogar vollständig. Regelmäßiges Ritualgebet und Dhikr können das verhindern.

Die Notwendigkeit des Ritualgebets wird jedoch nicht von allen Sufis gleichermaßen betont. Besonders westliche, nicht-muslimische Schüler lehnen es häufig sogar ab. Eines ihrer Argumente lautet, dass Verehrung privat sein müsse und nicht verordnet werden könne. Sie sei etwas Persönliches und müsse sich im Herzen entwickeln. Einem Muslim stellt sich diese Frage allerdings nicht, denn er ist seit frühester Kindheit mit dem Ritualgebet vertraut. Er empfindet das islamische Gebet mit seinem Akt des Niederwerfens als etwas Wundervolles. Im Orient ist es durchaus nicht ungewöhnlich, dass ein Mystiker sich spontan aus einem plötzlich auftretenden Zustand der Verklärung heraus auf offener Straße zu Boden fallen lässt und sich vor Gott niederwirft. Für manche *Naqushbandi*-Gruppen äußert sich der Zustand der Erleuchtung *(Fana)* sogar darin, dass man die Pflichtgebete freiwillig ausführt.

Die Niederwerfung vor Allah ist eine Übung, die man selbstverständlich auch außerhalb des Pflichtgebets praktizieren kann. In westlichen Sufi-Schulen müssen die Schüler allerdings immer zuerst auf dieses Niederwerfen vorbereitet werden und die Abfolge der Bewegungen erlernen. Eine einfache Übung besteht darin, aufrecht zu stehen, den Oberkörper nach vorn zu beugen, mit den Händen an den Beinen entlang nach unten zu fahren, sich hinzuknien und sich dann auf die Fersen zu setzen. Nun berührt man mit Händen, Knien, Füßen, Stirn und Nase den Boden. Anschließend steht man wieder auf. In wahrscheinlich allen nicht speziell islamischen Sufi-Gruppen im Westen ist es Brauch, dass sich die Schüler nach der Hadra, bei der sie im Kreis um eine schöne Rose, eine Kerze oder auch um einen Kristall herum stehen oder sitzen, zur Mitte hin zu Boden werfen.

Es ist ein interessantes Phänomen, dass Menschen, die Sufi-Übungen wie das Dhikr ausführen, automatisch »immer muslimischer« werden. So kann es vorkommen, dass westliche Muriden nach einiger Zeit der Sufi-Arbeit von sich aus beginnen zu beten. Einer der Vorteile des Ritualgebets besteht auch darin, dass auf diese Weise die Disziplin geübt wird, die nötig ist, wenn man den Weg des Sufis gehen will.

Die Gebetspraxis

Vor dem Gebet werden spezielle Waschungen von Händen, Mund, Ohren, Nase, Kopf und Füßen durchgeführt. Dadurch entfernen die Gläubigen nicht nur wirklichen Schmutz, sondern auch psychischen Ballast. Zudem wird der Geist erfrischt und der Kreislauf angeregt. Sind die Waschungen wegen Wassermangels nicht möglich, so nimmt man stattdessen Sand. Sufis vollziehen diese rituelle Waschung auch vor ihren esoterischen Übungen.

Jedes Gebet besteht aus einer unterschiedlichen Anzahl von Gebetseinheiten *(Rakats)*. Eine solche Einheit setzt sich wiederum aus acht Positionen zusammen, bei denen sich die Gläubigen in einem bestimmten Rhythmus hinstellen, vorbeugen, niederknien und den Oberkörper zum Boden sinken lassen. Zu jeder Position werden bestimmte Handstellungen ausgeführt und Gebete gesprochen. Können die Gebete noch nicht auf Arabisch gesprochen werden, so formulieren die Betenden die Glaubensaussagen in ihrer Muttersprache. Allerdings sollten die Gebete unbedingt in arabischer Sprache gelernt werden.

Wichtig ist außerdem, dass man den Punkt am Boden, den man beim Niederwerfen mit der Stirn berührt, unentwegt mit dem Blick fixiert. Die Konzentration darf durch nichts gestört werden, dann können sich tiefe meditative Zustände einstellen. Vor dem Gebet bittet man stets Gott um Schutz vor bösen Einflüssen, indem man sagt *Audhu bil-lahi mina shaitan r-ragim* (Ich nehme Zuflucht bei Gott vor dem verfluchten Satan) und anschließend die Bismillah-Formel spricht: *Bismillah ar-rahman ar-rahim*.

Sind diese Voraussetzungen erfüllt, kann man mit den eigentlichen Abschnitten des Gebets *(Rakat)* beginnen: In der ersten Position steht man aufrecht und hebt die Hände in Höhe der Ohren. Die Handflächen zeigen dabei nach vorn. Dazu spricht man: *Allahu akbar* (Gott ist größer).

Danach legt man die rechte Hand auf die linke und beide über der Gürtellinie auf den Bauch. Die Handflächen sind dabei zum Bauch gerichtet und man spricht dazu leise ein eröffnendes Bittgebet, wie etwa *Subhanaka-lahumma wa bi hamdika wa tabarakas-muka wa ta-ala gadduka wa la illaha gairuk* (Gepriesen seist du, o Allah! Dein ist das Lob, gesegnet ist dein Name und erhaben sind deine Majestät und Größe und es gibt keinen Gott außer dir).

Anschließend wird immer die erste Sure *(Al Fâtiha)* zitiert und danach entweder ein kürzerer Koran-Abschnitt oder eine kurze Sure, in der Regel die 112. (*Al Ikhlas*).

Nun spricht der Muslim erneut *Allahu akbar*.

Jetzt beugt er den Oberkörper parallel zum Boden und spricht dazu *Subhana rabbiya-l-azim* (Gepriesen sei mein mächtiger Herr).

Danach richtet er sich wieder auf und spricht dabei *Sami alahu li man hamida* (Gott hört den, der ihn preist). Steht er wieder aufrecht, sagt er *Rabbana wa laka l'hamd* (Unser Herr, dir gehört Lob).

Nun lässt er sich zu Boden fallen und berührt mit Händen, Knien, Zehenspitzen, mit Stirn und Nase den Boden und sagt erneut *Allahu akbar* und mit leiser Stimme dreimal *Subhana rabbiya-l-ala*, (Gepriesen sei mein höchster Herr).

In der Sitzposition spricht er wieder *Allahu akbar* und bittet in dieser Haltung mit leiser Stimme Gott um Vergebung: *Rabbi-gfir li, Rabbi-gfir li, Rabbi-gfir li (Herr verzeih mir).*

Jetzt spricht er erneut laut *Allahu akbar* und wirft sich noch einmal zu Boden. Er preist wieder den höchsten Herrn, allerdings leise: *Subhana rabbyia-l-ala*. Er richtet sich wieder auf und sagt *Allahu akbar* und spricht danach die verschiedenen Teile des *At-Tassahhud*-Gebets, in dem er das islamische Glaubensbekenntnis zitiert und den Propheten Mohammed und dessen Familie preist.

Dies ist ein Gebetsabschnitt *(Rakat).* Während der fünf Gebete des Tages wird die rituelle Niederwerfung vor Gott unterschiedlich oft

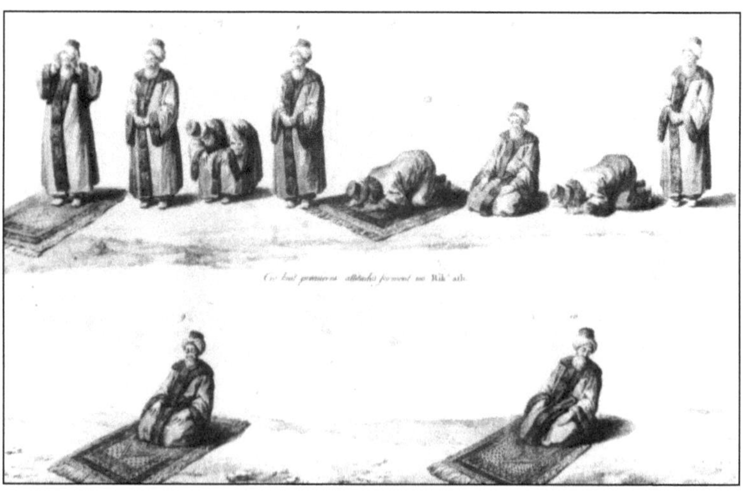

ausgeführt. Frühmorgens vollzieht man zwei *Rakats*, am Mittag vier, am Nachmittag vier, am Abend drei und in der Nacht vier.

Schließlich wendet man den Kopf und schaut auf die rechte und danach auf die linke Schulter. Dazu spricht man: *Salam aleikum wa rahmanatun lah* (Der Frieden sei mit dir und die Gnade Gottes). Durch diese Bewegung grüßt man die neben sich Betenden und damit alle Muslime und Menschen auf dieser Welt. Die tiefere Bedeutung dieser Geste liegt darin, dass man die beiden Engel zur linken und zur rechten Seite grüßt, die die guten und die schlechten Taten eines jeden Menschen aufschreiben. Nun sind noch bestimmte Handlungen üblich, wie das 33-malige Abzählen des Rosenkranzes oder der Fingergelenke nach den Gebetsformeln *Subhana Lah* (Gepriesen sei Gott); *Al Hamdulilah* (Gelobt sei Gott), und *Allahu akbar* (Gott ist größer). Es ist üblich, dass die Gläubigen zum Abschluss noch persönliche Bittgebete sprechen.

Von besonderer Bedeutung ist das Freitagsgebet. Der Freitag entspricht in der islamischen Welt sozusagen dem »Sonntag«, und das Mittagsgebet sollte an diesem Tag in der Gemeinschaft begangen werden. Das islamische Pflichtgebet *ist* ohnehin ein Gemeinschaftsgebet. Dass mehrere Gläubige beisammen sind und doch jeder für sich allein betet, gibt es nicht. Die Betenden sollten möglichst dicht in einer Reihe stehen, damit sich die fließenden Energien und die spirituellen Kräfte verstärken. Außerdem gibt es immer einen Vorbeter. Wenn zum Beispiel zwei Gläubige gemeinsam beten, übernimmt einer von beiden diese Rolle.

Die Mystik des Gebets

Die Sufis rangen dem Pflichtgebet manches Geheimnis ab. So schreibt Scheich Amar Al-Bidlisi (gest. 1158), der Lehrer von Nadschmuddin Kubra (1145–1221), dass es an jedem Freitag eine Stunde der Gebetserhörung gebe. Die in dieser Stunde gesprochenen Gebete würden erhört, als würde sich der Gläubige auf Pilgerfahrt nach Mekka befinden. Die Wegstrecke wird für den Betenden quasi »zusammengefaltet« und die Kaaba kommt zum ihm. Auf diese Weise können auch die Armen die Pilgerfahrt verrichten. Scheich Al-Bidlisi nennt den Freitag auch den »Tag der Überfülle«, die an diesem Tag aus den himmlischen Sphären in das Diesseits strömt. Die Engel steigen herab und bringen denen neue Enthüllungen, neues Schauen und Gottvertrautheit, die bereits ein wenig Einblick in die Welt der Engel genießen.

Als eine besondere Nacht gilt *Lailat Al-Kadr*, die »Nacht der Bestimmung bzw. der Allmacht« kurz vor Ende des Ramadan. In der gleichnamigen Sure im Koran wird diese Nacht als »besser als tausend Monate« bezeichnet (Sure 97). Es heißt, dass sich in dieser Nacht die Tore des Himmels weit öffnen. Die Engel kommen zu den Menschen herab. In dieser Nacht empfing Mohammed in einer Höhle im Berg Hira die ersten Zeilen des Korans. Gläubige Muslime verbringen diese Nacht in ununterbrochenem Gebet, Gottesgedenken und in Meditation. Auch Menschen, die nur ein wenig in religiöser Andacht geübt sind, erhalten während *Lailat Al-Kadr* spirituelle Zeichen, ganz zu schweigen von den Offenbarungen, die Mystiker erlangen können.

Eines Tages hätte Abdul Kadir beinahe das Morgengebet verschlafen, als ihn eine schwarze Katze weckte. Die schwarze Katze war aber der Teufel. Abdul Kadir wollte wissen, warum ausgerechnet der Teufel ihn wecke, wo es doch heißt, dass jedes Ritualgebet eine Qual für ihn sei. Da antwortete die Katze: »Weil ich wusste, wenn du verschlafen hättest, hättest du 700 Rakats gebetet. Das wäre eine noch viel größere Qual für mich gewesen. Und so habe ich dich lieber geweckt.«

Von großer Kraft ist auch das *Tasbih-Gebet*, das der Gesandte Gottes seinen Gefährten Abbas ibn Abdalmuttalib lehrte. Es besteht aus vier *Rakats*. Zuerst wird die *Fâtiha* (1. Sure) gesprochen sowie eine Passage der eigenen Wahl aus dem Koran. Dann sagt man im Stehen 15-mal: *Subhana Lah, wa-al-hamdu li-llah, wa-la illaha illa Lah, wa allahu akbar* (Gepriesen sei Gott und gelobt sei Gott und es gibt keine Gottheit außer Gott und Gott ist groß). Anschließend wird dieser Satz, der aus den vier besonders wichtigen Sätzen des Islam besteht, in jeder einzelnen Gebetshaltung 10-mal gesprochen. Es heißt: Wenn man kann, sollte man dieses Gebet einmal am Tag verrichten, wenn nicht, einmal in der Woche. Wenn auch das nicht möglich ist, dann einmal im Jahr, und wenn das auch nicht geht, wenigstens einmal im Leben. Dieses Gebet ist selbst unter Muslimen relativ unbekannt. Es wird zumeist von den Imamen und hohen Mystikern verrichtet, und zwar besonders in der Nacht der Offenbarung *(Lailat Al-Kadr).*

Eine andere, sehr bewegende tiefe spirituelle Übung geht auf den indischen Mystiker Chandra Mohan zurück: Der Betende kniet oder steht und hält dabei den Körper aufrecht. Dann beugt er seinen Oberkörper nach hinten und öffnet die Hände nach oben. Die Hände sind dabei nach oben gestreckt und die Handflächen zeigen nach vorn. Er stellt sich dabei vor, dass er unter einem Wasserfall von Licht steht, der sich in ihn hinein ergießt. Es geschieht häufig, dass die Schüler bei dieser Übung zu beben beginnen. Sobald der Betende ganz von diesem Licht erfüllt ist, fällt er automatisch nach vorn, beugt die Knie und verweilt mit dem Gesicht auf dem Boden; er küsst diesen, um die empfangene Energie weiterzugeben. Der Betende wird so zu einem Medium, das die himmlische Energie mit der irdischen zusammenbringt. Dieser Vorgang wird insgesamt siebenmal ausgeführt.

Gurdjieff hat in seinen *Movements* (seinen magischen Bewegungen) beispielsweise Elemente aus den Tänzen der Derwische und dem islamischen Ritualgebet übernommen. So gibt es ein Movement, in dem die Schüler auf den Fersen sitzen und auf eine sehr elegante Weise ihren Oberkörper auf- und abbewegen.

Der Rezitation des Korans wird ebenfalls eine besondere Wirkung zugeschrieben. Zahlreiche Zeugnisse belegen, wie Menschen durch das Rezitieren und Hören des Korans völlig außer sich gerieten. Der große Sufi-Heilige Bistami (gest. 874) sagte hierzu, dass das eigentliche Wunder des Korans darin bestehe, dass die Menschen ihn rezitieren könnten, ohne vor Freude zu sterben. Dem islamischen Glauben nach offenbart sich Gott den Menschen durch den Koran. Die Schönheit dieses Buches ist der offenkundige Beweis dafür, dass es Gott gibt. Die Magie des Korans liegt nicht nur in seinem Inhalt, sondern vor allem auch in seiner Poesie, in der arabischen Sprache mit ihren unzähligen Reimen und dem besonderen Rhythmus. So ist eine Übersetzung in andere Sprachen nicht möglich, ohne dass die Wirkung des Originals verloren geht.

Über die Jahrhunderte hinweg wurde die Rezitation des Korans im arabischen Original in den Medresen (Koranschulen) so gelehrt, dass sowohl Vorleser als auch Zuhörer in *Wajd* (Ekstase) geraten. Dazu verbindet man – neben einer korrekten Aussprache der arabischen Wörter – die Rezitation mit der Atmung und einer besonderen Betonung der Vokale »a«, »i« und »u«. Im Sufismus wird die Koran-Rezitation für die beste Atemübung überhaupt gehalten, und dort gilt der Atem als direkte Verbindung zum höchsten Sein. Es gibt Ausgaben des Korans, die speziell zur Rezitation bestimmt sind. Sie enthalten Zeichen *(Waqufs)*, die dem Rezitierenden angeben, wann er Luft holen muss. Erscheint ein *Waquf*, atmet man ein, um beim Ausatmen die nächste Zeile bis zum nächsten *Waquf* zu rezitieren. Die Aufmerksamkeit kann man hierbei auf die Zirbeldrüse, den Mund und auf das Herz lenken. Beim Buchstaben »i« lässt man das Dritte Auge (zwischen den Augenbrauen) vibrieren, beim Buchstaben »u« konzentriert man sich auf die Lippen und bei dem Buchstaben »a« auf das Herz. Diese Form der Rezitation bedarf einer langjährigen Schulung. Es wird eine besonders starke Schwingung aufgebaut, die sowohl Zuhörer als auch Rezitator zutiefst berührt. Sufis rezitieren auch gern ausgewählte Suren. Glücklich sind jene, die den ganzen Koran auswendig können (was unter Muslimen übrigens keine Seltenheit ist). Jeder Abschnitt des Korans besitzt eine besondere Kraft, die sich beim Rezitieren entfaltet, doch gibt es bestimmte Suren, die als besonders kraftvoll und nützlich gelten: vor allem die erste Sure, die *Fâtiha**, in deren sieben Zeilen die Essenz des Korans enthalten ist, und die 112. Sure (*Al Ikhlas*), die die vollkommene Einheit Gottes bezeugt.

---

* Siehe dazu die Hörbuch-CD *Die Eröffnende – Al Fatiha*, ISBN 978-3-929345-23-0, im gleichen Verlag erschienen.

Je nach Tariquat werden dem Anfänger weitere Suren oder *Ayats* (Verse) aus dem Koran zur Meditation vermittelt, damit er höhere Erkenntnisse erlangt. So etwa folgende:

Sure 2,1–7: Hier wird auf die Besonderheit des heiligen Korans eingegangen, der Glaube wird aktiviert und es wird zwischen Glauben und Unglauben unterschieden.

Sure 2,255: der Thronvers *(Ayat Al-Kursi)*, den Mohammed als den schönsten Vers des Korans bezeichnet hat. Dieser Vers ist ein guter Schutz gegen niedere Geister (Dschinnen), und er gewährt Zugang zu den Engelswelten.

Sure 2,285–286: Der Naqushbandi-Großscheich Daghestani schreibt, wer immer diese *Ayats* auch nur ein einziges Mal zitiere, werde einen hohen Rang und eine hohe Stellung unter den Mystikern erlangen und er werde mit Sicherheit von Al-Amam (Allah) in dieser und der nächsten Welt Glück und Segen erhalten.

Sure 24,6: Der Lichtvers gilt als Schlüssel zur transzendenten Schau Gottes.

Sure 36 *(Ya Sin)*: Sie gilt als das Herzstück des Korans. Laut Jerrahi-Scheich Muzaffer Ozak fließen durch diese Sure die Offenbarungen aller Propheten zu den Menschen. Besonders gesegnet sind die letzten sieben Zeilen dieser Sure.

Sure 87 *(Al-Ala)*: In dieser Sure wird offenbart, dass Allah den Menschen den Weg zur Glückseligkeit leicht macht und dass das irdische Leben nur eine Vorbereitung auf das jenseitige ist.

Sure 94 *(Surat Al-Inschirah)*: Laut Scheich Daghestani ist die Rezitation dieser Sure der Schlüssel, um die *Tadjillis* (Selbstoffenbarungen Gottes) durch den Koran empfangen zu können.

Sure 96 *(Al-Alak)*: Die ersten Zeilen sind die ersten von Gabriel offenbarten Zeilen des Korans.

Sure 113 und 114: Diese beiden Suren gelten als Schutzsuren gegen böse Geister, Neider und schlechte Menschen.

Sind die Sufi-Lehrer mit den Geheimnissen des Korans vertraut, so werden den Schülern nach bestimmten Vorgaben weitere Passagen zur Rezitation und individuellen Kontemplation aufgetragen. Der Prophet sagte, dass jeder Teil des Korans sieben esoterische Bedeutungen habe, und in Sure 41,9–12 wird beschrieben, dass es sieben verschiedene Formen des Bewusstseins gibt, von denen jede ihre eigenen Bereiche und Aufgaben hat. So erlangen die Schüler über die Kontemplation ausgewählter Koran-Passagen tiefere Erkenntnisse.

Sure 77,8–15 kann den Schüler auf den Moment der individuellen Erleuchtung vorbereiten, und Sure 76,2–22 vermag den feinstofflichen Körper des Schülers zu wecken. Sure 24,41–45 kann verdeutlichen, dass die ganze Schöpfung Gott preist und sich auf einer Reise vom Vertrauten (Allah) zum Vertrauten (Allah) befindet. Sure 18,27–31 kann aufzeigen, dass die Bewusstseinszustände der Hölle und des Himmels dem gleichen göttlichen Strom der Gnade unterliegen. Die negativen Seelen empfinden diesen Strom als qualvolle Läuterung, während die positiven Seelen ihn als Quell des Lebens, des Lichts und des Wachstums genießen. Und Sure 7,7–11 macht deutlich, dass die Menschen auf der Erde sind, um spirituell geprüft zu werden.

5.2 Das Dhikr

Im Islam unterscheidet man drei Gebetsformen: das Pflichtgebet *(Sâlat)*, das persönliche Bittgebet *(Dua)* und die Lobpreisung Gottes *(Dhikr'ullah, Kurzform: Dhikr)*. Kern- und Angelpunkt nahezu aller Sufi-Schulen ist das Dhikr. *Dhikr* bedeutet so viel wie »Erinnerung«.

In der Praxis bedeutet dies, dass ein heiliger Satz oder ein heiliges Wort ständig wiederholt wird. Im Prinzip kommen alle heiligen Sätze dafür in Frage. Die Hindus und die Buddhisten haben eine vergleichbare Technik: die Mantra-Rezitation.

Es heißt, beinahe die ganze Schöpfung, also alle Engel, Tiere, Pflanzen und Mineralien befänden sich in einem ununterbrochenen Dhikr. Nur Menschen und Dschinnen nicht. Wie schon in Kapitel 3.1 (»Die Menschheit schläft«) beschrieben, leben die Menschen in einem eigentümlichen Schlafzustand. Sie halten ihre eigene Realität immer wieder durch innere Dialoge aufrecht. Indem der wahre Gläubige innerlich wie äußerlich permanent eine bestimmte Gebetsformel aufsagt, lösen sich diese Gedankenmühlen auf. Die Gedanken konzentrieren sich dann auf einen einzigen Punkt.

> »Gedenket Allahs in häufigem Gedenken.«
> Sure 33,41
>
> »Erinnert euch meiner und ich werde mich eurer erinnern.« Sure 2,152

Menschen, die diesen Zustand noch nicht kennen, mögen einwenden, dass ein Zustand ohne Gedanken unerträglich sei. Außerdem wären dann weder Ideen noch Problemlösungen möglich. Doch das Gegenteil ist der Fall: Indem man sich von immer wiederkehrenden Gedankenmustern befreit, tritt ein Zustand der Leere ein, in dem erst wirklich neue Gedanken und Inspirationen wachsen können.

Indem der Mensch das ununterbrochene Dhikr (Gottgedenken) übt, verwirklicht er den ihm bestimmten Zustand: Er lebt nicht mehr in Träumen und denkt sich nicht länger aus, was er gern war, wäre oder hätte sein können, sondern er entwickelt seine Potenziale voll und ganz. Indem man die Aufmerksamkeit ununterbrochen auf Gott richtet, wird zum Beispiel die Fähigkeit geschult, sich seiner selbst bewusst zu werden. Und schließlich erwacht man. Der Schlafzustand ist beendet. Durch die ständige Konzentration auf die göttliche Schönheit wird man ganz erfasst von ihr und man gelangt in ein permanentes Bewusstsein für die unendliche Größe, Liebe und Wahrheit Gottes.

Durch das Dhikr entsteht ein geschärftes Bewusstsein und die Fähigkeit, sich ganz und gar auf etwas zu konzentrieren. Alle Aspekte des Lebens können verstanden werden. Wer das Dhikr übt, erkennt schließlich, dass die scheinbare Verschiedenheit in der Welt in Wahrheit eine Einheit ist: Alles ist mit allem verwoben. Wer einen Aspekt dieser Welt begreift, kann schließlich auch die anderen Aspekte begreifen.

Auf der ersten Stufe des Dhikr konzentriert sich der Sucher voll und ganz auf Gott. Dabei lebt er noch ganz nach seinen gewohnten Mustern. Er hat das Bewusstsein: »Ich mache dies und das, und dabei übe ich mein Dhikr.« Das ist die Ebene der Ich-Aufmerksamkeit.

Auf der zweiten Stufe geht der Sucher voll und ganz im Gottgedenken auf. Egal, was ihm widerfährt oder was er erlebt, er ist in jeder Situation seines Lebens vom Dhikr erfüllt. Dadurch nimmt der Derwisch in allen Bereichen des Lebens die Gegenwart Gottes wahr. Dies ist die Ebene der Aufmerksamkeit auf das Du, das heißt Gott.

Der Prophet, Friede sei mit ihm, sah im Garten Eden die Engel Schlösser bauen. Sie legten nacheinander Ziegel aus Gold und Silber aufeinander. Plötzlich unterbrachen sie ihre Arbeit. Der Prophet fragte, warum sie mit dem Bauen aufhörten. Die Engel antworteten, sie würden nicht mehr unterstützt. Als der Prophet fragte, welcher Art diese Unterstützung gewesen sei, antworteten sie: »Das Dhikr.« Der Besitzer dieser Schlösser übte das Dhikr. Als er aufhörte, Gottes zu gedenken, hörten die Engel auf zu bauen.

Auf der dritten Stufe wird schließlich selbst das Dhikr transformiert. Der Derwisch nimmt nicht nur in allen Bereichen die göttliche Gegenwart wahr, sondern ist darüber hinaus auch fähig, sich selbst durch diese zu betrachten. Das ist die Ebene der Aufmerksamkeit auf das Ich durch das Du. In diesem Zustand ist man sich seiner selbst völlig bewusst. Man kann sich selbst völlig objektiv und neutral von außen beobachten. Man wird sich seiner göttlichen Aufgaben gewahr und handelt dementsprechend.

Wer längere Zeit ein Dhikr übt, erlebt etwas Eigenartiges. Es ist, als würde man sich an etwas erinnern, das früher einmal bekannt gewesen war, dann aber vergessen wurde, ohne dass es je wirklich verschwand. Es war die ganze Zeit da gewesen, man hat es nur nicht mehr wahrgenommen. Durch das Dhikr lösen sich nach und nach die Schleier vor der eigenen Wahrnehmung auf: Man erinnert sich. Die Welt um einen herum erscheint auf einmal viel klarer, tiefer und wunderbarer. Dieser Zustand, in dem die Welt vollkommener erscheint, ist an sich nichts Neues. Man hat nur die ganze Zeit über geschlafen.

Das Dhikr öffnet die Wahrnehmung des Derwischs für die höheren geistigen Welten, und er kann Kontakt mit Engeln, Meistern und Ahnen aufnehmen. Und jedes Dhikr besitzt eine uralte Geschichte und ist mit der Kraft unzähliger Mystiker aufgeladen, die es über Generationen hinweg praktizierten. Mit dem Üben eines Dhikr stimmt sich ein Sufi also auf den Strom der Menschen ein, die vor ihm den Weg beschritten haben.

Man unterscheidet das Dhikr der Zunge (*dhikr al-lisan*) und das Dhikr des Herzens (*dhikr qualb*). Das Dhikr der Zunge wird gesungen oder laut gesprochen. Das Dhikr des Herzens vollzieht man innerlich, das heißt schweigend. Es wird gesagt, das Dhikr des Herzens sei dem Dhikr der Zunge überlegen.

Viele Menschen können nicht unmittelbar mit dem inneren Dhikr beginnen, denn ihre Aufmerksamkeit wandert ständig ab. Sie müssen sich zuerst in einem rituellen Gedenken üben. Dabei sagen sie zum Beispiel einen bestimmten Satz 100-mal, danach einen anderen Satz 1000-mal und so weiter. Solch eine Lobpreisung kann man mit bestimmten Tänzen und Bewegungen verbinden. Kontempliert man sitzend oder im Alltag, zählt man die vorgegebenen Formen meistens am Rosenkranz (*Tasbih*) oder an den Fingergelenken ab.

Wird das laute Dhikr in der Gruppe praktiziert, das heißt aufgesagt oder gesungen und getanzt, entfacht dies eine bestimmte spirituelle Energie, die auf die Derwische zurückwirkt. Nach einiger Zeit taucht das Dhikr im Bewusstsein dann auch außerhalb der rituellen Zusammenkünfte im Alltag der Derwische auf. Die Derwische beginnen nun automatisch, die Formeln immer wieder aufzusagen. Dies ist der Übergang vom Dhikr der Zunge zum Dhikr des Herzens. Diese Momente sind vorerst nur sehr kurz. Doch nehmen die Derwische an den Zusammenkünften (*Hadras)* regelmäßig teil, so vertieft sich die innere Andacht.

Bestimmte Sufi-Gruppen, zum Beispiel die *Naqushbandis*, beginnen sofort mit dem stillen Dhikr des Herzens. Die Schüler werden durch bestimmte Vorbereitungen des Lehrers in einen besonderen energetischen Zustand versetzt und damit befähigt, ununterbrochen das innere Dhikr zu üben (siehe dazu Kapitel 5.5, »Lataif und Lichtwelten«).

Manchmal tritt beim inneren Dhikr ein Phänomen auf. Es kann im Derwisch so laut und intensiv werden, dass es aus ihm herausbricht. Diese Sufis nennt man darum auch »die Murmler«.

Später auf dem Weg, ab einer gewissen Entwicklungsstufe, kann das Dhikr für einen Derwisch sogar schädlich sein. Hat er den Zustand ununterbrochenen Gottesgedenkens erreicht, so transzendiert sich dieser schließlich selbst und die Aufmerksamkeit beginnt nun jenseits aller Worte zu liegen. Letztendlich sind die einzelnen Dhikrs auch nur Konzepte. In der höchsten Erleuchtung übersteigt der Derwisch alle Konzepte, sodass er sich mühelos in alle anderen menschengemachten Konzepte einfügen kann, um dort immer wieder aufs neue Gott zu preisen.

Der Schüler am Anfang des Weges braucht sich jedoch um solche Dinge nicht zu kümmern. Er soll nur die vom Scheich empfangene heilige Formel ununterbrochen aufsagen. Schon bald wird er das Dhikr nicht mehr abstellen können. Viele Sufis berichten von diesem Phänomen. In diesem Augenblick spricht nicht der Schüler das Dhikr, sondern das Dhikr spricht durch den Schüler.

Zu den bekannten Dhikr-Formeln gehören der erste Teil der *Shahada*: *La illaha illa Lah* (Es gibt keine Gottheit außer Gott); dies ist die wichtigste Formel der islamischen Welt. Die einzelnen Rechtsgelehrten sind unterschiedlicher Ansicht darüber, was einen Muslim ausmacht. Doch in einem Punkt sind sie sich einig: Das Allerwichtigste ist die *Shahada*, das Einheitsbekenntnis der Muslime: »Ich glaube/akzeptiere, dass es keine Gottheit gibt außer Allah und ich glaube/akzeptiere, dass Mohammed sein Prophet ist« (*Ashadu ana La illaha illa Lah wa asahdu ana muhammad abduhu wa rasulu lah*). Und manche Mystiker sind von dem Dhikr *La illaha illa Lah* so durchdrungen, dass ihre Schüler davon berichteten, in jedem Körperteil des Meisters diesen Satz zu hören.

> Es wird gelehrt: Solange noch ein Mensch auf Erden die *Shahada* rezitiert, tritt das jüngste Gericht nicht ein.

Weitere wichtige Dhikr-Formeln sind:

Allah: »Gott«

Hu: Diese Silbe ist eine Kurzform des arabischen Wortes *Hua*, »Er/Es«, womit Gott gemeint ist. *Hu* bezieht sich auch auf den arabischen Buchstaben *he* am Ende des Wortes »Allah«, der allein stehend oder am Ende eines Satzes die Form eines Kreises hat.

Allahu: »Gott ist«. Es wird gesagt, dass die ganze Schöpfung mit der Formel *Allahu* in Gang gesetzt worden sei. Indem der Mystiker die Silbe *Hu* intoniert, taucht er wieder in den Urzustand vor der Schöpfung ein. Die Silbe *Hu* klingt in allen Bereichen des Geschaffenen, und indem dieser Ton verinnerlicht wird, sind die Derwische schließlich mit der ganzen Schöpfung im Einklang.

> Ein Ausspruch des Propheten Mohammed lautet: »Das beste Dhikr ist der Satz ›La illaha illa Lah‹, wohingegen das erhabenste die Formel ›Al Hamdullilah‹ ist.«

Astarchfirullah: »Verzeih mir, Gott.« Diese Formel gilt als sehr reinigend und klärend. Sie wird bei zahlreichen Schulen mehrfach vor den eigentlichen Dhikrs *La illaha illa Lah*, *Allah* und *Hu* aufgesagt.

Subhana Lah: »Gepriesen sei Gott«. Dieser Satz verdeutlicht, dass in allen Bereichen des Lebens Gott zu preisen ist.

Al Hamdulillah: »Gelobt sei Gott«. Dieser Satz wird im Islam oft als Dankesformel benutzt. Es heißt, jedes Wesen im All hätte tief im Inneren diesen Satz verankert, um so Gott für das größte Geschenk zu danken, das es gibt, nämlich die Tatsache der jeweils eigenen Existenz.

Allahu akbar: »Gott ist größer« bzw. »der Größte«. Dieser sehr mächtige Satz gibt den Menschen ein Gefühl für die Relativität der irdischen Belange und die wahre Allmacht Gottes.

Während des Exils in Medina waren die Muslime sehr arm. Darüber hinaus mussten Ali (Mohammeds Lieblingsschüler) und dessen Frau Fatima (Mohammeds Tochter) ständig Gäste im Haus des Propheten bewirten. Einmal baten die beiden Mohammed um ein paar Diener. Da sprach Mohammed: »Ihr habt bereits drei mächtige Diener: es sind die Sätze *Subhana Lah, Al Hamdullilah* und *Allahu akbar*. Wenn immer ihr diese Sätze sagt, werdet ihr mit Kraft und Gottes Segen versorgt.«

Bismillah ar Rahman ar Rahim: »Im Namen Gottes, des Gnädigen, des Allbarmherzigen«. Diese Formel wird von vielen Muslimen auch im Alltag ständig gebraucht. Es heißt, von ihr gehe eine ganz besondere Kraft aus und man solle sie nicht nur als Dhikr, sondern vor wirklich jeder alltäglichen Handlung sprechen. So erhalte man Segen und wehre das Böse ab. In der islamischen Welt ist es üblich, alle Handlungen mit der Bismillah-Formel zu beginnen und mit der Hamdulillah-Formel zu beenden.

Allahuma Salli ala Muhammad wa ala alihi wa sahbihi wa sallim: »Glück und Frieden für Mohammed und seine Familie und alle seine Gefährten«. Dieses Dhikr versetzt die Menschen in einen Zustand der Euphorie. Zudem lässt es die Derwische erkennen, dass sie bei aufrichtiger Arbeit ein Teil der Gemeinde des Propheten sind.

La Haula wa la Quata illa billah: »Es gibt keine Kraft und keine Stärke außer bei Gott«. Dieses Dhikr gilt als guter Schutz gegen Dschinnen und negative Menschen.

Und es gibt spezielle Dhikrs wie:
La illaha illa ant: »Es gibt nichts außer dir«
Hua Hua billa Hu: »Er ist er ohne er«

Selbst die Formel *Ana l'Haqq:* »Ich bin die Wahrheit« findet Verwendung. Sie gilt als Zusammenfassung der Lehren, deretwegen Halladsch hingerichtet wurde.

Rezitiert der Schüler am Tage ununterbrochen die Shahada, so wird er sie bald auch im Schlaf sprechen. Zuerst wird er nicht wissen, dass er träumt, doch durch das Rezitieren wird er eine Art Wachzustand im Schlaf erreichen. Dann wird er sich bewusst sein, dass er träumt. So wie der normale Mensch während des Tages nicht weiß, dass er lebt, weiß er im Schlaf nicht, dass er träumt, und er wird im Tod erst einmal nicht wissen, dass er gestorben ist. Nach der Lehre vieler Sufi-Mystiker sind die Welten des Todes nur die Entsprechungen des Seelenzustandes vor dem Tod. Der Zustand des Todes ähnelt dem eines Traumes. Die Menschen führen nach dem Tod unter Umständen über einen langen Zeitraum hinweg ihr »Leben« so weiter, wie sie es immer gewohnt waren.

Sufis nehmen jeden Atemzug so, als sei er der letzte, und rezitieren dabei die Shahada. So entsteht eine Aufmerksamkeit, die sie sich nicht erst im Tod, sondern schon im Schlaf ihrer selbst und der göttlichen Einflüsse bewusst sein lässt. Der Eintritt ins Licht wird so schon in diesem Leben vollzogen.

In der klassischen Naqushbandi-Schulung lernen die Initianden vor allem zwei stille Dhikrs, die der Atmung angepasst werden: In aufgeregten Gefühlsmomenten und überwältigenden Augenblicken sollen der Schüler ganz schnell *Allah, Allah, Allah* ... denken. Durch das Dhikr *La illaha illa Lah* tritt ein Zustand von Frieden, Glück und Klarheit ein. Es wird der gleichmäßigen Atmung in alltäglichen Situationen angepasst. Bei jedem Ausatmen wird der erste Teil *La illaha* gesprochen und bei jedem Einatmen *illa Lah*. Das Ausatmen wird wie ein Besen beschrieben, der alles Nicht-Göttliche hinwegfegt, damit durch das Einatmen das Göttliche wieder aufgenommen werden kann.

Der Zusammenhang von Dhikr und Atmung ist entscheidend. In nahezu allen mystischen Schulen der Welt spielt die Atmung eine wichtige Rolle. Das passive Beobachten des Atems ist eine Übung, um geistige Klarheit zu gewinnen. Bei den Dhikrs wird darüber hinaus die Atmung bestimmten Rhythmen angepasst. Die Aussagen der heiligen Sätze werden so auch durch die Form der Sauerstoffzufuhr begriffen. *La illaha illa Lah* hat einen anderen Rhythmus als *Subhana Lah* oder *Ya Hu Allah*.

Im Sufismus gilt Atmung nicht nur als bloße Aufnahme von Sauerstoff, sondern als aktive Verbindung zwischen Schöpfer und Geschöpfen. Es heißt, die Atemzüge werden den Menschen zugeteilt. Verbessert der Mensch seine Atmung, so verbessert er auch die Kommunikation mit dem höchsten Sein. Das arabische Wort für Atem *(Nafs)* ist dasselbe Wort wie für »Selbst« oder »Seele« *(Nafs)*. Indem der Mensch seine Atmung verbessert, wandelt er sein Selbst und seine Seele von einem niederen Zustand in einen höheren.

Auch die Schwingungen der einzelnen Buchstaben der Dhikr-Formeln sind wichtig. Sie haben eine tiefe Wirkung auf die Organe des Körpers, das heißt, die Heiligkeit der Dhikrs wird buchstäblich verinnerlicht.

Die Dhikrs werden in den verschiedenen Tariquats unterschiedlich betont. Zum Beispiel wird *La illaha illa Lah* in den verschiedenen Tariquats unterschiedlich gesungen und getanzt. Auch das Dhikr *Allah* kann unterschiedlich gesprochen werden. So kann man beim Ausatmen *Allah* rezitieren und danach flach einatmen. Dadurch wird ein Zustand erreicht, der sexueller Erregung gleicht. Eine andere Methode besteht darin, beim Ausatmen jeweils viermal *Allah* zu singen und dann flach einzuatmen. So stellt sich ein überwältigendes und absolutes Gefühl für die Allmacht Gottes ein.

Nach einleitenden Dhikrs kann man die heiligen Wörter und Aussagen auf eine bestimmte kehlige Atmungsfolge konzentrieren, zum Beispiel ausatmend *Ah* sagen bei gleichzeitigem Vorbeugen des Oberkörpers und einatmend *Ah-Ah* beim Aufrichten des Oberkörpers.

Bei den Yassawi, den Burhania und den Rifai findet man auch das so genannte »Säge-Dhikr«: Ein Teil der Gruppe singt zum Beispiel *Hua Hu, Hua Hu, Hua Hu* (Er ist er ...), und der andere Teil singt *Haqq, Haqq, Haqq,* (Wahrheit ...). Westliche Beobachter erinnert dieses Dhikr an das Geräusch von Sägen – daher der Name.

Das *Quasida*, das Singen von heiligen Liedern, ist ebenfalls sehr verbreitet. Diese Lieder versetzen die Menschen in ein Gefühl von Sehnsucht, Freude oder Verklärtheit. Sie sind daher ein gutes Mittel, um vor allem Anfänger oder Außenstehende mit dem unaussprechlichen Gehalt der Lehre vertraut zu machen. Diese Technik wird selbst von weit entwickelten Mystikern benutzt. Es werden aber nicht nur einzelne Sätze, sondern auch ganze Suren immer wieder aufgesagt. Vor allem das vieltausendfache Aufsagen der 1. und 112. Sure im arabischen Original gilt als Königsweg zur Erleuchtung, aber auch die 94. Sure oder der Thronvers *Ayat al Kursi* (2,255) werden bei der Derwisch-Schulung als besonders geignet betrachtet.

Dem geistigen Entwicklungsstand des Schülers entsprechend teilt der Scheich ihm nicht nur das Dhikr, sondern auch die Gottesnamen mit, die ihm die Aspekte des göttlichen Seins erschließen (siehe Kapitel 2.2, »Die göttlichen Attribute«). Verbreitet sind zum Beispiel Gottesnamen wie *Ya Wadud* (O Geliebter), *Ya Azziz* (O Kostbarer/ Mächtiger), *Ya Fatah* (O Eröffnender), *Ya Salam* (Frieden), *Ya Haqq* (Wahrheit), *Ya Hay* (Leben) oder die Folge *Ya Hay – Ya Quayum* (Lebender, Urbeständiger). Auch Kombinationen aus Namen und Sätzen sind möglich, etwa *Ya Allah Ya Hu Allah Allah Ya Samad*, oder auch nur *Ya Hu Allah*.

Eine verbreitete Dhikr-Folge bei den *Mevlevis, Naqushbandis, Jerrahis, Badawis* und teils auch bei den *Quadiris* sieht folgendermaßen aus: Zuerst wird die erste Koransure (*Al Fâtiha*) zitiert und dann dreimal oder elfmal die 112. Sure (*Al Ikhlas*). Anschließend sagen die Derwische 100-mal *Aistarchfirullah*, dann 100-mal *La illaha illa Lah*, dann 100-, 300- oder sogar 1000-mal *Allah*, 11-mal bzw. 100-mal *Hu.* Schließlich sagen die Derwische noch 66- oder 100-mal *Haqq*, dann 66- oder 100-mal *Hay* und anschließend *Ya Hay Ya Quayum*. Die letztgenannte Anrufung gilt als besonders heilig und in manchen Schulen sogar als der höchste Name Gottes (siehe 2.2, »Die göttlichen Attribute«). Sie bedeutet: »O Lebendiger, der du aus dir selbst heraus bestehst.«

Es gibt Quadiri-Gruppen, in denen die Initianden täglich jede einzelne dieser Sequenzen viele hundert Mal, teilweise sogar mehrere tausend Mal wiederholen müssen. Die *Haqqani-Naqushbandis* rezitieren zuerst *La illaha illa Lah;* dann *Allah;* dann *Hu* – wobei *Hu* die ersten Male gesummt wird und dann in einem immer schneller werdenden Rhythmus ausgestoßen wird; danach ebenfalls immer schneller werdend *Haqq*; nun ebenfalls schneller werdend *Hay*; dann *Allahu Allah Haqq; Allahu Allah Hay; Allah Hay Ya Quayum;* und zum Schluss 18 verschiedene Namen Gottes je zweimal in der Kombination mit *Ya Allah*.

Eine weitere Methode bei der abgezählten Rezitation von *La illaha illa Lah* und *Allah* besteht darin, zweimal nach einer bestimmten Zeit die Tonfolge um eine halben Ton zu erhöhen.

Die Rifai oder die Burhania bezeugen zuerst die *Shahada* und *Allah* und singen mit ekstatischer Atmung die einzelnen Buchstaben dieser Dhikrs.

Im *Internationalen Sufi-Orden* unter der Leitung von Pir Vilayat Khan wird eine Meditationspraxis gelehrt, nach der die Schüler ihrem Zustand entsprechend jeweils einen Namen ausatmen und einen anderen einatmen. Im Zustand der mangelnden Selbstdisziplin beispielsweise *Ya Quabid* (Beengtheit) und *Ya Wali* (Meisterschaft) oder im Zustand der Angst *Ya Quahr* (göttliche Souveränität) und *Ya Haqq* (Wahrheit).
Die Konzentration auf den eigenen Herzschlag ist ebenfalls ein wirkungsvolles Dhikr. Zusätzlich kann man zum Rhythmus des Herzschlags immer wieder einen göttlichen Namen, zum Beispiel *Allah* oder *Hu* wiederholen.

Durch die Konzentration auf den »abstrakten Klang« *(Saut-e Sarmad)* wird das Dhikr auch erreicht. Mohammed soll diesen Klang in der Höhle von Ghar-e Hira gehört haben, als er in Gott versunken war. Der Koran beschreibt diesen Klang mit den Worten »Sei! Und alles wurde«.

Indem die Mystiker auf die Klänge in ihrem Inneren lauschen, offenbart sich ihnen eine Vielzahl von Tönen, die dem Plätschern von Wasser, dem Lautenspiel, dem Summen von Bienen und dem Gezwitscher von Vögeln gleichen. Schließlich nehmen sie ein gewaltiges Donnern wahr und tauchen dann in den heiligen Laut *Hu* ein, den *Ism-e Assam* (den allerhöchsten Namen), den sie dann in der ganzen Schöpfung widerhallen hören.

Von Suhrawardi al Maqutul (hingerichtet 1191), der auch Scheich Al-Ishraq (Meister der Erleuchtung) genannt wird, ist diese Abfolge überliefert:
Zuerst wird *La illaha illa Lah* zitiert, das Einheitsbekenntnis der Masse, dann *La illaha illa hu* (Es gibt keinen Gott außer ihm), das Glaubensbekenntnis der Elite. Ein Mystiker schreitet jedoch noch

weiter fort und sagt *La hua illa hua* (Es gibt kein Er außer ihm/es gibt nichts außer ihm). Hier schaut der Mystiker in allem Geschaffenen Gott. In einem noch höheren Zustand erblickt der Mystiker in allem das göttliche Gegenüber. Das Dhikr dazu lautet *La ant illa ant* (Es gibt kein Du außer Dir). Im allerhöchsten Zustand verschwindet jedoch auch diese Dualität. Der Mystiker ist in der Einheit aufgegangen – der Unterschied zwischen »er«, »du« und »ich« ist verschwunden. Das Einheitsbekenntnis in dieser Sphäre lautet: *La ana illa ana* (Es gibt nichts außer mir).

Es wird gesagt, dass die Dhikrs die Schlüssel zu den göttlichen Sphären seien, doch ihr tieferer Sinn offenbare sich den Schülern erst ab einem bestimmten Reifegrad. In der nebenstehenden Geschichte wird dies verdeutlicht.

> Ein orthodoxer Geistlicher reiste an einem Fluss entlang und kam an einer Insel vorbei. Von dort hörte er ein Dhikr, das für ihn völlig neu war: *Ya hu he ha.*
> Der Geistliche, von diesem Gesang angetan, ließ sich auf diese Insel übersetzen und traf dort einen wunderschönen, weisen Eremiten. Der Geistliche bezeugte dem Eremiten seinen Respekt und seine Bewunderung, doch wies er ihn darauf hin, dass das Dhikr völlig falsch sei und ganz anders rezitiert werden müsse.
> Der Eremit bedankte sich überschwänglich und der Gelehrte verabschiedete sich. Als das Boot in der Mitte des Flusses war, ertönte das Dhikr genau wie vorher: *Ya Hu He Ha.*
> Da kam der Eremit über das Wasser zu dem Boot gelaufen und fragte: »Verzeih mir, mein edler Rechtsgelehrter, aber wie ging noch einmal das richtige Dhikr?«

Nach dem gemeinsamen Dhikr wird in der Regel das Ritualgebet verrichtet. In manchen Orden ist es aber auch üblich, dass die Männer und Frauen nach dem Dhikr schweigen. In diesen Momenten herrscht nämlich ein Zustand großer Klarheit. Nach manchen *Hadras* gehen die Derwische sogar ohne ein Wort auseinander, damit diese Harmonie nachwirken kann. Manche Scheichs weisen darauf hin, dass es nach dem lauten Dhikr nützlich ist, ein Glas Wasser zu trinken. Das entfachte innere Feuer wird dadurch gekühlt.

Es gibt natürlich auch andere Methoden als das Dhikr, um die Aufmerksamkeit auf Gott zu lenken. Eine davon ist, den Koran rein formell nach bestimmten Kriterien durchzuarbeiten – zum Beispiel,

indem man ihn nach Vorgabe des Lehrers nach bestimmten Buchstaben abzählt. Der erwünschte Nebeneffekt ist, dass man die Suren in ganz besonderer Weise verinnerlicht. Die einzelnen Passagen des Korans fließen so an der normalen Aufmerksamkeit vorbei – tief in das Bewusstsein des Schülers hinein. Von dort aus kann ihre Kraft später abgerufen werden.
Auch das rein mechanische Lesen einzelner Textpassagen ist ein geeignetes Mittel, um Schülern die höheren Wahrheiten zu vermitteln. Indem man sie jenseits von Lust und Unlust immer wieder liest, geht der Inhalt der Suren oder anderen Texte in das Unterbewusstsein der Schüler ein.

5.3 Das Fiqur

Das Wort *Fiqur* bedeutet »gesammelt sein«, »denken« oder auch »vor Augen haben«. In diesem Zusammenhang wird *Fiqur* als Meditation verstanden. Der vom höchsten Geheimnis Verklärte richtet sein Bewusstsein nicht mehr auf äußere Dinge. Sein Schauen richtet sich nur noch auf die Krone der Welten. Das Bestreben eines Sufis geht dahin, im Göttlichen aufzugehen. Nur wenn der Einzelne so zu »nichts« geworden ist, kann er zu allem werden. Die irdischen Schatten des höchsten Lichts haben dann an Wert verloren. Nicht mehr Äußerlichkeiten sind Ziel der Kontemplation, sondern Jener, der diese schuf. Arm an Äußerlichkeiten, ist der Fakir doch reich im Inneren.

> Mohammed sagte: *Fachr Faqur*, »Meine Armut ist meine Zierde«.

Eine Richtung im Sufismus ist der Weg des *Malang*, »der Weg des Tadels«. Die Malang-Derwische lassen während ihrer Lehr- und Wanderjahre keine Gelegenheit aus, den Tadel ihrer Mitmenschen auf sich zu ziehen. Dabei wird jeder Ansatz von persönlicher Würde immer wieder im Keim erstickt. Das soll sie zu wahrer Demut hinführen. Wird jedoch auch dieses Verhalten zur Zierde, so muss die Arbeit noch weiter intensiviert werden. Malang-Derwische arbeiteten früher nicht nur gern in »tadelnswerten«, das heißt niederen Berufen wie Latrinenentleerer, Bettler oder Schächter, sondern trugen bei ihren beschwerlichen Wanderungen oft auch Eisenketten um den Körper und dazu harlekinartige Gewänder.

Für manche wird der Weg des Tadels jedoch zum reinen Selbstzweck, um beispielsweise abweichendes Verhalten wie Alkohol- oder Drogengenuss zu rechtfertigen. Tritt das ein, so endet der Weg in einer Sackgasse. Der Weg des Tadels darf keine niederen Gelüste rechtfertigen, sondern zielt darauf, die von der Gesellschaft aufgezwungenen niederen Gelüste abzutöten. Ein Mittel dagegen ist die gezielte Askese. Hat diese ihr Ziel erreicht, so darf diese Tatsache wiederum auch nicht den persönlichen Stolz befriedigen. Das Ziel aller Aufmerksamkeit ist Gott allein. Der Weg der Sufis ist beschwerlich, aber gangbar, und in Anbetracht des Geliebten verwandelt sich jede Anstrengung in Lust.

Bayezid, der große Mystiker des 9. Jahrhunderts, traf einmal einen wortgewandten Mann, der sich schon viele Jahre in Fasten und Askese geübt hatte, ohne jedoch die von Bayezid beschriebenen Wonnen erfahren zu haben. Bayezid ließ diesen Mann wissen, dass es für ihn eine Möglichkeit gebe, zum Ziel zu gelangen, nur eine einzige, aber die komme für ihn ohnehin nicht in Frage. Dieser Mann hätte sich seinen wallenden Bart abschneiden, das Haupthaar rasieren und sich all seiner Kleider entledigen müssen. So hätte er sich dann mit einem Riemen, einem Sack voller Walnüsse und einem Schild um den Hals auf den Marktplatz stellen müssen. Auf dem Schild wäre zu lesen gewesen, dass jeder, der ihm mit dem Riemen einen Schlag ins Genick verpasse, eine Walnuss aus dem Sack bekomme. Der würdevolle Asket brachte daraufhin viele Argumente vor, warum dies für ihn völlig unmöglich sei. Bayezid antwortete: »Wie ich dir sagte, es gibt nur diese eine Möglichkeit, aber sie kommt für dich sowieso nicht in Frage.«

Von dem großen Sufi-Heiligen Abdul Quadir al Gilani (gest. 1166) gibt es eine Schrift mit Anweisungen für den frommen Lebenswandel der Sufis. Sie trägt den Titel *Al-gunya li-talibi tariqu al haqq* (Die Genügsamkeit für die Sucher des Weges der Wahrheit). Darin heißt es, dass jede Anstrengung gemacht werden soll, um den Zustand der Armut zu erhalten: So wie der Reiche all sein Streben darauf richtet, seinen Reichtum zu mehren und zu bewahren, soll der Fakir danach trachten, weiterhin in Armut zu leben und diese zu festigen.

Ist der Schüler nun in seinem Dhikr fortgeschritten und hat er seine Sinne zu einem gewissen Grad von den Äußerlichkeiten abgewandt, so wird mit der eigentlichen Meditation begonnen. Der Sufi wird dazu gebracht, sich seine wahre Wurzel vor Augen zu halten. Diese liegt im Nicht-Sein. Zuerst meditiert er darüber, dass er *niemand* ist. Danach, dass er *niemals* ist. In einem dritten Schritt darüber, *nicht* zu sein. Durch Dhikr- und Lataif-Übungen tritt der Derwisch nach einiger Zeit in den Kreis der kleinen Gottesfreunde ein. Dies sind Menschen, die es gelernt haben, ihre Aufmerksamkeit in einem gewissen Grad auf Gott zu richten. Durch das Fiqur, das heißt durch Meditation, wird er dann jedoch in den Kreis der großen Gottesfreunde emporgehoben. Egal, was er sieht, hört, fühlt, schmeckt, riecht oder weiß – es ist alles die eine unmittelbare Realität mit ihren unzähligen Facetten und Entwicklungen. Der Derwisch sieht nun hinter der Vielfalt die Einheit, und diese Einheit ist Gott.

> Mohammed sagte: »Eine Stunde Meditation ist besser als sechzig Jahre Gottesdienst.«

Viele Sufis nehmen zum Meditieren die klassische Kauerhaltung ein. Dabei sitzen sie tief in der Hocke, die Knie befinden sich vor der Brust, schließen die Augen und lassen den Kopf auf oder zwischen die Knie sinken. In der orientalischen Literatur finden wir eine Fülle von Berichten über Sufis, die in dieser Position meditieren. Auch heute sieht man in der islamischen Welt noch Menschen in dieser Haltung verweilen. Ein Jünger berichtete von Bayezid, dass dieser dreizehn Jahre mit dem Scheich verkehrt habe, ohne auch nur ein Wort von ihm vernommen zu haben. Der Scheich habe nur in dieser Kauerposition dagesessen und zuweilen seinen Kopf gehoben und geseufzt. Auch Junaid berichtete von einem Mann, der dreißig Jahre in dieser Position gesessen sein, nichts gegessen oder getrunken haben soll und sich auch von Ungeziefer nicht habe stören lassen.

Um die Aufmerksamkeit unentwegt auf Gott richten zu können und so Fiqur zu ermöglichen, bekommen die Schüler den Schriftzug *Allah* als geistiges Bild in die Brust »implantiert«. Folgende Formeln werden dafür ebenfalls verwendet: *Allahu ma'i, Allahu nazirun ilayya, Allahu yarani* – »Gott ist mit mir, Gott schaut auf mich, Gott sieht mich«. Eine andere Möglichkeit ist, neben den beiden geistigen Dhikrs *Allah* und *La illaha illa Lah* in der jeweiligen Landessprache die Formel »Ich bin gar nichts« und »Alles, was ist, ist er« zu verinnerlichen. *Rabita*, das heißt die Kontemplation über den Scheich, ist ebenfalls eine verbreitete Methode (siehe dazu Kapitel 5.9, »Die Herzensbindung«).

Eine ganz andere Methode der Meditation wurde von Nimatullahi-Pol Mohammed Gafari Magdub'Alisah (gest. 1823), dem Lehrer Sirwanis, gelehrt. Der Aspirant, der in diesen Anweisungen »Said« genannt wird, durchläuft dabei in seinem Denken neun aufeinander aufbauende Bereiche:

1. Betrachte Said. Mache ihn frei von körperlichen Veränderungen und komme so zu seinem Urbild.
2. Befreie diese Wesensgestalt von der Quantität. Es bleibt das Wesen in einer immateriellen Welt als der Erzieher und Förderer des Leibes.
3. Befreie dieses Bild von der Bezogenheit auf die Materie. Es bleibt ein unveränderlicher Said.
4. Befreie dieses Bild von Substanzialität und Zufälligkeiten. Es bleibt eine subtile Er-heit und ein permanenter Seinszustand.
5. Nun siehe Said als von keiner Vorstellung mehr beeinflusstes Wesen. Das ist der Bereich der göttlichen Namen und Eigenschaften.
6. Befreie diese Idee auch noch von ihrer Unbestimmtheit und Allgemeinheit. Es bleibt das reine Dasein. Die erste Determination von Said. Du weißt nur noch: Er ist.
7. Befreie auch dies vom allgemeinen unbestimmten Dasein. Der letzte Inhalt schwindet: Das ist die Stufe der Abwesenheit vom individuell determinierten Sein.

8. Nun gehe auch in Abwesenheit von der Abwesenheit. Das ist die Stufe in Gott. Fana wird so erreicht.
9. Von hier schau zurück auf die anderen Stufen und siehe, sie sind von dieser Stufe durchdrungen.

Neben der Form der Kontemplation auf die eigene Verwurzelung im Nicht-Sein gibt es noch andere Methoden der Meditation: Bahauddin Naqushbandi, der große Meister des 14. Jahrhunderts, musste ab einem gewissen Zeitpunkt während seiner Ausbildung etwa Insekten beobachten und darüber meditieren, welche Rolle diese in der Entwicklung der Menschen spielen. In einem nächsten Schritt musste er die niederen Tiere beobachten und schließlich die höheren Tiere. So bekam er langsam Einblick in die Artenvielfalt der Natur und begann zu begreifen, wie diese zu einem harmonischen Ganzen verwoben ist. Von Nagmuddin Kubra ist die Schau auf die inneren Farben überliefert (siehe dazu Kapitel 5.6, »Fasten und Klausur«). Dabei geht man davon aus, dass in jedem Menschen ein göttlicher Lichtfunke steckt. Wenn nun der innere Lichtfunke geweckt wird und sich ausbreitet, steigt auch das göttliche Licht herab und es kommt zur kosmischen Vereinigung.

Von Ruzbihan Schiras (gest. 1209) ist die Übung überliefert, dass man nachts auf die Sterne meditiert. Menschen, die in den mitteleuropäischen Tiefdruckgebieten und smogverschmutzten Großstädten leben, wissen so gut wie nichts über die kosmische Pracht, die der nächtliche Sternenhimmel bietet. In der orientalischen Welt, entlang des großen Wüstengürtels, der sich von Westafrika bis nach China erstreckt und in dem keine Wolken den überwältigenden Anblick trüben, war die Beobachtung der einzelnen Aspekte des abendlichen Himmelszeltes weit verbreitet. In der Lehre von Ruzbihan Schiras spielt das Sternbild des Großen Bären eine besondere Rolle. Nach eingehendem *Fiqur* wurde ihm durch die göttliche Stimme aufgetragen, sich auf diese Konstellation zu konzentrieren. Nacht für Nacht tat er wie geheißen. Die sieben Planeten wurden zu sieben Öffnungen für die göttliche Überfülle, in die der Mystiker durch seine Meditation eintaucht. In der schiitischen Geheimlehre entsprechen die sieben Planeten des Großen Bären übrigens den sieben *Abdal* – jenen mächtigen Imamen, die in den oberen geistigen Sphären über das Geschick der Menschen wachen. Im schiitischen Sufismus kreisen die sieben verborgenen Imame um den *Nagm al-Qutb*, »den Polarstern«. Der Polarstern symbolisierte dabei den verborgenen obersten Imam und Führer aller Sufis (siehe dazu Kapitel 2.5, »Das Abgad-System«). Andere sagen, der Nordstern bilde den Buchstaben *Hu*, den letzten Buchstaben des Wortes *Allah*, der mit einiger Phantasie am Himmelszelt gelesen werden kann. Um diese geheimnisvolle Achse im Norden kreist beinahe das ganze Himmelszelt. Eines Tages öffneten sich Ruzbihan Schiras sieben Tore (das heißt alle sieben Hauptsterne des Großen Bären) gleichzeitig und das göttliche Wesen offenbarte sich in all seiner Pracht.

Im Lauf der Jahrhunderte haben die Sufis viele Übungen ersonnen, um die Menschen mit der unaussprechlichen und alleinigen Subjektivität zu konfrontieren. Ein weiterer Mechanismus, der den Menschen aus seinen irdischen Verstrickungen lösen kann, ist die Kontemplation darüber, wer man wirklich ist. Der Sufi wird hierbei dazu angehalten, sich ununterbrochen zu vergegenwärtigen, wer oder was er wirklich ist: Bin ich dies? Bin ich das? Dadurch kommt es bei den normalen Gläubigen zuerst zu einer Sensibilisierung dafür, dass sie keine zusammenhängende Einheit sind, sondern aus einer Vielzahl von einander abwechselnden Stimmungen und Meinungen bestehen. Weiterhin werden sie feststellen, dass die eigene vermeintliche Individualität fast immer nur an Äußerlichkeiten festgemacht wird: »Ich bin mein Haus, meine Familie, meine Arbeit, mein Kleid etc.« Des Weiteren wird man feststellen, dass man das Ich in Verbindung zu sozial vorgegebenen Vorbildern bringt, in deren Rolle man schlüpfen kann, um Stärke zu gewinnen. Und dass sich das Ich aus Dialogen zusammensetzt, die man ununterbrochen in Gedanken mit real existierenden oder imaginären Personen führt usw.

Hat man all diese Schritte der Selbstentdeckung hinter sich gebracht, dann wird klar, dass es im Leben vor der Schulung so etwas wie ein eigenständiges Ich überhaupt nicht gab. Früher sprach man von einem Ich, doch war das nur eine Abfolge von Stimmungen und Meinungen. Nun beginnt man so etwas wie einen festen Kern herauszubilden, ohne dem persönlichen Ich eine Bedeutung beizumessen. Man fängt an, »nichts« zu sein, und indem man zu »Nichts« wird, wird man auch zu »Allem«. Mit anderen Worten: Der Wesenskern wird als Teil der göttlichen Allmacht erkannt.

Eine andere Übung besteht darin, die Motive hinter den eigenen Bedürfnissen zu ergründen. Ist der Sucher mit dem göttlichen Geliebten vereint, gibt es kein Streben mehr nach bestimmten Dingen oder Partnern.

Außerdem kann man über den eigenen Tod meditieren. Der Sucher soll sich stets vergegenwärtigen, dass er nicht ewig leben wird. Auch für ihn wird einmal die Stunde des Todes kommen und wehe dem, der dann noch den äußeren Dingen anhaftet. Es gibt eine Übung, in der das Wort *Mawd,* »Tod«, rezitiert wird, und dabei vergegenwärtigt man sich im Geiste die Stationen dieser Reise:

- die Befragung im Grabe
- die Auferstehung
- die Versammlung
- das Trinken aus der Quelle des Propheten
- die Fürbitte
- die Waage
- Sirat
- die Tore des Paradieses
- das Ehrengewand
- die Schau des Antlitzes

Wichtig ist, dass die letzte Vergegenwärtigung, die Schau des Antlitzes, keine inhaltliche Kontemplation mehr bedeutet. Denn erstens ist es unmöglich, sich die Größe Allahs vorzustellen, und zweitens hat der Prophet, Friede sei mit ihm, das ausdrücklich verboten.

Auf diese Übung folgt die Rezitation der 36. Sure mit dem Namen *Ya Sin*, die als einer der Schlüssel zum Verständnis des Todes im Koran gilt. So ist es üblich, diese Verse bei Totenfeiern zu zitieren und während ein Mensch im Sterben liegt. Meditiert man schon während des Lebens über die Kraft dieser Sure, so sammelt man Kraft (*Baraka*), die einem beim Übergang ins Totenreich begleitet.

Ein weit verbreitetes Meditationsobjekt stellt auch die Himmelsreise des Propheten dar (siehe dazu Kapitel 2.4, »Die Schöpfung als Licht«). Die Stationen der *Miradsch*, der »Himmelfahrt«, die in der Literatur detailliert beschrieben wird, werden Schritt für Schritt bis zur Ankunft beim Schöpfer nachvollzogen.

Man kann außerdem eine Übung machen, um verdeckte bzw. verborgene Seelenteile aufzufinden. Jeder Mensch erlebt im Laufe seines Lebens eine Flut von Situationen, von denen jede einzelne für sich den Schlüssel zu entscheidenden Offenbarungen darstellt. Unzählige solche Momente, die vergessen oder verdrängt wurden oder deren Bedeutung nicht erkannt wurde, lagern sich im Unterbewusstsein des Menschen ab. Von dort aus nehmen sie Einfluss auf sein Leben. Stirbt der Mensch, so wird er mit diesen ungelösten, aber entscheidenden Momenten seines Lebens konfrontiert. Oft reagieren wir auf Erlebnisse, die uns unangenehm und peinlich waren, indem wir es einfach vermeiden, daran zu denken. Lieber widmen wir uns in Gedanken etwas anderem. Das nennt man »Verdrängung«. Oder wir werden in einen schockartigen Wachzustand versetzt und erinnern uns dann plötzlich an etwas, das uns irgendwann widerfahren ist und das wir ganz und gar vergessen hatten. Das ist »schlagartiges Erinnern«. Möglicherweise gab es auch eine Situation, an die wir uns zwar noch problemlos erinnern können und der wir keine große Bedeutung beimessen, aber eine Stimme in unserem Inneren sagt uns, dass an dieser Begebenheit etwas bedeutsam sei. Deshalb müssen die Schüler sich voll und ganz auf diese Situation einstimmen, um so deren Geheimnis zu erfahren. Das nennt man »Aufschließen«.

Unter der Anleitung eines erfahrenen Lehrers werden Muriden dazu gebracht, während des Dhikr nach solchen Momenten Ausschau zu halten und diese zu lösen. Eine andere Möglichkeit, um die inneren verborgenen Teile zu ergründen, ist die Traumdeutung (siehe dazu Kapitel 5.10, »Träume«).

Ein Aspekt der Sufi-Lehre ist, dass die Eindrücke, die dem Menschen im Alltag begegnen, diesem auch vorbestimmt sind. Das, was ein Mensch erlebt, ist also ausschließlich diesem Menschen vorbehalten. Es gibt keinen anderen, der in diesem Augenblick die Welt genauso erlebt. Vordergründig ist das der Ansatz der totalen Subjektivität. Der Geist lässt dem Menschen durch die Situationen des Alltags ständig Informationen zufließen. Nimmt der Sinnsucher die Informationen auf und beginnt er, diesen zu folgen, so wird der Geist ihm seine Welten eröffnen.

In der eigenen Wahrnehmung bietet sich dem Menschen immer wieder eine Flut aus Hinweisen und Schlüsseln. Werden diese in einen Zusammenhang gebracht, so wird der ursprüngliche Mensch wieder zusammengesetzt. Geht der Wanderer auf dem Pfad diesen Hinweisen nach, findet er automatisch die höchste Gegenwart. Die gewohnte Umgebung des Menschen verwandelt sich so zu einer groß angelegten »Schnitzeljagd« hin zum göttlichen Wesen.

Eine weitere Form der Kontemplation besteht in einer Übung der Gegenwärtigkeit, die vor allem in westlichen Zirkeln Anwendung findet. Dabei richten die Sinnsucher ihre Aufmerksamkeit zuerst auf Allah und alle Menschen, die auf dem Weg sind. Danach wandert die Aufmerksamkeit langsam von einem Bereich des Körpers zum nächsten. Begonnen wird meistens am Kopf; man durchwandert die einzelnen Bereiche des Schädels, dann die der Arme, des Oberkörpers und der entsprechenden inneren Organe, die Bereiche des Unterleibs, der Beine bis hin zu den Füßen. In jedem einzelnen Bereich wird die göttliche Präsenz vergegenwärtigt und die Sucher begegnen dieser mit Dankbarkeit und Liebe.

> »Gott ist dir näher als deine Halsschlagader.«
> Sure 50,17

Eine besondere Form der Schau besteht zudem darin, sich unentwegt von außen objektiv und neutral zu beobachten – was jedoch sehr schwierig und meist nur fortgeschrittenen Wanderern möglich ist. Die Fähigkeit, sich seiner selbst voll und ganz bewusst zu sein und sich von außen objektiv und neutral zu beobachten, wird deshalb als eine der fortgeschrittenen Stufen auf dem Pfad der Erleuchtung dargestellt.

5.4 Bewegung und Tanz

Im Orient wird viel getanzt und so lag es nahe, Dhikr mit Tanz zu verbinden. Im Gegensatz zu Zen oder anderen östlichen Meditationslehren, bei denen man über einen längeren Zeitraum hinweg still sitzt, tauchen die Sufis durch bestimmte Bewegungsabläufe in die göttliche Gegenwart ein.

Auch beim nahezu in der ganzen arabischen Welt praktizierten Bauchtanz (der als *Raqus Sharqu*, »Orientalischer Tanz«, bezeichnet wird) werden bestimmte Körperpartien angeregt, um Freude zu erzeugen. In den großen Bauchtanzschulen von Kairo und Beirut, wo die angesehensten Bauchtänzerinnen ausgebildet werden, wird dieses Wissen systematisch übermittelt. So lernen die Frauen, in sich selbst beim Tanzen eine sexuelle Erregung zu erzeugen und diese dann aus dem Becken heraus im ganzen Körper zu verteilen. So entsteht eine besondere Aura, die die männlichen Zuschauer schlichtweg verzaubert.

Die Bewegungen der Sufis ihrerseits zeugen von großem Geschick. Beobachter haben zuweilen den Eindruck, als würden sie sich wie Wellen alle zusammen synchron hin- und herbewegen. Die Lehre der Derwische spricht von einem Körperbewusstsein, das automatisch reagiert. Der Verstand nimmt das oft nicht wahr: Im Alltag reagiert man unentwegt auf Reize, indem man bestimmte Körperhaltungen einnimmt, ohne sich dessen bewusst zu sein.

Über Generationen hinweg haben die großen Sufi-Meister dieses Wissen beschrieben und systematisiert. Durch die Tänze geraten sie in einen Zustand, in dem sie das Fließen der Energien sehen können.

»Gelöste Menschen«, die nicht unbedingt Sufis sein müssen, fallen, wenn sie in Ekstase geraten, automatisch in die Derwisch-Bewegungen, die von Dhikr zu Dhikr verschieden sind. Führt man diese Bewegungen aus, so gelangt man allmählich in spirituelle Räume. Ein Phänomen dabei ist: Die Übungen hinterlassen fast immer den Eindruck, als seien sie einem schon bekannt gewesen.

Nicht jeder wird zu den Tänzen zugelassen. Oft ist jahrelange Vorbereitung nötig, die zum Beispiel Reinigungsübungen, Fasten, Dhikr und Fiqur beinhaltet. Beim Tanzen sollen sich die Schüler genau an die äußere Form halten und aus dieser nicht ausbrechen. Geraten sie in eine bestimmte Ekstase, so ist das in Ordnung. Danach aber sollen sie wieder zur vorgegebenen Form zurückkehren. Halten sie sich nicht an die Regeln, so erreichen sie die mystischen Zustände nicht.

Werden die magischen Bewegungen bewusst ausgeführt, dann vermitteln sie bei nicht eingeweihten Beobachtern manchmal den Eindruck, als würden die Tänzer herumalbern (siehe die Geschichte von Bahauddin Naqushbandi auf S. 153). Dem ist aber nicht so: Die Tänzer brechen lediglich aus der herkömmlichen Realität aus. Zahlreiche *Qualander* (fahrende Derwische) hatten sich diese Wirkung zu eigen gemacht und traten erfolgreich als Gaukler und Clowns auf. So wurde das Wissen verbreitet und neue Schüler gewonnen.

Werden die Hadras öffentlich abgehalten, so enden sie nicht selten in großen Festen. Oft bilden Sufi-Hadras den Mittelpunkt der religiösen Feierlichkeiten. Entweder tanzt dann die Mehrzahl der Menschen mit oder die Derwische tanzen inmitten einer großen Menge, die sie mit Dhikr-Gesang begleitet. Dem volkstümlichen

Glauben nach wird durch den Tanz *Baraka,* »Segenskraft«, erzeugt, von der die Anwesenden profitieren. Und so ist es nicht verwunderlich, dass es manche Menschen auf sich nehmen, weite Strecken zu pilgern, um an Hadras teilzunehmen.

Männer und Frauen tanzen in der Regel getrennt – nicht zuletzt auch aus energetischen Gründen. Durch die Reihen der Männer fließt eine solare Energie, durch die der Frauen eine lunare. Es gibt aber auch Tänze, bei denen Männer und Frauen gemeinsam tanzen, wie etwa bei den Zusammenkünften der Gnawa, den Drehtänzen der Bektashis und einiger Gruppen in der Rifai-Tradition (siehe im Folgenden).

Doch nicht alle Sufi-Gruppen praktizieren Bewegung und Tanz. Viele große Tariquats, so die *Naqushbandis*, lehnen solche Formen ab und lehren eine ausschließlich innere Arbeit.

Im Westen ist vor allem *Sema* bekannt, der Drehtanz der Mevlevis. Um an diesem Ritual teilnehmen zu können, mussten die Derwische in der klassischen Mevlevi-Tradition eine 1001-tägige Ausbildung absolviert haben. Heutzutage kann der Tanz von allen interessierten Menschen erlernt und praktiziert werden. Es heißt, Rumi habe die Vollkommenheit erlangt, nachdem er fast zwei Tage lang um die eigene Achse gewirbelt sei. Dabei sei er nach und nach von der Vorstellung abgekommen, dass er sich um sich selbst drehe. Schließlich habe er sich nur noch um Gott gedreht – so, wie sich die ganze Schöpfung nur um Gott dreht.

Für das Ritual der Sema gibt es genaue Regeln: Unter einem schwarzen Gewand (Symbol des Todes und der vergänglichen Welt) tragen die Derwische ein weißes Gewand (Symbol für die Reinheit des ewigen Lichts). Auf dem Kopf tragen sie einen zylinderförmigen grauen Filzhut. Dieser steht für ihren eigenen Grabstein.
So gekleidet, gehen die Tänzer dreimal im Kreis am *Post*, einem rot gefärbten Schafsfell vorbei, von dem ein bestimmter Energie-

strahl ausgeht. Symbolisch steigen sie über diesen Energiestrahl. Danach werden sie vom Scheich geküsst und sie küssen den Scheich. Dadurch findet eine weitere Energieübertragung statt. Daraufhin verbeugen sich die Mevlevis noch mit ihren bis zu den Schultern verschränkten Armen in tiefer Ehrfurcht vor Mohammed. Westliche Menschen können sich auch vor Jesus, Buddha oder anderen großen Meistern verbeugen.

Nun legen die Tänzer ihre schwarzen Gewänder ab und verschränken feierlich ihre Arme vor der Brust, dabei umfassen sie ihre Schultern. Diese Körperhaltung symbolisiert die Zahl Eins: die Einheit Gottes. Den Kopf neigen sie zur rechten Seite. Nach der Verbeugung beginnt der Tanz langsam mit noch verschränkten Armen. Man dreht sich ausschließlich um den linken Fuß, der sich anfangs nicht von der Stelle rühren darf. Bis heute schlägt man in einigen Schulen einen Nagel zwischen den großen und den zweiten Zeh in den Boden, damit der linke Fuß an dieser Stelle fixiert bleibt.

Der rechte Fuß wird nun immer wieder zum linken Knie hochgezogen. Die rechte Hüfte wird dazu kräftig nach links geschwungen, sodass der rechte Fuß hinter dem linken landet. Rumi verglich diese

tretende Bewegung des rechten Fußes mit dem Stampfen von Weintrauben – für geistigen Wein. Wird dieser Schritt beherrscht, kommt der rechte Fuß pro Umdrehung nur einmal auf den Boden. Bis es allerdings so weit ist, kann eine Schrittfolge eingehalten werden, bei der der rechte Fuß bis zu viermal pro Umdrehung auf den Boden aufgesetzt wird.

Ist dann die Zeit gekommen, öffnet der Derwisch beide Arme wie eine Blüte. Während dieser Bewegung wird mit den Armen Energie vom Zentrum unterhalb des Bauchnabels über den Scheitel nach oben gezogen (siehe Kapitel. 5.5, »Lataif und Lichtwelten«). Der Kopf bleibt beim Tanzen zur rechten Seite geneigt. Beide Arme befinden sich über dem Herzen. Die rechte Hand ist nach oben geöffnet und empfängt himmlische Energie. Die linke Hand ist in lockerer Form nach unten geöffnet und gibt diese Energie an die ganze Schöpfung weiter. So sind die Derwische nicht nur selbst erleuchtet, sondern fungieren auch als Transformatoren für die göttliche Kraft. Dabei stellt man sich eine Energielinie vor, die durch die Mitte des Körpers über die linke Schulter, das Herz, bis in den linken Fuß führt.

Der Blick der Derwische ist auf das linke Daumengelenk gerichtet, was Schwindel verhindert. Treten dennoch Schwindelgefühle auf, so gilt es, sich schneller zu drehen – ein Trick, der fast immer klappt. Nach einiger Übung können selbst Menschen mit labilem Kreislauf sich für längere Zeit im Kreis drehen. Während der Tretbewegungen des rechten Beins atmet der Mevlevi die Silben *Al-Lah, Al-Lah, Al-Lah* ein und aus und stellt sich dabei außerdem ununterbrochen *Hu* vor.

Wird das Ganze korrekt ausgeführt, geraten die Menschen sehr schnell in einen der höheren Bewusstseinszustände. Im Sufismus geht man nicht von einem plötzlichen Erwachen aus, sondern von einem langsamen Hinüberfließen in die Erkenntnis. Praktiziert man diesen Tanz regelmäßig, so verfestigen sich die Erkenntnisse und die Menschen beginnen zu erwachen. Da zur *Mevlevia* auch eine kraftvolle geistig-intellektuelle Ausbildung gehört, wird das zuvor erworbene Wissen durch den Drehtanz geistig durchdrungen.

Ein weiterer Derwisch-Tanz ist jener, den die Rifai praktizieren. Hierbei sitzen sich zwei Reihen von Derwischen entweder im Schneidersitz oder im Gebetssitz gegenüber. Im ersten Teil des Dhikr halten die Teilnehmenden ihren Oberkörper ruhig. Im zweiten Teil drehen sie synchron zum Dhikr ihren Oberkörper abwechselnd nach links und dann nach rechts. Im dritten Teil schließlich stellen sie ihr rechtes Bein auf, indem sie es anwinkeln und mit den Händen das Schienbein umfassen. Der Sprechgesang geht dabei weiter. Im vierten und längsten Teil stehen die Rifai auf. Zum Sprechgesang drehen sich die Derwische immer wieder zur linken Seite und werfen sich dann nach rechts. Das Dhikr wird sehr intensiv und stakkatohaft. Dass die Derwische und bisweilen auch die Zuschauer dabei in Raserei geraten, ist nichts Ungewöhnliches. Das Grundschema der Rifai wurde in leicht abgewandelten Formen auch von anderen Tariquats übernommen, so den Burhania oder den Yassawi.

Bei einem anderen Tanz stehen sich die Derwische in vier Reihen gegenüber und bewegen sich nach einleitendem Gebet zum Dhikr wellenförmig hin und her, indem sie ihren Oberkörper auf- und abbewegen. Bei einem anderen Tanz stehen die Sufis aufrecht und bewegen sich – auf ihren Zehen stehend – auf und ab. Die dazu notwendigen, anscheinend unglaublichen Fähigkeiten können aber nur innerhalb einer bereits bestehenden Gruppe erworben werden.

Ein weiterer Tanz, den Schüler auch allein ausführen können, wird von den Dscherrachis und Halvetis gelehrt: Die Schüler werfen ihren Oberkörper nach vorn und stoßen dabei die Silbe *Hu* aus. Dann werfen sie sich in einer 180-Grad-Bewegung nach hinten und stoßen die Silbe *Ha* aus. Nun stoßen sie, ohne in den Bewegungen innezuhalten, die Silben *Hu* und *Hay* (Leben bzw. der Lebendige) aus, dann *Hu* und *Haqq* (Wahrheit bzw. der Wahrhafte).

In Abwandlungen dieses Tanzes werden auch die Dhikr-Folgen *Allah – Allah*, *Allah – Hay* oder *Allah – Haqq* und schließlich nur noch *Hay – Haqq* rezitiert. Es sind noch weitere Kombinationen bekannt.

Ein ebenfalls weit verbreiteter Tanz ist der folgende: Männer oder Frauen stehen im Kreis. Jeder legt seine rechte Hand um die Schulter des rechten Nachbarn und den linken Arm um die Taille des linken Nachbarn. So verbunden werfen die Derwische dann ihre Köpfe nach vorn und zurück.

Ein weiterer schöner Tanz ist jener der Bektashis: Zwölf Derwische tanzen im Kreis. Sind Frauen anwesend, dann stehen jeweils abwechselnd ein Mann und eine Frau im Kreis. Getanzt wird gegen den Uhrzeigersinn, und während des Tanzes machen die Gottesfreunde fortwährend eine Drehbewegung nach links und dann nach rechts. Diese Bewegung ist der der Kraniche nachempfunden. Hier sind auch die zwölf Imame der Schia, die Nachkommen Alis, nachgestellt, die um Ali kreisen, den Schwiegersohn des Propheten, der neben dem Propheten Mohammed als einer der Ahnherren des Sufismus gilt. Dieser Tanz ist leicht zu erlernen und besitzt bei den türkischen Aleviten, die vom Glauben der Bektashis durchdrungen sind, den Charakter eines Volkstanzes.

Wenn die Derwische zum Tanz eilen, sammeln sich die Kraniche, um zu ihrer großen Reise aufzubrechen. Das Ziel der Reise ist Gott, und nach einem der klassischen Gelübde der Bektashis darf kein Derwisch länger als vierzig Tage an einem Ort verweilen.

Es gibt allerdings auch Gruppen, bei denen unter Aufsicht des Scheichs die Fakire völlig frei, das heißt ohne vorgeschriebene Formen tanzen. In Indien und Pakistan ist es normal, dass in ländlichen Gegenden umherziehende Derwische auftauchen und ihrer göttlichen Verklärung freien Lauf lassen. Auch bei den großen Quawwali-Auftritten (siehe dazu Kapitel 6.4, »Musik«) ist es nicht ungewöhnlich, dass die Anwesenden sich, wenn sie in Ekstase geraten, in Verklärung immer wieder auf den Boden werfen oder sich sogar die Kleider vom Leib reißen. Auch bei den Zusammenkünften der Gnawa in Marokko und denen der Zar in Ägypten tanzen alle Anwesenden frei zusammen.

Eine besondere Form bietet der Tanz der oberägyptischen Darrani. Hier tanzen vor allem junge Männer in einem geschlossenen Raum unter der Aufsicht des Scheichs zu einem speziellen Dhikr – das Ganze mutet recht aggressiv an. Die Männer brüllen in den Raum hinein, schreien sich gegenseitig an und werfen sich dabei hin und her. Ziel ist, dass die Beteiligten ihre Spannungen und Aggressionen ausleben, um danach für das Göttliche offen zu sein. In vielerlei Hinsicht haben die muslimischen Mystiker der Darrani hiermit die Grundlagen der Humanistischen Psychologie vorweggenommen.

Das aus Indonesien überlieferte Subud-System geht von ähnlichen Prinzipien aus: Die Schüler leben ihre Bewegungsimpulse ganz individuell aus. Der Körper darf sich, wie es ihm gefällt, frei bewegen, und so werden Körper und Geist in Einklang gebracht – wodurch sich der Geist nach und nach öffnet. Man geht davon aus, dass geistige Blockaden zu körperlichen Spannungen führen. Steht man nun eine ganze Zeit lang entspannt aufrecht, so beginnt der

Körper ab einem gewissen Zeitpunkt, sich ganz langsam zu bewegen. Durch diese Bewegungen bringt sich der Körper selbst ins Gleichgewicht: Verspannte Körperteile entspannen sich und der ganze Körper wird wieder optimal mit Energie versorgt.

Eine weitere Sufi-Übung ist die »Stopp-Übung«, die vor allem von zentralasiatischen Schulen praktiziert wird. Hier verharren die Schüler längere Zeit starr in ein und derselben Position. Die Welt steht in diesen Momenten quasi still. Dabei beobachten die Schüler sich selbst genau. Indem sie angespannt in einer unbequemen Position stehen, werden sie auf ihre Gewohnheiten aufmerksam. Sie erkennen ihre nicht hinterfragten alltäglichen Verhaltensmuster und begreifen, wie viel Energie sie in Anspruch nehmen und verschwenden.

Diese Praxis gehörte auch zum festen Repertoire der Gurdjieff-Gruppen in Europa und Nordamerika. Auch für die Sannyasins – die Schüler von Osho, der viel aus dem Sufismus in seine Therapien und Übungen aufnahm – gehört die Stopp-Übung zum festen Repertoire.

Qualander-Derwisch

In den Sufi-Schulen wird diese Übung nicht nur dazu verwendet, um die Schüler aus ihren Gewohnheiten herauszukatapultieren, sie gibt dem Scheich außerdem Gelegenheit, seine Energie direkt in die Schüler hineinfließen zu lassen. In der Mevlevi-Tradition halten sich die Schüler an einem baumartigen Leuchter fest. Ihnen gegenüber steht der Scheich, der so in einer sehr tiefen Weise seine Energie in das Herz seiner Schüler hineinfließen lassen und sie ohne Worte unterrichten kann.

Qualander-Derwische, die ihr Wissen im Westen verbreiteten, indem sie unter anderem als Gaukler und Harlekine auftraten, bedienten sich der Stopp-Übung, um stundenlang auf öffentlichen Plätzen in einer auffälligen Position zu stehen. Bis heute gibt es Gaukler in Fußgängerzonen und öffentlichen Parks, die diese Übung ausführen, doch ist ihr Ursprung nicht mehr bekannt.

Nicht unerwähnt bleiben sollen an dieser Stelle auch die Selbstgeisselungen der Rifai und der Quadiria. Letztere stellen die größte Sufi-Bruderschaft weltweit dar (siehe Kapitel 4.1, »Die Tariquats«). Sie sind nahezu in der ganzen islamischen Welt von Westafrika bis zu den Salomoninseln zu finden. Auch in Europa und Nordamerika sind die Quadiria verbreitet. Es ist ein Phänomen, dass Menschen in religiöser Ekstase manchmal beginnen, sich selbst zu schlagen oder sich auf eine andere Art Schmerzen zufügen. Die Quadiria haben dieses Verhalten bis zu einem Punkt systematisiert, der die Zuschauer in ungläubiges Erstaunen bis hin zu blankem Entsetzen versetzt. Die Assoziation, die man hierzulande mit dem Begriff »Fakir« hat – eine Person nämlich, die problemlos Schmerzen erträgt –, geht auf Mitglieder dieser Gruppen zurück. In Wahrheit gelten alle, die den geistigen Weg gehen, als Fakire, denn sie haben sich von den weltlichen Dingen losgesagt (arabisch: *faqur*, »arm«).

Ein Ritual der Kadiris kann zum Beispiel so aussehen: Im ersten Teil der Hadra werfen die Derwische ihren Kopf zum Rhythmus des Dhikr auf und ab. Dabei atmen sie auf eine bestimmte Weise und singen *La illaha illa Lah* (Es gibt keinen Gott außer Allah). Danach stimmen sie *Illa Allah* (Es gibt Gott) an. In einem dritten Teil singen sie in einer wilden Auf- und Ab-Raserei den Namen *Allah.* Im vierten Teil halten die Derwische inne und der Scheich oder sein *Kalifa* (Stellvertreter) bohrt oder hämmert den Männern scharfe Spieße und Messer in empfindliche Teile des Körpers, wie Hals, Wangen, Schädeldecke, Bauch, Stirn oder Zunge – ohne dass die Derwische davon ernsthaft verletzt werden und ohne dass Blut fließt.

Bei den Rifais und den Yassawia, deren Hadra weiter oben bereits beschrieben wurde, kommt es im Anschluss an das Dhikr zu ähnlichen Szenen: Die Derwische fassen mühelos scharfe oder glühend heiße Gegenstände an, bohren sich spitze Gegenstände in den Körper oder zertrümmern, wie bei den marokkanischen Hamadscha-Derwischen üblich, mit Wasser gefüllte Tonkrüge auf ihren Köpfen.

Es gibt noch weitere Formen der Selbstkasteiung. So ist es bei vielen Schiiten Brauch, sich am Märtyrertag gegen Ende des Ramadan zu Ehren des Prophetenenkels Hussein selbst zu geißeln. (Hussein wurde in der Schlacht von Kerbala getötet.) In Indien, Pakistan und Persien behängen sich viele Wander-Derwische mit schweren Ketten. Außerdem gibt es islamische Mystiker, die ein Gelübde abgelegt haben und sich viele Tausend Mal am Boden hin- und herrollen, um so zu göttlicher Erkenntnis zu gelangen, oder die sich über einen längeren Zeitraum hinweg mit dem Kopf nach unten an einem Baum aufhängen lassen.

Manche Fakire ließen sich in früheren Zeiten auch lebendig begraben – ein Brauch, der lange in Ägypten, Indien und Pakistan praktiziert wurde. Es gibt Berichte von Derwischen, die wochen-, monate-, ja sogar jahrelang begraben waren. Zu nennen ist an dieser Stelle ein bekannter Fakir aus Tanta im Nildelta, der sich 1899 beerdigen und an einem von ihm vorherbestimmten Tag, dem 17. Mai 1925, wieder ausgraben ließ. Der Fakir war aber durch sein langes Fana körperlich so geschwächt, dass er ein paar Monate später starb. Nachdem zu Beginn des 20. Jahrhunderts durch Medienberichte das Interesse der westlichen Öffentlichkeit an solchen Fakiren geweckt wurde, ließ die *religiöse* Motivation für diese Art der Versenkung nach. Immer mehr Artisten bedienten sich dieser Technik. Die spirituelle Dimension wurde mit Begriffen wie »Selbsthypnose« und »Autosuggestion« wegerklärt, und nachdem es zu einigen Unfällen gekommen war (zum Beispiel begannen jüngere Fakire ohne die nötige Vorbereitung gleich mit mehrjährigen Versenkungen und wurden dann von Schädlingen angegriffen), schlief dieser Brauch – zumindest in Ägypten – vollständig ein.

Weitere Sufi-Tänze sind die der Tannoura und der Qualander. Der erstgenannte Orden ist vor allem in Nordafrika verbreitet, kommt aber auch in weiten Bereichen Ostafrikas bis nach Südafrika vor. Die Tannoura tragen wallende bunte Gewänder und Turbane und praktizieren einen Drehtanz, der jenem der Mevlevis ähnelt. Sie drehen sich jedoch rechtsherum und führen eine andere Schrittfolge aus, bei der sich beide Füße unentwegt bewegen. Der Drehtanz einiger Qualander-Gruppen ist dem der Tannoura vergleichbar. Sie bewegen dabei allerdings noch einen speziellen Schellenstab auf und ab, der einen gleichmäßigen Rhythmus erzeugt. Zudem sind die Qualander mit Glöckchen behangen, was den Rhythmus ihres Tanzes betont.

Ein weiterer wichtiger Derwisch-»Tanz« wird von den vor allem in Indien, Pakistan und Afghanistan verbreiteten Chishti praktiziert. Hier hat das Dhikr vier Teile und wird im Sitzen ausgeführt. In seiner einfachen Form bewegen die Derwische im ersten Teil ihren Kopf zuerst ganz nach links zur Schulter und sagen dazu *La*. Dann ziehen sie ihren Kopf in einem Kreis nach unten und wieder nach oben zur rechten Schulter. Bei der rechten Schulter angekommen, intonieren sie *illaha*, während sich ihr Kopf weiterdreht und hebt, bis er im Nacken liegt und das Gesicht nach oben schaut. Nun stimmen sie *ill* an und beugen dazu ihren Kopf ganz nach unten, danach sagen sie *Allah*. Dazu richten sie ihren Kopf wieder gerade auf und schauen oft sogar in dieser geraden Position ganz nach oben. Gedanklich gehen die Derwische in ihr Herz und sprechen dazu: *Hu – La illaha illa Lah Hu*. Wie oft diese Bewegung ausgeführt wird, ist vorgegeben – manchmal dauert der Tanz über eine Stunde. Im zweiten Teil des Dhikr stimmen die Derwische *illa Lah Hu* an. Bei *ill* bewegen sie ihren Kopf nach unten, bei *Allah* ganz nach oben und bei *Hu* gehen sie in Gedanken wieder zum Herzen hin. In einem dritten Teil sprechen die Derwische nur noch *Allah Hu*, indem sie bei *Hu* ein- und bei *Allah* ausatmen. Und im vierten Teil sitzen sie bewegungslos und summen *Hu*.

In einer anderen Form der »Chishti-Kreisbewegung« sitzen die

Derwische in der islamischen Gebetsposition oder im Lotossitz und bewegen den ganzen Oberkörper auf die zuvor beschriebene Weise, indem sie zuerst den Kopf zum linken Knie ziehen: *La;* dann zum rechten Knie: *Illaha;* danach auf der rechten Seite nach oben, wobei sie den Kopf ganz aufrichten; anschließend lassen sie den Oberkörper in der Mitte nach vorn fallen: *Ill*, um ihn dann wieder aufzurichten: *Allah* usw. Anschließend wird der Kopf wieder zum linken Knie gezogen, um die Bewegung erneut zu vollziehen.

Eine weitere Form, wie sie unter anderem von den in Persien verbreiteten Nimatullahi gelehrt wird, ist die folgende: Zuerst wird der Atem angehalten, dann lässt man den Kopf auf Nabelhöhe sinken; danach spricht man *La* und reißt dazu den Kopf nach oben, bis man aufrecht sitzt. Nun wird *illaha* gesprochen, und dazu lässt man den Kopf wieder an der rechten Körperseite entlang im Bogen zum Bauchnabel sinken. Jetzt wird *ill* intoniert und der Kopf wieder aufgerichtet; schließlich sagt man *Allah* und senkt dazu den Kopf im Bogen an der linken Körperseite zum Bauchnabel hin usw.

Es gibt einen weiteren »Tanz«, der im Sitzen ausgeführt wird. Die Sufis befinden sich dabei entweder in der Gebetsposition oder im Schneidersitz und bewegen ihren Oberkörper zur Musik nach vorn und zurück. Zuerst nach rechts vorn, dann nach rechts hinten; nach links vorn, danach nach links hinten und so weiter. Über längere Zeit ausgeführt, lässt dieser Tanz ein Gefühl von Freude, Klarheit und innerer Festigung entstehen.

Es gibt eine Vielzahl von Formen des »Tanzens« im Sitzen. Der große indische Mystiker Abu Hasan Ansari hat mehrere dieser Bewegungsformen in seinem Buch *Dschawaher e Gaibi*, »Verborgene Juwelen«, beschrieben. Hamadani etwa empfiehlt, zu *Allah* den Kopf von der rechten Schulter mit großer Kraft auf die linke Seite der Brust zu schlagen, sodass sich die linke Hüfte beugt.

Bei einer anderen Übung wiederholen die Derwische den ersten Satz der Shahada so lange, bis nur noch die Silben *Ha* auf der rechten Schulter, *Hu* auf der linken Schulter und *Hi* mit zur Mitte der Brust gesenktem Kopf zitiert werden. Es gibt außerdem eine Praxis, bei der die Derwische ihren Kopf nach links und rechts werfen und dazu die Silbe *Hu* ausstoßen. Und eine andere, bei der die Sufis kurz vor dem Einschlafen aufrecht im Bett sitzen und mit dem Oberkörper mal nach links, mal nach rechts schaukeln, wobei sie am Ende *Hu* anstimmen, um durch diese Bewegung das Dhikr auch auf den Schlaf auszuweiten.

Chishti-Dhikr

Im Grunde genommen sind alle zu rezitierenden Dhikrs so angelegt, dass die Derwische automatisch beginnen, sich dazu zu bewegen. Üblicherweise bewegt man zu *La illaha illa Lah* oder *Allah* den Kopf zuerst nach links und dann nach rechts und zum Wort *Allah* nach vorn und zurück bzw. auf und ab.

Vor allem die Shaddilia, aber auch die Ahmadia haben bei diesen Dhikrs genaue Sitzordnungen festgelegt, die geometrische Muster darstellen und die höheren Zustände der Teilnehmer verstärken, die Engel anlocken und die bösen Kräfte abwehren.

Naqushbandi-Dhikr

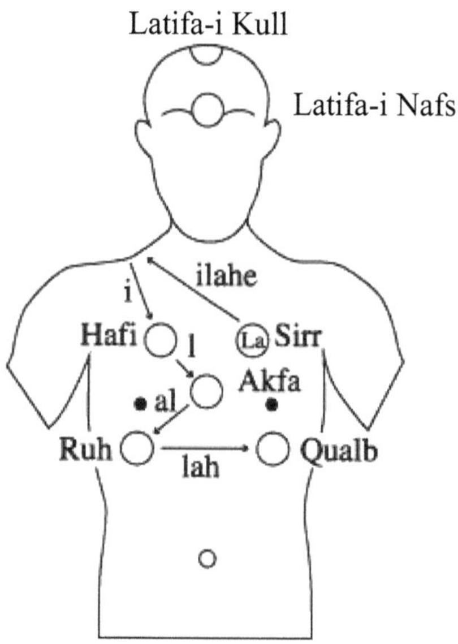

Bestimmte Sitzhaltungen sind ebenfalls überliefert. Neben dem schon erwähnten Lotossitz oder der knienden Position aus dem islamischen Ritualgebet oder der Kauerhaltung gibt es eine Form des Schneidersitzes, die auf den großen Mystiker Simnani zurückgeht. Bei der Farb- und Lichtvisualisierung der Kubrawyas liegt während des Dhikr das rechte Bein über dem linken, die linke Hand auf dem rechten Knie und die rechte Hand auf dem linken Knie. Eine andere Sitzform, die von den Mevlevis für die Andacht überliefert ist, besteht darin, im Sitzen einen Fuß aufzustellen, seinen Unterarm auf das Knie aufzustützen und sein Kinn dann in die Hand zu legen.

Abschließend soll noch erwähnt werden, dass auch die klassischen Yoga-Positionen in der Tradition von Patanjali von einigen Sufi-

Schulen praktiziert werden, so etwa von bestimmten indo-pakistanischen Gruppen wie den Haidari-Derwischen oder den Chishti sowie von den nordafrikanischen Yassawia, deren Begründer Abu Isa bei der Pilgerfahrt nach Mekka von indischen Fakiren in die Yoga-Lehren eingeführt wurde.

5.5 Lataif und Lichtwelten

Lataif (Singular: *Latif)* sind feinstoffliche Zentren, welche die Sufis öffnen, während sie den geistigen Weg beschreiten. Das Wort *Latif* ist nicht einfach zu übersetzen. Es wird im arabischen Sprachgebrauch im Zusammenhang mit Begriffen wie »feinstofflich«, »gütig«, »zart«, »freundlich«, »überströmend« und »schön« verwendet. Aus unserer Sicht sind die Lataif mit den Chakren aus dem Yoga oder dem tibetischen Buddhismus vergleichbar.

»Allah ist feinfühlig und allwissend.«
Sure 31,17

Der Schüler konzentriert sich während der Dhikr-Rezitation auf die entsprechenden Lataif, um die verschiedenen Aspekte seines Daseins zu läutern. Indem er einen heiligen Satz ununterbrochen auf eines dieser feinstofflichen Organe lenkt, öffnet sich dieses und der Schüler tritt in einen der höheren Bewusstseinszustände ein.

Von einigen Lehrern wird darum die Öffnung der Lataif mit der Entwicklung auf der Stufenleiter der Maqams (siehe dazu Kapitel. 4.2, »Die Stationen des Aufstiegs«) gleichgesetzt. Andere Schulen sagen, dass die Öffnung der ersten fünf Lataif nur eine Voraussetzung sei, um die eigentlichen Zustände zu erreichen.

Vor der Arbeit an den Lataif müssen die Schüler die Regeln der körperlichen und geistigen Reinheit einhalten; sie sollten religiös gefestigt sein und bestimmte psychische und physische Voraussetzungen erfüllen. Diese Arbeit wird mit der Geburt eines Kindes verglichen: Stimmt das äußere Umfeld nicht, so wird sich auch ein Neugeborenes nur schwer entwickeln. Ist eines der Zentren geöff-

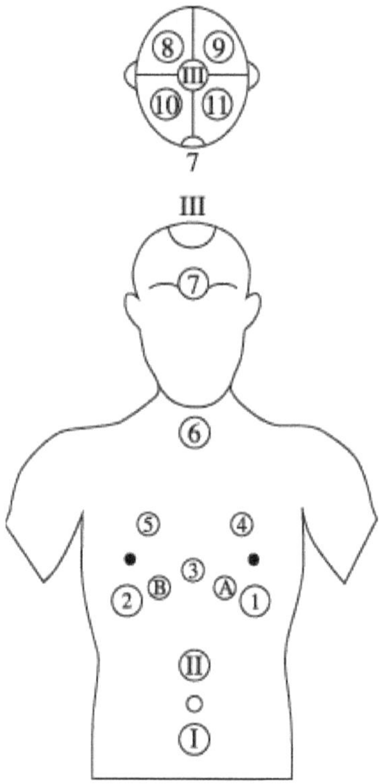

1 = *Qualb* – Das Herz

2 = *Ruh* – Der Geist

3 = *Ahfa* – Das Verborgenere

4 = *Sirr* – Das Geheimnis

5 = *Hafi* – Das Verborgene

6 = *Sadr* – Die Brustmitte

7 = *Latifa-i Nafs* oder *Nafs-i Natiqa* – Das sprechende Selbst, Sitz des Bewusstseins

8–11 = Die Lataif der vier Elemente: *Turab* – Erde; *Nar* – Feuer; *Ma* – Wasser; *Hawa* – Luft;

A = *Qualb-i sagir* – Das kleine Herz

B = *Ruch-i sagir* – Der kleine Geist

I = *Bahr-un-nar* – Meer des Feuers

II = *Bahr-un-nur* – Meer des Lichts

III = *Lataif-i kull* – Scheitelzentrum, vereinigt in sich die Energien der Vorgenannten Lataif. In der Mevlevi-Tradition wird es Tag-ul-Bahrain, Krone der beiden Meere genannt.

Positionen der Lataif

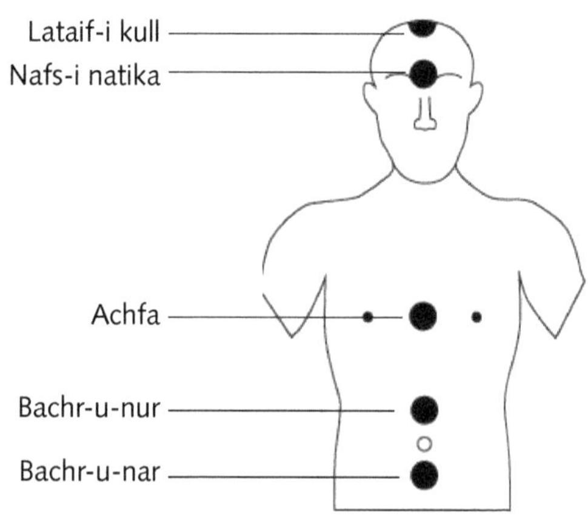

net, so durchströmt eine bestimmte Energie den ganzen Körper. Klänge und Töne offenbaren sich, den Lichtorganen entsprechende geistige Sachverhalte werden verstanden und die betreffenden psychischen Bereiche werden geklärt.

Schon bei der synchron zur Ein- und Ausatmung verlaufenden ununterbrochenen Rezitation des ersten Teils der Shahada: *La illaha illa Lah,* gibt es eine Methode, die den Unterleib, das Herz, die Stirn und die Schädeldecke in Schwingung versetzt.

Vor allem in den indischen Schulen, wie der der Chishti, hat man die Anordnung der Chakren aus dem Yoga übernommen: Es gibt eine große Anzahl von feinstofflichen Kanälen im menschlichen Körper. Wo diese sich kreuzen, bilden sich Energiewirbel (Chakren). Es gibt viele Chakren, doch sieben von ihnen sind besonders wichtig. Werden diese geöffnet, so erfahren die Menschen eine Abfolge von Erleuchtungen. Diese Chakren oder Lataif sind Energiewirbel, die sich an den Punkten befinden, wo drei besonders wichtige Energiekanäle, die die Wirbelsäule entlang verlaufen, zusammentreffen. Sie liegen in aufsteigender Reihenfolge am unteren Ende des Rumpfes zwischen Anus und Geschlechtsorganen, über den Geschlechtsorganen, etwas über dem Bauchnabel, in Höhe des feinstofflichen Herzens, am Halsansatz, zwischen den beiden Augenbrauen und auf der Schädeldecke. Durch bestimmte Übungen (Bewegungsabfolgen, Mantras oder Visualisierungen) wird die Urkraft dazu gebracht, den mittleren Energiekanal emporzusteigen. Dadurch öffnen sich die feinstofflichen Pforten. Solche Übungen sind bestimmte Bewegungsabfolgen, wie zum Beispiel die Chishti-Drehbewegung, die in Kapitel 5.4, »Bewegung und Tanz«, beschrieben wird.

»Oh Herr, reinige meine Brust.«
Sure 20,25

Hazrat Inayat Khan machte diese kraftvollen Übungen auch im Westen bekannt und brachte sie mit hier bereits existierenden Praktiken in Einklang.

Den Chakren werden bestimmte Farben und Klänge zugeordnet; in einer weit verbreiteten Tradition sind das die folgenden:

Latif	**Körperbereich**	**Farbe**	**Vokal**
erstes Latif	Dammbereich	Rot	U
zweites Latif	Unterbauch	Orange	dunkles O
drittes Latif	etwa in Höhe des Bauchnabels	Sonnengelb	helles O
viertes Latif	Brustmitte	Grün	A
fünftes Latif	Halsbereich	Hellblau	E
sechstes Latif	zwischen den Augenbrauen	Dunkelblau	I
siebtes Latif	Scheitel	Violett	kein bestimmter Vokal

Andere Schulen, etwa in der Tradition des Tantrismus, ordnen dem ersten Energiezentrum die Farbe Gelb zu und als Laut die Silbe *Lum;* dem zweiten Energiezentrum ein silbriges Weiß und als Laut die Silbe *Vong;* dem dritten die Farbe Rot und die Silbe *Reng;* dem vierten ein rauchiges Grün und die Silbe *Yang;* dem fünften Violett und die Silbe *Hing*; dem sechsten ein schimmerndes Schwarz, das erst noch geöffnet werden muss, und die Silbe *Om* und dem siebten ebenfalls die Silbe *Om* und einen schimmernden Regenbogen.

Eine Übung in der Tradition Pir Vilayat Khans besteht darin, sich beim Aus- und Einatmen eine Lichtsäule vorzustellen, die sich vom Herzen aus abwechselnd nach oben und unten sowie nach links und rechts bewegt.

Auch bei der schon in Kapitel 5.4, »Bewegung und Tanz«, beschriebenen Kreisbewegung beim Dhikr der Chishti hält man die Aufmerksamkeit auf die Chakren gerichtet. Während man den Kopf nach links unten, nach rechts und zurück nach oben kreisen lässt, stellt man sich vor, dass eine sich drehende Säule aus Licht aufgebaut wird. *La illaha*: Zuerst wird mit dem Dritten Auge ein violetter Kreis gezogen. Wenn die Vorstellung aufrechterhalten werden kann, stellt man sich einen Kreis vor, dessen Mittelpunkt das Scheitelzentrum darstellt; dieser Kreis ist kristallklar. In ihm mischen sich blitzende Farbtöne. Schließlich stellt man sich einen goldenen Kreis vor, der vom Herzzentrum aus gezogen wird.

Wenn der Kopf nach unten fällt, um dann wieder nach oben zu schnellen – *illa Lah* –, stellt man sich vor, wie vom Dritten Auge aus eine Linie in das Zentrum unter dem Bauchnabel geht. Sie symbolisiert die Auslöschung des Selbst. Wenn der Kopf wieder nach oben schnellt, wird eine Lichtsäule zum Scheitelzentrum gezogen und so weiter. So werden nach und nach immer mehr ineinandergreifende konzentrische Kreise gezogen, die sich bis in die himmlischen Sphären hinein erstrecken.

Man kann seinen Blick auch auf die Nasenspitze (*Mahmuda*) oder auf den Punkt zwischen den Augenbrauen (*Nasira*) gerichtet halten – eine bei den indischen Schulen verbreitete Technik. Hierbei stellt man sich unentwegt vor, dass man von Gott selbst gesehen wird; auf diese Weise klärt sich das Bewusstsein.

Einige Mevlevi-Orden praktizieren ebenfalls die Aktivierung von Lichtpunkten entlang der Wirbelsäule. Sie wird *Tibb-i Nuraniya*, »Das heilende Licht«, genannt. Fünf Zentren werden durch diese Praxis geöffnet. Das erste Zentrum heißt *Bachr-u-Nar,* »Meer des Feuers«, und liegt unterhalb des Bauchnabels. Das zweite Zentrum heißt *Bachr-u-Nur,* »Meer des Lichts«, und liegt etwas oberhalb des Bauchnabels. Das dritte Zentrum heißt *Achfar,* »das Verborgenste«, und liegt in der Mitte der Brust. Außerdem wird das Zentrum *Nafs-i Natika,* »das sprechende Selbst«, in der Höhe des Dritten Auges aktiviert und *Latif-i Kull,* »das alles umfassende Zentrum«, auf der Schädeldecke.

Das Meer des Feuers unter dem Bauchnabel ist für die allgemeine Lebensenergie des Menschen zuständig; das Meer des Lichts über dem Bauchnabel bringt diese Lebensenergie mit den göttlichen Geboten in Einklang; das Herzzentrum bringt alle körperlichen Energien miteinander in Harmonie und so weiter. Im System der Mevlevis gibt es an den Füßen und Händen kleinere Lataif. Der Scheich kann in Heilsitzungen durch sie mit den Lataif seiner Klienten Kontakt aufnehmen.

Einige Naqushbandi-Gruppen praktizieren eine Übung, bei der die Schüler zuerst ihre Aufmerksamkeit auf einen Punkt unterhalb des Bauchnabels richten. Dieser Punkt steht für das Selbst des Schülers (*Nafs*), das eigentlich keine zusammenhängende Einheit bildet, sondern eine Kombination von mehreren kleinen Ichs darstellt. Diese Übung macht den Menschen auf seine eigene Verworrenheit aufmerksam – so tritt eine gewisse Konzentration ein.

Nun konzentriert sich der Schüler auf die linke Seite seiner Brust. Viele Schulen lokalisieren diesen Punkt genau zwei Fingerbreit unter der linken Brustwarze, andere Schulen geben nur die linke Seite der Brust an. Dieser Punkt wird *Qualb*, »Herz«, genannt. Wird dieses Latif geklärt, so erscheint die Farbe Gelb und der Schüler tritt in einen Zustand ein, der dem des Propheten Adam entspricht. Die Gedanken des Schülers werden geläutert.

Im Anschluss richtet der Schüler seine Aufmerksamkeit auf die rechte Seite der Brust. Nach Ansicht mancher Schulen liegt dieser Punkt zwei Fingerbreit unter der rechten Brustwarze. Er wird *Ruh*, »Geist«, genannt. Jetzt erlangt der Derwisch Ruhe und Stille. Geklärt erscheint dieses Latif rot. Der Derwisch kommt in einen Zustand, der dem des Propheten Abraham entspricht; das heißt, die Seele des Derwischs wird geklärt.

Jetzt öffnet der Derwisch das Latif *Sirr*, »geheim«. Diesem Latif wird das Bewusstsein des Menschen zugeordnet. Es liegt zwei Fingerbreit über der linken Brustwarze, etwas zur Brustmitte hin, das heißt zwischen der Brustmitte und dem Latif *Qualb*. Durch das permanente Dhikr auf dieses feinstoffliche Organ erscheint die Farbe

Weiß. Die Sufis erreichen den Zustand der Vertrautheit. Diese Stufe entspricht der des Propheten Moses und so wird der Glaube geklärt.

Danach wird ein Latif geöffnet, das *Khaf*, »wunderbar«, heißt und zwei Fingerbreit über der rechten Brustwarze zwischen *Ruh* und der Brustmitte liegt. Durch das Öffnen dieses Latifs wird die Intuition geweckt und ein Zustand der persönlichen Auslöschung tritt ein. Dieser hohe Bereich wird dem Propheten Jesus zugeordnet. Es erscheint eine Farbe, die Schwarz ähnelt, aber mit nichts zu vergleichen ist. Der Sufi sieht diese Farbe und gleichzeitig sieht das göttliche Wesen den Sufi. Hier wird die Intuition geklärt.

Schließlich wird das Latif *Akhfa*, »tief verborgen«, geöffnet. Es befindet sich genau in der Brustmitte und entspricht in geöffnetem Zustand dem des Propheten Mohammed. Also wird die göttliche Liebe gefördert. Der Zustand des »Entwerdens« beginnt hier, die Farbe Grün erscheint und der Sufi tritt in den »Kreis der kleinen Gottesfreunde« ein.

Andere Schulen lokalisieren *Qualb* (Gelb, Adam) auf der linken Körperseite; *Ruh* (Rot, Abraham) auf der rechten; *Sirr* (Weiß, Moses) in der Brustmitte; *Khafi* (Schwarz, Jesus) im Bereich der Stirn und *Akhf* (Grün, Mohammed) im Bereich des Gehirns bzw. darüber.

In der Überlieferung der *Naqushbandis* beginnt nach eingehender Klärung die Öffnung des Latif *Qualb* (Herz) damit, dass der Scheich dem Beschreiter des Weges zunächst gegenübersitzt. Der Initiand presst seine Zunge an den Gaumen und soll dabei mit der Zunge des Herzens ständig das gesegnete Wort *Allah* sprechen. Dazu richtet der Scheich eine bestimmte Zeit lang – die etwa einem Viertel bis zur Hälfte der Zeit entspricht, die man braucht, um einen der dreißig Koran-Abschnitte zu rezitieren – sein Herz auf das Herz des Schülers und zieht dieses in seiner Vorstellung an sein eigenes. Dies soll sich der Schüler danach ständig vergegenwärtigen. Dadurch wird eine Verbindung geschaffen, die sein Herz-Latif schließlich aktiviert. Nach dreimal vierzig Tagen tritt schließlich die »Entwerdung« des Herz-Latif ein. Für weitere dreimal vierzig Tage soll der Schüler sich nun auf das Geist-Latif konzentrieren, das auf der rechten Brustseite liegt. Danach vierzig Tage lang jeweils auf die Lataif »Inneres«, »Verborgenes« und »Verborgenstes«. Wichtig ist, dass der erste Schritt, ohne den die weiteren Schritte nicht möglich sind, nur unter der Aufsicht des Scheichs getan werden kann.

Diese Konzentration auf die Lataif muss in allen Lebenssituationen und -bereichen stattfinden, das heißt auch bei der Arbeit und in der Familie. In orientalischen Städten sieht man so genannte »Murmler«, die sich voll und ganz auf ihre inneren feinstofflichen Zentren konzentrieren, auch auf belebten Plätzen. Selbst in europäischen und nordamerikanischen Städten sind diese Sufis mittlerweile für den geschulten Beobachter nichts Ungewöhnliches mehr.

Als Nächstes praktizieren die Schüler möglichst oft ein Dhikr, das auf den großen Sufi-Lehrer Hamadani (gest. 1131) zurückgeht: Mit aufgerichtetem Oberkörper halten sie die Luft an. Dazu sprechen sie *La* und ziehen die Energie von dem Punkt unterhalb des Bauchnabels bis zu ihrer Schädeldecke. Dann sprechen sie *illaha* und lenken die Energie zur rechten Schulter. Nun sprechen sie im Geiste *illa Lah* und stoßen die Energie in den Bereich des physischen Herzens auf der linken Seite der Brust hinein. Das soll mit der Absicht ausgeführt werden, dass der ganze Körper dabei erbebt.

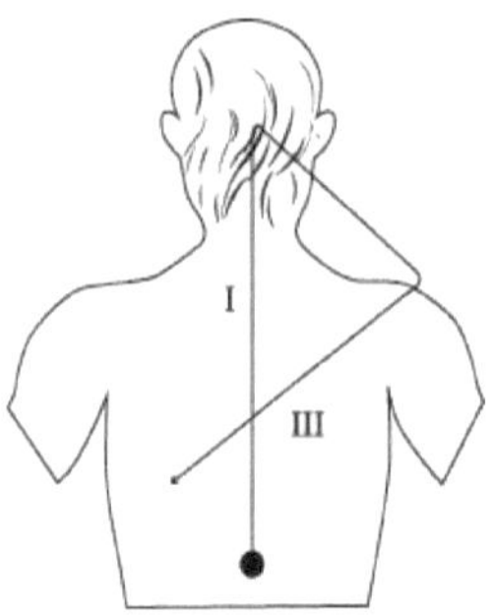

Mit angehaltenem Atem wird diese Lobpreisung zuerst dreimal ausgeführt, dann fünfmal, dann siebenmal und so weiter. Auf diese Weise bringt es der Gottesfreund bis zu einundzwanzigmal. Die Bewegung erfolgt ausschließlich im Geist, es findet keine körperliche Bewegung statt. Schafft der Derwisch mit Leichtigkeit noch weitere Male, so ist das von Vorteil. Wenn nicht, verbleibt er bei den einundzwanzigmal. Auf jeden Fall soll man immer mit einer ungeraden Zahl enden.

Danach lässt er den Atem wieder über die linke Seite ausströmen und denkt dabei im Geiste *Mohammed ar-Rasul Allah* (Mohammed ist der Prophet Allahs). Der Verlauf der Atmung gleicht in umgekehrter Form dem arabischen Wort *La,* »Nein«. Der Schüler vergegenwärtigt sich durch diese Übung, dass es nichts gibt außer Gott. Das Ego wird verneint. Diese Übung ist wie Harakiri: Die eigene Person wird zugunsten der Öffnung des Herzchakras ausgelöscht.

Manche Meister lehren diese Übung so, dass der Strahl unter dem Bauchnabel beginnend zum Scheitel und dann von der linken Schulter zur rechten Schulter gezogen wird. Beide Male kann eine Analogie zur christlichen Form der Bekreuzigung gezogen werden, die auf ihre Art ebenfalls eine starke energetische Handlung ist.

Von den Mevlevis ist eine Übung überliefert, die *Nafi wa Itbat*, »Verneinung und Beweis«, heißt. Dabei drückt man die Zunge oben an die Schneidezähne, hält den Atem an und spricht im Geiste *La* im Latif *Sirr* (über der linken Brustwarze), stellt mit *illaha* eine Verbindung zur rechten Schulter her und zieht dann die Wörter *illa Lah* durch das Latif *Khafi* (über der rechten Brustwarze) über das Latif *Akhfa* (in der Brustmitte) zum Latif *Ruh* (unter der rechten Brustwarze) und dann bis zum Latif *Qualb* (unter der linken Brustwarze).

Während der 1001-tägigen Ausbildung der Mevlevi-Derwische wird außerdem nach einem bestimmten Zeitplan abwechselnd mit den bereits genannten fünf Lataif in der Brust gearbeitet sowie mit dem Latif *Bahr-un-Nar* (Meer des Feuers) unter dem Bauchnabel; dem Latif *Bahr-un-Nur* (Meer des Lichts) über dem Bauchnabel; dem Latif *Nuranya* (Glanzlichter) zwischen den Augenbrauen und dem Latif *Kull* (das Allumfassende) am Scheitelzentrum.

In diesen Rhythmus werden noch vier Bereiche im Gehirn miteinbezogen: das Latif *Turab* (Erde) in der linken Hälfte des Großhirns; das Latif *Nar* (Feuer) in der rechten Hälfte des Großhirns; das Latif *Mah* (Wasser) in der linken Hälfte des Kleinhirns sowie das Latif *Hawa* (Luft) in der rechten Hälfte des Kleinhirns.

Den fünf Lataif in der Brust werden zudem die fünf Gebetszeiten zugeordnet, sodass die Derwische bei jedem Pflichtgebet die Aufmerksamkeit auf ein bestimmtes Latif richten. Das bewirkt eine optimale Energieversorgung jeder einzelnen Körperzelle.

In manchen Derwisch-Schulen ist es verbreitet, während des Dhikr die betreffenden Sätze in arabischer Schrift im Geiste im Oberkörper nachzuzeichnen, um so die feinstofflichen Bereiche zu aktivieren.

Hier sind in jedem Fall die Einweihungsgrade der Nimatullahis anzuführen: Nach vorangegangenen Atem- und Dhikr-Schulungen werden die Männer und Frauen dazu geführt, sich mit angezogenen Knien hinzusetzen. Die Knie werden zusammengedrückt, der linke Arm umfasst die beiden Unterschenkel und der rechte Arm liegt auf dem linken. Die rechte Fußspitze liegt auf der linken.

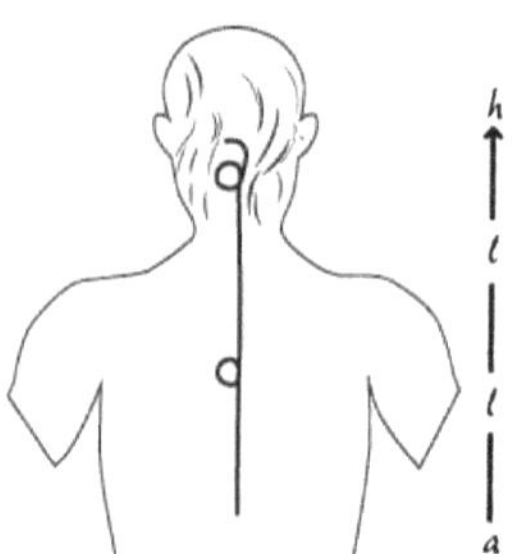

Beim ersten Einweihungsgrad wird in dieser Sitzposition die Formel *Hu Allah*, »Er ist Gott«, gedacht. Dabei stellt man sich vor, wie man beim Einatmen den arabischen Buchstaben ه (H) durch die Nasenlöcher in sich hineinzieht, der Buchstabe passt sich der Form der Nasenlöcher an. Der Atem wird zum Herzen hingelenkt. Die Verbindungslinie passt sich einer Schleife im Bereich des Herzens an und lässt das U beim Nabel enden. Dann atmet man aus und »schreibt« die Buchstaben des Wortes *Lah* über dieselben Punkte bis zu den Nasenlöchern.

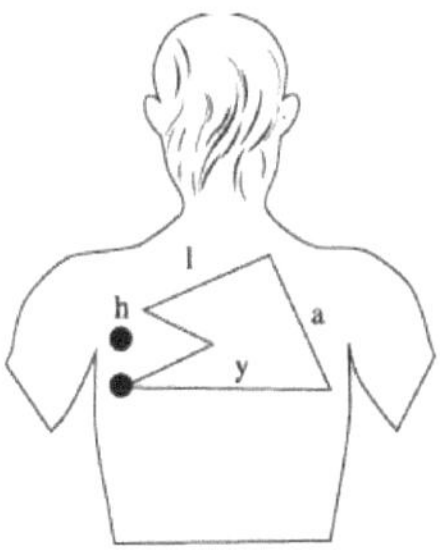

Im zweiten Grad der Einweihung schreibt man Al Hay, »Der Lebendige«. Dazu zieht man das ا A) von der rechten Brustwarze bis zur Mitte des Halsansatzes; das ل (L) zieht man von dort zum Latif im linken oberen Bereich der Brust. Dann schreibt man ح (H) und ى (Y), indem man die Aufmerksamkeit über den Punkt in der Mitte der Brust lenkt und schließlich über die linke Brust wieder zum Ausgangspunkt.

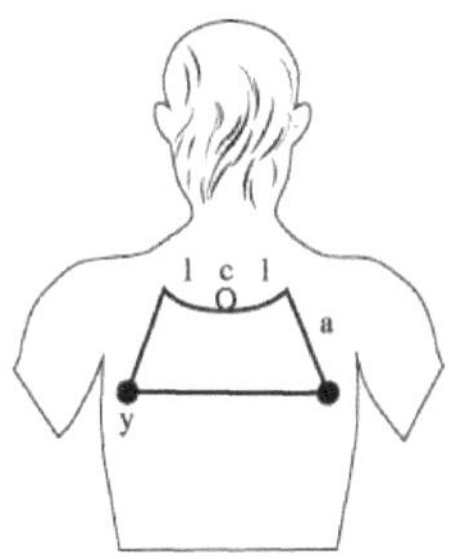

Auf der dritten Stufe wird das Schriftbild *Al-Aly* nachgezeichnet. Dazu schreibt man das ا (A) von der rechten Brustwarze bis zur rechten Schulter, von dort das ل (L) zu einem Punkt unter dem Halsansatz, dann das ع (Ain) unter dem Halsansatz, dann das zweite L zur linken Schulter und von dort das ى (Y) über die linke Brustwarze zum Ausgangspunkt zurück.

Eine ähnliche Übung ist von den Mujaddidi, dem indischen Zweig der Naqushbandis, überliefert. Dabei muss der Aspirant sich in der Höhe seines Herzens auf Arabisch das Wort *Allah* vorstellen und nachzeichnen.

Der Sufi kann auch die sieben Zeilen der *Fâtiha*, der eröffnenden Sure des Korans, rezitieren. In ihr ist die ganze Weisheit des Korans enthalten und man rezitiert sie analog zu den vertikalen sieben Haupt-Chakren entlang der Wirbelsäule. Eine weitere Übung besteht darin, beim Ausatmen des *Hu* die Energie mit beiden Händen über die verschiedenen Zentren zu ziehen, wobei bei Rechtshändern die linke Hand auf der rechten liegt, bei Linkshändern umgekehrt.
Hierbei atmet man über das Latif unter dem Bauchnabel ein. Danach legt man beide Hände auf die Stelle unter dem linken Brust-

korb in Höhe der Milz und konzentriert sich auf dieses Organ. Das hier liegende Latif symbolisiert die allgemeine Lebensenergie. Nun lässt man die Hände zur gegenüberliegenden Seite in Höhe der Leber gleiten. Hier sind die Wünsche lokalisiert. Dann zieht man die Energie zur linken Brustseite. Das klärt die Hoffnung. Im Anschluss lenkt man die Energie mit beiden Händen zur rechten Brustseite. Das klärt den Glauben. Dann zieht man beide Hände zum Hals. Das weckt die Fähigkeit zu dienen. Und schließlich führt man die Energie mit beiden Händen zum Herzen hin. Das erweckt die Liebe. Bei allen Körperteilen wird dreimal *Hu* angestimmt, beim Herzen siebenmal. Danach legt man seine Hände auf die Knie und nimmt die Energie mit dem Dritten Auge auf.

Bei einer anderen Übung sitzen die Sufis aufrecht und legen ihre linke Hand auf die rechte Schulter und die rechte Hand auf die linke Schulter, sodass die beiden Arme überkreuzt sind. Es wird ausschließlich durch die Nase geatmet und im ersten Teil der Übung denkt man an all jene, die sich auf dem sufischen Weg befinden.

Im zweiten Teil der Übung wird zuerst bei angehaltenem Atem der Kopf nach links gewendet, bis er parallel zur Schulter liegt. Dann wird so lange wie möglich die Farbe Zitronengelb visualisiert. Dabei richtet man seine Aufmerksamkeit auf den Aspekt der Gedanken. Man atmet ein, danach atmet man aus und noch einmal ein. Nun wird der Kopf behutsam auf die rechte Hand auf der linken Schulter gelegt und man atmet mit dem Laut *Hu* aus.

Der Kopf wird anschließend wieder gehoben und parallel zur rechten Schulter gewendet. Bei noch angehaltenem Atem wird so die Farbe Dunkelrot visualisiert, die die Seele symbolisiert. Man atmet nun wieder ein, aus und wieder ein; jetzt senkt man den Kopf, sodass die rechte Wange auf der linken Hand liegt, die auf der rechten Schulter ruht, und atmet wieder mit *Hu* aus.

Mit angehaltenem Atem wird der Kopf aufgerichtet und nach hinten in den Nacken gelegt. Während der Schüler nach oben schaut, stellt er sich die Farbe Schwarz vor – die Intuition. Er atmet erneut ein, aus und erneut ein und lässt den Kopf dann nach vorn sinken.

Ist der Kopf wieder aufgerichtet, stellt man sich nur für den Bruchteil einer Sekunde die Farbe Weiß vor – Bewusstsein. Dann lässt man den Kopf auf die Brust sinken und stellt sich die Farbe Grün vor – Wahrheit. Nun lässt man den Atem wieder mit *Hu* entweichen. Dieser Zyklus wird mehrere Male wiederholt.

5.6 Fasten und Klausur

Auch Fasten und Klausur sind bedeutende Aspekte der esoterischen Schulung. Das Fasten ist als eine der fünf Säulen des Islam ohnehin ein grundlegender Teil dieser Religion. Jeder Muslim soll, falls keine gravierenden Gründe wie Krankheit, Krieg oder eine wichtige Reise vorliegen, einmal im Jahr im Monat Ramadan von Sonnenaufgang bis Sonnenuntergang völlig enthaltsam sein. In dieser Zeit isst man nichts, trinkt nichts, raucht nicht und hat keinen Geschlechtsverkehr. Alkohol ist im Islam ohnehin verpönt.

Es gibt mehrere Gründe, die für das Fasten sprechen: Es hebt beispielsweise den Unterschied zwischen Arm und Reich auf und hat positive Auswirkungen auf die Gesundheit. – Fasten reinigt den Körper. Der Stoffwechsel wird angekurbelt und das vegetative Nervensystem angeregt. Fasten ist deshalb auch ein wichtiger Aspekt der sufischen Medizin (siehe Kapitel 6.3, »Heilung und Medizin«).

Eine der tieferen Bedeutungen des Fastens liegt darin, dass es den Unterschied zwischen Mensch und Tier deutlich macht: Ein Tier lebt einfach nach seinen Instinkten. Es frisst, wenn es Hunger verspürt, und ruht sich aus, wenn es satt ist. Der Mensch kann diesen Kreislauf durchbrechen. Allein durch die ihm innewohnenden geistigen Fähigkeiten kann er sich von den Fesseln der tierischen Natur – zumindest ein Stück weit – befreien und sich so voll und ganz auf seinen eigentlichen Herrn konzentrieren. Die Nahrung eines wahren Muslim ist Gott. Und egal, was er isst, trinkt oder genießt, überall spürt er nur Gott. Flüssigkeit, Nahrung und die anderen schönen

Dinge sind nicht immer frei verfügbar. Die göttliche Anwesenheit hingegen ist stets im Übermaß vorhanden. Im Gegensatz zum Tier sind beim Menschen ohnehin viele Gelüste künstlich geschaffen. Und sie bringen keinen Segen, sondern schaden nur.

Fasten bereitet außerdem auf den Tod vor. Hunger, Durst, sexuelle Lust oder sonstige Begierden brauchen eine grobstoffliche Umgebung. Nach dem Tod fehlen die Mittel für diese Dinge. Der Mensch tritt direkt vor seinen Schöpfer und wehe dem, der noch an irgendeiner dieser Begierden festhält. Will man vor den Thron Allahs treten, darf man an keinerlei irdisches und sinnliches Verlangen mehr gebunden sein. Das ist die Aussage des Satzes: *La Maqusudu illa Lah*, »Es gibt kein Ziel außer Gott«.

Ramadan ist aber keine Zeit der Trauer – im Gegenteil! In zahlreichen orientalischen Ländern, wie zum Beispiel in Ägypten oder dem Maghreb, ist Ramadan für die Gläubigen eine Festzeit. Während die Menschen tagsüber ihre Kräfte sparen, kommt es nach Sonnenuntergang zu regelrechten Festgelagen, und viele Menschen nehmen dabei sogar an Gewicht zu.

Die Sufis messen dem Fasten und der Klausur eine besondere Bedeutung bei: Indem der Mensch seine Sinne von den äußeren Begierden abwendet und sich nur auf das höchste aller Geheimnisse konzentriert, wird der Wille gestärkt und der Eintritt in die höheren Welten vorbereitet. Die Sufis fasten meist vierzig Tage. Darum heißt das Fasten bei ihnen auch *Arbaun*, »vierzig«. In der Türkei, wo das Fasten bei den Derwischen sehr verbreitet ist, heißt es *Çile*, »Entbehrung«. Zum Fasten ziehen sich die Derwische zurück. In der islamischen Welt herrscht immer Trubel, daher muss die Gelegenheit für das Alleinsein künstlich geschaffen werden. Nach rituellen Vorbereitungen, wie einleitenden Gebeten und dem Schlachten eines Tieres, verbringt der Sufi vierzig Tage und Nächte allein in einem winzigen Raum.* Viele Moscheen oder *Kanquas* (Derwisch-Konvente) haben dafür kleine Zellen gebaut. Derwische werden aber auch in die Wildnis gebracht, wo sie dann vierzig Tage in kleinen Höhlen oder Felsspalten verbringen. In modernen Großstädten mietet man zu diesem Zweck Wohnungen.

Die Zellen sind üblicherweise klein und dunkel. Manche sind so klein, dass die Derwische quasi wie in einem Sarg liegen. Der Lichtmangel begünstigt ebenfalls übersinnliche Erfahrungen. So üben die Sufis Dhikr und beschäftigen sich, falls sie genügend Licht haben, mit dem Koran und anderer spiritueller Literatur.

Die Höhlen, Felsspalten oder Zellen haben kleine Öffnungen, durch die der Fastende mit seinem Scheich Kontakt aufnehmen kann. Er ist die einzige Verbindung zur Außenwelt. Der Jünger berichtet ihm von seinen Träumen und Visionen. Der Scheich wacht außerdem über den gesundheitlichen Zustand des Eremiten und entscheidet, ob dieser vielleicht sogar etwas essen *muss*. Der Meister besucht ihn in der Regel am Abend, um seinen Fortschritt zu überwachen und seine Träume und Visionen zu deuten. In manchen Tariquats fallen diese Besuche des Scheichs weg; der Derwisch ist dann während der Klausur von der Außenwelt völlig abgeschnitten.

Während dieser vierzig Tage machen die Sufis tiefgreifende Prozesse durch. Sie werden mit ihrem Vorleben konfrontiert und beginnen, sich so zu sehen, wie sie sind. Es erfolgt eine Abrechnung mit dem früheren Leben, das in diesem Zustand der Dunkelheit, Enge, Einsamkeit und des Hungers mehr und mehr verblasst.

Schließlich kommt es zu göttlichen Visionen. Die Schüler beginnen, Wolken, Lichter und Farben zu sehen, die sich immer mehr verdichten. Bei günstigem Verlauf tauchen sie dann in den Zustand der göttlichen Vertrautheit, Liebe und Allmacht ein und einer der Propheten erscheint ihnen. Es ist nicht ungewöhnlich, dass Moses, Mohammed oder Jesus erscheinen. Die Schüler werden auf diese Weise in solch ein beglückendes Gefühl von Klarheit und Ehrfurcht ver-

---

* Siehe hierzu das im gleichen Verlag erschienene Buch *40 Tage* von Michaela Özelsel

setzt, dass sie ein Leben lang davon zehren. Ibn Arabi etwa wurde während seines Rückzugs von Jesus unterrichtet und Hamadani von Mohammed.

> »Ein Jünger verbringt vierzig Tage in einer Klausurzelle. Tag um Tag fragt er die Geschöpfe nach Gott: die Sonne, den Mond, die Sterne, den Wind, die Tiere und die Pflanzen. Doch alle antworten ihm, dass sie selbst Gott suchen. Da erscheint ihm der Prophet und rät ihm, Gott nicht im Äußeren der Schöpfung zu suchen, sondern im Inneren seines Herzens. Denn nicht im Äußeren der Schöpfung liegt Gottes Wohnstatt, sondern im tiefen Meer der Seele.«
>
> Aus Attars Erzählung *Musibatnama*

Beinhaltet der Schulungsweg eines Ordens, dem ein Sufi angehört, *Arbaun,* so ist es nicht ungewöhnlich, dass dieser sich mehrmals in seinem Leben in Klausur begibt. Die vierzig Tage können nämlich solch eine Kraft geben, dass sich viele immer wieder danach zurücksehnen. Es gibt Mystiker, die während ihres Lebens zehnmal oder noch öfter in Fastenklausur gegangen sind. Manche sollen sogar vierzigmal vierzig Tage in Klausur verbracht haben.

Sufis fasten aber nicht nur in *Arbaun* und im Monat Ramadan, sondern legen auch während des Jahres immer wieder kleinere Fastenzeiten ein, um ihre Sinne zu sammeln und Körper und Geist zu reinigen. Fasten stärkt paradoxerweise einerseits den Willen der Menschen, versetzt sie aber andererseits in einen solch geschwächten und ätherischen Zustand, dass sie für die Fügungen des Schicksals offener werden. Fasten darf aber nie zum Selbstzweck geschehen. Für islamische Mystiker ist Fasten stets eine spirituelle Übung.

Auf Zeiten der Entbehrung folgen Zeiten der Fülle. Filigran hergerichtete Süßspeisen wie *Fulful* sind in der arabischen Welt eine beliebte Leckerei, die die Menschen während des Ramadan nach Sonnenuntergang genießen. Die Blätterteigspeisen werden mit Mandeln und Pistazien so geformt, dass sie an leidenschaftliche oder religiöse Motive erinnern. Auch kommt es in einigen Derwisch-Konventen vor, dass nach dem Fasten aufwändige Nachbauten von Heiligtümern aus Zuckergebäck gereicht werden, die die Muriden dann hungrig verzehren.

Eine weitere Form des Fastens ist die in raschem Wechsel erfolgende Nahrungsaufnahme und -verweigerung. Diese Form wird als besonders schlimm erlebt, da der Körper sich nicht richtig umstellen kann. Doch nicht alle Tariquats praktizieren solch extremes Fasten oder *Arbaun*. Es gibt Methoden der Sammlung und des Rückzugs, die auch im Alltag gelebt werden können. Beispielhaft dafür sind die acht Prinzipien, die auf Ghijduwani, den Meister von Bahauddin Naqushbandi, zurückgehen:

1. *Hush dar dam:* Sei gegenwärtig mit jedem Atemzug.
2. *Nazar bar qadam:* Achte auf jeden deiner Schritte.
3. *Safar dar watan:* Erinnere dich, dass du auf der Reise in deine Heimat bist.
4. *Khalvet dar anjuman:* Einsamkeit in der Menge.
5. *Yad kard:* Erinnere dich im Herzen an deinen Freund – Allah.
6. *Haz gard:* Diszipliniere dein Denken.
7. *Nigab dasht:* Weise alle ablenkenden Gedanken von dir.
8. *Yad dasht:* Sei dir ununterbrochen der Qualität der göttlichen Gegenwart bewusst.

Durch diese acht Prinzipien, deren Bedeutung sich einem spirituell Suchenden erst nach einiger Zeit voll und ganz erschließt, geraten die Gottesfreunde in einen Zustand der besonderen Aufmerksamkeit, der auch im normalen Leben die Verbindung mit der göttlichen Präsenz ermöglicht.

Auch dem Schlafentzug und dem frühen Aufstehen wird eine wohltuende Wirkung zugesprochen. So gilt die Zeit vor der Morgendämmerung als besonders effektiv. Der Haqqani-Naqushbandi-Tradition nach sollen zu dieser Zeit die Tore Allahs geöffnet sein und die Scheichs auf ihre Muriden blicken. Die Menschen der Entschlossenheit sollten darum mindestens eine Stunde vor Sonnenaufgang aufstehen, sich waschen, zwei *Rakats Tahiyyattu'l-wudu* beten und sich anschließend in Richtung Mekka stellen und 100-mal sagen: *Ya Halim* (O Sanfter, Nachsichtiger). Das befreit vom Zorn des niederen Ego. Dann soll man 100-mal sagen: *Ya Hafiz* (O

Hüter, Bewahrer). Das verspricht Schutz vor äußeren und inneren Feinden sowie vor irdischem und himmlischem Unglück (d.h. vor Unglück im Leben nach dem Tod, zum Beispiel dem Aufenthalt in den niederen Welten). Dann sollte man das *Sâlatu'n Najat,* das »Gebet der Errettung«, zweimal sprechen und beim ersten Mal Sure 3 *(Al-Imram),* Vers 18 und Anfang 19, sowie 26 und 27 rezitierten. Beim zweiten Mal elfmal die besonders mächtige Sure 112 *(Al-Ikhlas).* Anschließend folgen noch weitere Anrufungen und Gebete.

Eine ganz besondere Übung lehren die Kubrawya, ein vor allem in Zentralasien, Persien und teils auch in Indien verbreiteter Sufi-Orden in der Tradition von Nagmuddin Kubra (gest. 1220). Bei den gemeinsamen Dhikrs sitzen die Sufis im Kreis und konzentrieren sich auf die inneren Lichter. Dem Anfänger erscheint die Farbe Schwarz oder Grau. Das entspricht dem physischen Organismus, dem Adam unseres Seins. (Kubra liefert eine genaue Beschreibung der Lichtwelten.) Tritt vor das Schwarz ein bestimmtes Rot, so handelt es sich um den Dämon, den der Mystiker durch Willenskraft und rechte Lebensführung zum Islam bekehren muss. Nach einiger Zeit erscheint die Farbe Blau. Sie steht für die vitale Seele, den Noah unseres Seins. Im weiteren Aufstieg ist die Farbe Rot zu sehen. Sie entspricht dem Abraham unseres Herzens. Dann erscheint Weiß, das für das Überbewusste des Propheten Moses steht. Als Nächstes taucht die Farbe Gelb auf, die dem Geist und dem Propheten David entspricht. Und im Anschluss sieht man Arkanum, das leuchtende Schwarz (*Aswad nurani).* Es ist die leuchtende Nacht, von der schon so viele islamische Mystiker gesprochen haben, wie Nagm Razi (gest. 1256) oder Mahmud Schabistari in seinem *Gulschan-i Raz*, dem »Rosenhag des Geheimnisses«, einem etwa 1500 Doppelverse umfassenden Gedicht, das auch heute noch in Persien zur geistigen Erbauung gelesen wird. Dieses Schwarz wird nicht unbedingt vom Mystiker mit seinen Sinnen gesehen, vielmehr wird der Mystiker durch dieses Licht gesehen. Es entspricht dem immateriellen Licht vor der Schöpfung und wird Jesus zugeordnet.

Danach wird sich dem Schauenden ein besonderes Licht offenbaren. Es ist ein sich bewegendes grünes Licht, das von solcher Intensität ist, dass ein normaler Mensch es nur schwer ertragen kann. An der Oberfläche erscheinen zu Gruppen angeordnet intensiv strahlende rote Punkte, die den Mystiker in einen Zustand der Sehnsucht und des Heimwehs versetzen. Dies ist das göttliche Zentrum und es entspricht dem Propheten Mohammed.

Auch andere Schulen haben bei ihrer innerweltlichen Kontemplation die Farbenlehre von Nagmuddin Kubra übernommen. So spielt sie eine wichtige Rolle bei der Öffnung der Lataif (siehe dazu Kapitel 5.5, »Lataif und Lichtwelten«). Auch beim Drehtanz der Mevlevis können die Mönche in eine solche Ekstase geraten, dass sie das Gefühl haben, sich in grünen Wäldern mit rubinroten Früchten zu befinden.

Von Kubra sind weitere Methoden der Lichterschau überliefert. So werden den Derwischen bei regelmäßigen Dhikrs geometrische Figuren wie Punkte, Kreise oder Vierecke erscheinen. – Als Karneolpunkte auf einer schwarzen Tafel dem eigenen Gesicht gegenüber repräsentieren sie beispielsweise die kosmische Vernunft. Der schwarze Kreis symbolisiert die zum Bösen treibende Seele; der helle Kreis die mit dem Herzen identische beruhigte Seele. Des Weiteren gibt es noch die beiden Augenkreise, die gegenüber dem eigenen Gesicht erscheinen, sowie den »Kreis des Gotteslichts« zwischen Augen und Augenbrauen, den »Kreis des Geistes (oder des Lebensodems)« gegenüber der Nase und den »Kreis des Gesichts«. Ferner sind noch ein »Licht der Zunge« ohne besondere Kreise, das ein reines Lichtsprühen ist, sowie ein »Licht des Gehörs«, das als zwei leuchtende Punkte hinter den beiden Augenkreisen erscheint, zu nennen.

Indem der Mystiker sich während seines Dhikrs *La illaha illa Lah* auf die Lichtblitze hinter seinen geschlossenen Augen konzentriert, erscheinen ihm nach und nach übersinnliche Gestalten und sogar ganze Städte. Ferner beginnt er, bestimmte Töne zu hören: Vogelgezwitscher, Bienensummen, Lautenspiel, Wasserrauschen und Donner. Dann tauchen die Lichtkreise auf. Der »Kreis des Gotteslichts« zwischen den Augenbrauen kann beginnen, sich ihm ständig zu offenbaren, sodass eine mystische Schau in allen Lebensbereichen möglich ist. Ab einem gewissen Zeitpunkt jedoch fließen all die Lichtkreise zu einem einheitlichen Gesicht zusammen. Es ist das Antlitz des Höheren Selbst, mit dem der Sucher sich dann vereint. Die *Unio mystica* wird wiederhergestellt (siehe dazu Kapitel 2.4, »Die Schöpfung als Licht«).

Die Farben- und Lichterschau kann von den Mystikern auch außerhalb der vierzigtägigen Fastenklausur praktiziert werden. Wird diese spezielle Schulung aber mit *Arbaun* gekoppelt, dann kann der Derwisch in gefährliche Bereiche gelangen, was eine Betreuung durch den Scheich absolut notwendig macht.
Eine noch extremere Form der Klausur ist die der völligen Versiegelung, die aber heute kaum mehr betrieben wird. Dabei werden den Aspiranten drei Tage und Nächte lang die Augen und die Ohren versiegelt, teilweise bei absolutem Nahrungsmittel- und auch Wasserentzug. Auf diese Weise können die verschiedenen Himmel und Höllen durchlebt werden, um am Ende dann Gott zu schauen. Diese Form des »Fastens« ist jedoch so extrem, dass nicht wenige daran zerbrochen sind.

5.7 Arbeit und Hingabe

Großzügigkeit ist im Islam Pflicht – und so ist eine der fünf Säulen des Islam *Sakat*, die Armensteuer. Moderne Theologen argumentieren, dass Sakat nicht nur die Zahlung der gesetzlich vorgeschriebenen Steuern umfassen solle, sondern dass Großzügigkeit noch viel weiter gehen müsse. So ist zum Beispiel sowohl Freundlichkeit gegenüber den Mitmenschen als auch das gewissenhafte Ausführen einer bestimmten Arbeit eine Form von Sakat. Arbeitet man korrekt und gewissenhaft, gibt man sein Bestes, so ist das ebenfalls ein Dienst an der Allgemeinheit.

Arbeit und spirituelle Entwicklung gehen darum in vielen Sufi-Schulen Hand in Hand. Es heißt: »Machst du *eine* Arbeit gut, machst du alle Arbeiten gut.« Schon Abu Said sagte: »Sich auf *eine* Sache voll und ganz zu konzentrieren ist auch eine Form des Einheitsbekenntnisses.«

Ein Mann fragte Abu Said einmal: »Wie erreicht man Gott?« Der antwortete: »Die Wege zu Gott sind so zahlreich wie die Geschöpfe. Doch der kürzeste und einfachste ist, anderen zu dienen, andere nicht zu stören und andere glücklich zu machen.«

Es gibt eigentlich keine »schlechte« Arbeit (es sei denn, man begeht ein Verbrechen). Tätigkeiten wie Saubermachen, Auf-die-Kinder-Aufpassen oder Kochen sind ebenfalls Arbeit. Gerade im Westen hat sich die Vorstellung durchgesetzt, dass nur Lohnarbeit außer Haus »richtige« Arbeit sei. In früheren Zeiten war das anders; in der Familie hatte jeder seine Aufgabe, jeder trug zum Erhalt der Gemeinschaft bei. Manche Menschen, die sich einem Sufi-Tariquat anschließen, stammen aus privilegierten Verhältnissen. Bodenständige Tätigkeiten geben ihnen wieder ein Gefühl für das Wesentliche, helfen Energien freizusetzen und brechen den Stolz.

Menschen können sich noch so sehr in die geistigen Welten vertiefen: Solange sie nicht in der Lage sind, auch materiell für ihren Lebensunterhalt zu sorgen, werden sie den Traumzustand nicht abschütteln.

Es ist ein Phänomen, dass Wahrheitssucher, die in einem abgesicherten und überschaubaren Rahmen leben, auch nach Jahren der geistigen Arbeit oft noch unbeholfen wirken und die naheliegendsten Dinge nicht begreifen. Menschen hingegen, die das, was im Leben geschah, stets angenommen haben und die immer getan haben, was gerade anstand, besitzen häufig große Weisheit und Reife.
Eine Geschichte veranschaulicht das:

> Ein Mann namens Mojud lebte in einer kleinen Stadt. Er war ein eifriger Beamter. Eines Tages ging Mojud in einem Garten in der Nähe seines Hauses spazieren, als ihm Chidr erschien, der in

strahlend grüne Gewänder gehüllte Prophet. Chidr verlangte von Mojud, dass er seine Stellung kündigen und in drei Tagen am Fluss erscheinen solle. Mojud war zwar ein guter Beamter, doch hatte er nichts zu verlieren. Er tat, wie ihm geheißen, und ging zum Fluss. Chidr erschien und sagte, er solle seine Kleider zerreißen und in den Fluss springen ... vielleicht würde ihn jemand retten. Mojud tat, wie ihm geheißen. Und ein Fischer rettete ihn. Der Fischer wollte von ihm wissen, wer er sei und was sein Ziel gewesen sei, aber Mojud konnte es ihm nicht sagen. So nahm sein Retter ihn als Gehilfen auf, und Mojud wurde Fischer. Daraufhin erschien Chidr Mojud ein weiteres Mal und er befahl ihm wieder, seine Arbeit aufzugeben und weiterzuziehen. Und Mojud tat, wie ihm geheißen. Er arbeitete nun eine Zeit lang bei einem Bauern und brachte es zu einigen Ersparnissen.
Da tauchte Chidr erneut auf und sagte, er solle nach Mosul gehen und dort mit seinen Ersparnissen in den Pelzhandel einsteigen. Und Mojud tat es.
Als Pelzhändler brachte er es zu Wohlstand und Ansehen. Und es vergingen Jahre, bis Chidr wieder erschien. Er verlangte von Mojud, dass dieser ihm all sein Geld geben, nach Samarkand gehen und dort als Krämer arbeiten solle.
Mojud ging nach Samarkand und wurde Krämer. Mittlerweile zeigten sich die ersten Anzeichen der Erleuchtung: Er heilte Kranke und vollbrachte Wunder. Die Menschen suchten ihn auf, um von ihm in die Mysterien eingeweiht zu werden, und sie wollten wissen, von wem er das alles gelernt habe.
»Schwer zu sagen«, antwortete Mojud. »Ich war ein kleiner Beamter. Dann sprang ich in den Fluss und wurde Fischer. Danach gab ich diesen Beruf auf und brachte es als Bauer zu einigem Wohlstand. Später wurde ich Pelzhändler. Das gab ich ebenfalls auf und wurde hier in Samarkand Krämer.«
»Hast du alles aufgegeben, um ein Meister der Weisheit zu werden?«, fragten ihn die Menschen.
»Nein, ich habe es einfach nur aufgegeben.«
Die Menschen verstanden ihn nicht und erzählten sich wundersame Geschichten über ihn. Sie glaubten nicht, dass ein Mann

> wie Mojud einfach darum Scheich geworden war, weil er jedes Mal aufs Neue bereit gewesen war, alles aufzugeben, ohne dafür etwas zu erwarten.

In der islamischen Welt verband man Arbeit schon sehr bald mit spiritueller Andacht. Oft sind Betriebe und sogar ganze Berufszweige einem Tariquat angeschlossen. So gehören in Nordafrika viele Fischer der Quadiria an. In einigen Gebieten Asiens sind Handwerker der Kubrawya angeschlossen. Mevlevis arbeiten häufig als Kalligrafen. Vor den Moscheen der Heiligen sind bis heute Teestuben der Zünfte zu finden. Und manche Fabriken und landwirtschaftlichen Betriebe werden von Sufis betrieben.

Zur mystischen gehört meist auch eine praktische Ausbildung, sodass die Muriden die Erkenntnis der höheren Welten mit einem Handwerk kombinieren können. So gibt es Sufis, die als Handwerker arbeiten und bei denen die Lehrlinge eine geistige Schulung durchmachen.

Außerhalb von Sufi-Schulen gibt es ebenfalls Familienbetriebe, in denen seit Generationen ein Geheimnis weitergegeben wird. Hier werden beispielsweise zu bestimmten Arbeitsschritten immer bestimmte Koran-Suren oder Abfolgen von Dhikr-Sätzen rezitiert. So tauchen die Menschen über ihr Handwerk in die Welten Allahs ein. Es wird Gottes gedacht und dennoch stehen sie voll und ganz im Arbeitsleben. Gegenstände, die auf eine solche Weise hergestellt werden, besitzen einen besonderen Reiz, der sich dem kundigen Betrachter offenbart. Man kann die besondere geistige Qualität durch ihre feine Ausstrahlung spüren.

Arbeiten, durch die keine Gegenstände geschaffen werden, können natürlich ebenfalls mit Dhikr verbunden werden: Fischer gedenken jeden Tag aufs Neue gemeinsam in melodiösem Gesang Allahs, wenn sie die Netze auswerfen und wieder einholen; Straßenkehrer verbinden ihre Bewegungen mit dem Dhikr und selbst die Maurer und die anderen Arbeiter, die einstmals die Pyramiden erbauten, reichten einer sufischen Überlieferung nach die Steine zu religiösem Gesang weiter.

Gurdjieff, einer der großen Sufi-Lehrer im Westen, legte ebenfalls großen Wert auf die Verbindung von materieller mit spiritueller Arbeit. Von ihm ist der Satz überliefert: »Das Höchste, was ein Mensch erreichen kann, ist das Vermögen zu tun.« Gurdjieff ging dabei davon aus, dass die meisten Menschen aufgrund von innerer Trägheit nur einen Bruchteil der ihnen angeborenen Potenziale verwirklichen und stattdessen lieber andere für sich entscheiden und handeln lassen. In seiner Autobiografie *Begegnungen mit bemerkenswerten Menschen* beschreibt Gurdjieff vor allem Persönlichkeiten, die in sich selbst mit ungeheurer Willenskraft gegen den unnatürlichen Schlafzustand ankämpften und dadurch Großes erreichten.

In seinem Institut wurden die Schüler zu enormen Arbeitsleistungen angehalten. In diesem Zusammenhang wird häufig die folgende Geschichte erzählt: Einem Jungen wurde aufgetragen, einen steinigen Acker umzugraben. Der aber hatte noch keine Erfahrung mit solchen landwirtschaftlichen Tätigkeiten und verzweifelte schon beim ersten Meter. Er schaffte nicht einmal das erste Stück ... und was noch schlimmer war, selbst wenn der riesige Acker fertig umgegraben worden wäre, wäre es für Gurd-

> Ein großer Philosoph mit Namen Ali wollte stets alle Menschen von seinen höheren Erkenntnissen überzeugen. Einmal wurde er zu einer Schiffsreise eingeladen. An Bord wollten ihm die Matrosen und der Kapitän die besonderen Eigenschaften des Meeres erklären, doch das interessierte ihn nur wenig. Viel lieber wollte er den anderen davon erzählen, womit er sich beschäftigt hatte. Als Ali erfuhr, dass der Kapitän sich nicht für Philosophie interessierte, erklärte er, das sei eine Schande und der Kapitän habe sein halbes Leben unnütz vertan.
> Am zweiten Tag der Reise geriet das Schiff nun in einen Sturm ... und es begann zu sinken.
> Nun fragte der Kapitän den Philosophen: »Hast du schwimmen gelernt?«
> Ali verneinte.
> »Welche Schande«, erwiderte der Kapitän, »denn nun hast du nicht nur dein halbes, sondern dein ganzes Leben vertan.«
> Glücklicherweise wurden alle Männer gerettet. Ali und der Kapitän wurden gute Freunde und Ali war ihm für die Einsicht, die er gewinnen durfte, sehr dankbar.
>
> Nach Rumi

jieff zu wenig gewesen. Nach und nach jedoch wuchs in dem Jungen eine ungeheure Willenskraft. Er sah nicht mehr die Ruhezeit nach der getanen Arbeit, sondern nur noch die Arbeit an sich. Er bearbeitete den Acker und konnte es kaum erwarten, mit dem nächsten Acker zu beginnen. Nun hielt Gurdjieff den Jungen zurück: Er hatte seine Lektion begriffen.

5.8 Die Pilgerfahrt

Die Pilgerfahrt, *Hadsch*, ist eine der fünf Säulen des Islam. Sie symbolisiert die Rückkehr zum Ursprung. Jeder Muslim soll sich, wenn möglich, mindestens einmal in seinem Leben auf Pilgerfahrt nach Mekka und Medina begeben. Wer auf der Reise stirbt, dem wird sofortiges Eintreten ins Paradies vorhergesagt. Dem islamischen Glauben nach ist die Kaaba in Mekka das irdische Abbild der paradiesischen Kaaba, bei der die Engel Gottes gedenken. Es ist überliefert, dass die erste Kaaba von Adam nach seiner Vertreibung aus dem Paradies errichtet wurde; sie fiel jedoch der Sintflut zum Opfer. Die jetzige Kaaba wurde dem islamischen Glauben nach von Abraham und seinem Sohn Ismael erbaut. Man glaubt, die Kaaba in Mekka sei die Schnittstelle zwischen der irdischen und der paradiesischen Welt.

Bei der Pilgerfahrt umrunden die Muslime die Kaaba siebenmal entgegen dem Uhrzeigersinn. Im Lauf der Jahrhunderte wurden den sieben Umrundungen zahlreiche Geheimnisse abgerungen. So wurden sie mit der Aktivierung der Bewusstseinszentren (*Maqams*) gleichgesetzt oder mit dem Aufstieg der Seele durch die sieben Paradiese, um sich am höchsten Punkt mit dem Schöpfer bewusst zu vereinen. Nach der Umrundung der Kaaba pilgern die Gläubigen zum Berg Arafat. Dort wird in einem Ritual Satan, der von einer Steinsäule

> Der Legende nach räumten Abraham und sein Sohn Ismael nach dem Bau der Kaaba den Bauschutt nicht gleich weg. In der Nacht kam ein himmlischer Wind, der den Schutt über die ganze Welt verbreitete. Wo er zu Boden fiel, sollte später eine Moschee errichtet werden.

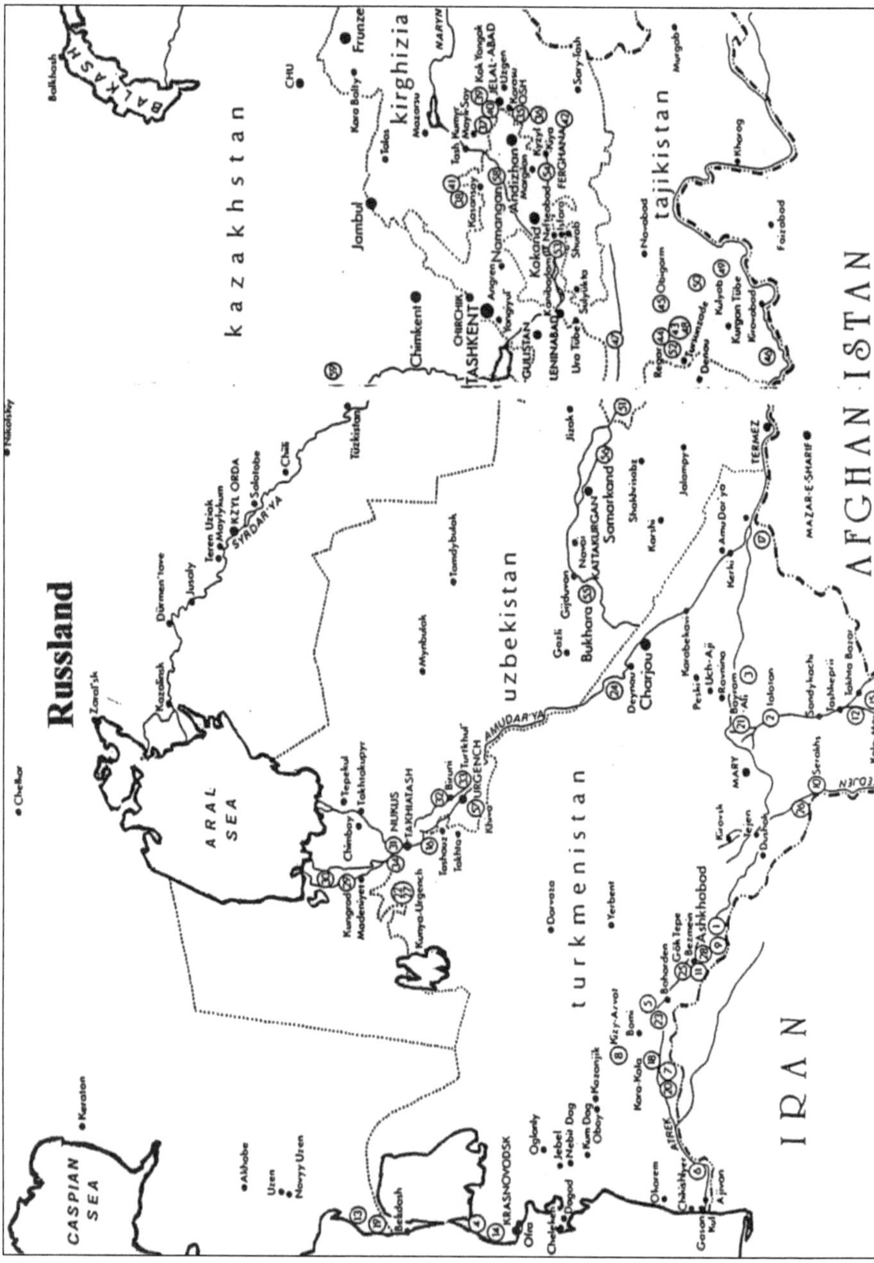

Russland
kazakhstan
kirghizia
tajikistan
uzbekistan
turkmenistan
AFGHANISTAN
IRAN
ARAL SEA
CASPIAN SEA
BALKASH
TASHKENT
Samarkand
Bukhara
Charjou
Ashkhabod
URGENCH
NUKUS
KRASNOVODSK
KZYL ORDA
Frunze
Chimkent
Jambul
Kokand
Namangan
Andizhan
FERGHANA
OSH
TERMEZ
MARY
MAZAR-E-SHARIF
AMUDAR'YA
SYRDAR'YA

Turkmenistan

1. Baba Gambar
2. Baba Gambar
3. Sultan Sanjar
4. Gözli Ata
5. Göch-Murad Akhun
6. Mulla Qaqa
7. Atuali Baba
8. Pakyr Scheich
9. Seyyid Nejepi (Najafi)
10. Salyr Gazan
11. Scheich Serep
12. Khojagan Baba
13. Chopan Ata
14. Qara Baba
15. Ismamut Ata
16. Göjük Baba
17. Astana Baba
18. Mahtum Azam Jurjani
19. Scheich Kemaleddin Husein Khorezmi
20. Schich Shibli Khorassani
21. Khoja Yusuf Hamadani
22. Schich Najmuddin Kubra
23. Aq Ishan
24. Bilal Baba
25. Scheich Kurban Murat
26. Seragt Baba
27. Scheich Fahreddin Razi
28. Scheich Abu Ali Dakkak (Scheich Alov)

Karakalpakistan

29. Qaraqum Ishan
30. Daud Ara
31. Mazlumkhan Sulu
32. Siltan Vais Baba
33. Narimjan Baba
34. Shamun Nabi

Kirgisien

35. Takht-i Suleyman
36. Kirghiz Ata
37. Arslan Ata
38. Idris Peyghamber
39. Hazrat Ayub
40. Aq Taylaq Ata
41. Fazil Shah
42. Ismanali Ishan

Tadschikistan

43. Scheich Yaquk Charkhi
44. Balagardan
45. Khoja Ab-i Garm
46. Imam Zein ul-Abidin
47. Khoja Sabzpush
48. Mulla Junaid
49. KhojaHamadani
50. Khoja Tajeddin
51. Scheich Mohammed Bashara
52. Khoja Aref Revgari
53. Khoja Takaburt

Usbekistan und Kasachstan

54. Shaimardan
55. Scheich Bahaudin Naqushband
56. Shah-i Zenda
57. Palvan Pir
58. Khojami Kabri
59. Scheich Ahmed Yasawi

symbolisiert wird, gesteinigt, es wird geopfert und man wäscht sich mit Wasser aus der Quelle Zimzum.

Dies ist der Ablauf der großen *Hadsch*, die jedes Jahr ihre bestimmte Zeit hat. Im volkstümlichen Islam wird allerdings auch die so genannte »kleine Hadsch«, die *Umrah*, praktiziert. Nicht nur die Kaaba in Mekka und das Grab des Propheten in Medina stellen wichtige Ziele dar, unzählige Propheten- und Heiligengräber sind Ziele kleinerer Pilgerfahrten. Fast alle biblischen Propheten und Gestalten sind in der islamischen Welt bestattet. So befindet sich das Grab Jesu in Jerusalem, das Grab Marias in Ephesus, das Grab Adams und das Grab Abrahams in Hebron – dies alles sind Ziele für muslimische Pilgerfahrten. Die Gräber der Heiligen sind ebenfalls wichtige religiöse Orte und beliebte Ausflugsziele. An Feiertagen pilgern Familien zu den Schreinen, die sich in der Umgebung befinden, und veranstalten im Vorhof der Moscheen regelrechte Picknicks.

Nach dem Volksglauben kann der mehrmalige Ausflug zu den Heiligengräbern die große Pilgerfahrt nach Mekka ersetzen.

Besonders in der früheren Sowjetunion, wo für die Muslime die Hadsch nach Mekka aus politischen Gründen einfach nicht möglich war, stellte die Reise zu den Heiligengräbern einen Ersatz dar.

Die großen Sufi-Gräber sind Orte der Andacht für Frauen. Zwar gibt es in allen Moscheen Raum für Frauen, doch sind diese dort nur geduldet. Die meisten Moscheen sind eher Domänen der Männer. In den Heiligenmoscheen aber ist das anders: Frauen plauschen miteinander, die Kinder spielen und es wird gegessen. Die Frauen geben sich ganz individuell der göttlichen Andacht hin. Es kann sogar zu sexuellen Handlungen kommen. In der orientalischen Welt herrscht ein starkes Körperbewusstsein, das die Menschen im Westen nur schwer nachvollziehen können bzw. erst seit Kurzem für sich selbst wieder entdecken. Dass Frauen mit einem Kinderwunsch ihre Geschlechtsteile rituell an der Grabplatte eines Heiligen reiben, ist in manchen orientalischen Ländern nichts Ungewöhnliches.

Im esoterischen Islam geht man davon aus, dass die *Baraka* (Segenskraft) der Meister auch nach deren Tod noch an den Gräbern gegenwärtig ist. Im Sufismus stellt die Pilgerfahrt deshalb eine besondere Übung dar. Die Derwische werden nicht nur losgeschickt, um mit der Kraft eines Meisters in Berührung zu kommen, sondern auch um auf ihrer Pilgerreise neue Erfahrungen zu sammeln. Manche Scheichs schicken ihre Schüler zu einem der Heiligengräber, damit sie mit dem dort anwesenden Scheich in Kontakt kommen. Dieser nimmt sie dann für eine bestimmte Zeit als Schüler an.

Solche Stätten sind zum Beispiel die von Ahmed al Baddawi in Tanta (Unterägypten/Nildelta), von Mevlana Rumi in Konya (Zentralanatolien), von Abdul Quadir al Gilani und von Rifai in Bagdad, von Ibn al Arabi in Damaskus, von Ibn Farid in Kairo, von Myar Mar Hujwiri in Lahore, von Nuezzim Chishti in Dehli, von Sakhi Sarwar Sultan in Nigaha (Industal), von Baba Farid im Punjab, von Lal Shabaz Qualander in Sehwan (Sindh), von Hamadani in Srinagar (Kashmir), von Nagmuddin Kubra in Turkestan, von Bahauddin Naqushbandi in Buchara oder die von Ahmed Yassawi in der Steppe Kasachstans. Auch öffentliche Plätze, wie der oktogonale Park zu Füßen des Tempelbergs in Jerusalem oder die Hallen der Al-Ahzar-Moschee oder der Sultan-Hassan-Moschee in Kairo, sind Ziele der Pilgerschaft.

Um mit der geistigen Kraft des verstorbenen Meisters in Berührung zu kommen, wird an den Heiligengräbern ein besonderes Ritual praktiziert. Der Pilger stellt sich dazu rechts vor das Grab des Pirs. Er legt die rechte Hand auf die linke, die Handflächen zeigen zum Bauch. Die beiden Hände werden so oberhalb des Bauchnabels platziert. In dieser Andachtshaltung rezitieren die Pilger nun die 1. Sure *(Al Fâtiha)* und die 112. *(Al Ikhlas)* des Korans. So überträgt sich die Energie des verstorbenen Meisters auf die Gläubigen.

Manche der beigesetzten Meister haben eine eigene Schule hinterlassen. Und so nehmen die Wander-Derwische, unabhängig davon, welchem Orden sie selbst angehören, am Dhikr der örtlichen

Tariquats teil. Bis zur Säkularisierung durch Atatürk war das Grab Rumis in Konya auch das Zentrum der Mevlevis; und das Grab von Ahmed al Baddawi in Tanta ist bis heute das Zentrum der Baddawya.

An bestimmten Heiligengräbern sind sogar gleich mehrere Tariquats ansässig, weshalb sich die verschiedenen Hadras abwechseln. Einige Moscheen sind regelrechte Foren für Sufi-Gruppen, die sich in verschiedenen Ecken der Halle bewegen und singen.

Manche Heiligengräber wurden auch auf früheren Heiligtümern errichtet – in Ägypten etwa auf pharaonischen Denkmälern –, wie das Grab von Ahmed as-Samnani in Gizeh, des Begründers der Samnani-Bruderschaft, oder das von Abu Hadschadsch in Oberägypten. Im indo-pakistanischen Raum wurden Hindu-Tempel zu Sufi-Heiligtümern; zu nennen sind hier beispielsweise das Grab von Lal Shabaz Qualander in Sehwan oder das Grab von Shar Madar in Nordindien. Hindus pilgern zu den muslimischen Heiligtümern, um ebenfalls an der Segenskraft teilzuhaben. So sehen einige Hindus in der Kaaba von Mekka einen besonderen Shiva-Lingam, dem Verehrung zu zollen ist.

In manchen Fällen wurde die Bauweise der Gräber auf bestimmte energetische Strukturen abgestimmt, die schon vor der Islamisierung bekannt waren. Da gibt es etwa die *Gubas*, bienenstockförmige Heiligengräber mit pyramidenartigen Stufen, die in der Nähe wirklicher Pyramiden im nubischen Teil des Sudan liegen.

Eine Geheimlehre innerhalb des Pilgerritus ist die Geomantie. Nach ihr ist die ganze Erde von unterschiedlichen Energielinien durchzogen. Wo sich diese kreuzen, entstehen Kraftzentren, an denen nicht nur Gebäude und Gräber errichtet wurden, sondern auch ganze Städte, die die Energie aus ihrer Umgebung aufnehmen und umverteilen. Derwische, die zu einem bestimmten Grab in eine bestimmte Stadt pilgern, nehmen also auch etwas von der Energie der Stadt mit. Pilgert man beispielsweise zum Grab von Rifai in

Bagdad, so nimmt man etwas von der Energie von Bagdad auf; pilgert man zum Grab von Ibn Farid, so nimmt man etwas von der Energie Kairos auf oder von dem Stadtteil, in dem sich das Grab befindet. Solche »Energie-Oasen« gibt es natürlich auch außerhalb der Städte. Dabei handelt es sich um bestimmte Felder, in denen die kosmische Ordnung auf eine besondere Weise schwingt. Die heiligen Männer suchen diese Stätten, die in der Wildnis liegen, auf, um dort zu meditieren und zu beten. In manchen Fällen wird das Wissen um diese Stätten nur an vertrauenswürdige Menschen weitergegeben. Es kann aber auch sein, dass an einem solchen Platz nach dem Tod eines Heiligen sein Grab errichtet wird, das wiederum zu einem Treffpunkt für Pilger wird. Die islamische Welt ist voll von solch eigenartigen Kleinoden, die die Menschen in eine übersinnliche Stimmung versetzen.

Viele berühmte Männer sind auf ihren Wanderungen gestorben, weshalb ihre Schüler ihnen am Wegesrand ein Denkmal errichteten. Noch zu Beginn des 20. Jahrhunderts gab es in den Bergen Turkestans keine richtigen Pfade. Bestimmte Steinanhäufungen, unter denen angeblich heilige Männer begraben worden waren, wurden deshalb absichtlich – weithin sichtbar – angelegt. Sie sollten Orientierung bieten. In den Wüsten können solche Grabmäler ein wichtiges »Etappenziel« für die Pilger sein. In der heutigen Zeit wurden in der Nähe solcher Anlaufstellen auch Restaurants und Imbissbuden errichtet, wo die Autofahrer eine Pause einlegen können.

Selbstverständlich sind auch lebende Meister Ziel der Pilgerfahrt. Besonders im Ägypto-Sudan, im indopakistanischen Bereich, in Indonesien, Malaysia sowie in Westafrika wirken viele heilige Männer und Frauen, die den Gläubigen durch ihren Rat, aber auch durch ihre bloße Gegenwart zum Erwachen verhelfen.

Oft liegen die Heiligengräber inmitten von »Totenstädten«. Und um das Grab der Pirs herum hat man begonnen, »gewöhnliche« Gläubige zu bestatten. In der orientalischen Welt fühlt man sich den Toten eng verbunden. Deshalb ähneln die Grabmäler oft kleinen Häusern, in deren Vorhof die Familienmitglieder sitzen. Dass Menschen in den Totenstädten leben, ist keine Seltenheit. Manche der Nekropolen, wie die in Kairo, beherbergen sogar mehrere zehntausend Einwohner – inoffizielle Schätzungen sprechen sogar von mehreren hunderttausend. Diese Nekropolen sind in der Regel auch Orte für allerlei Magie: Hier sind Zauberer, Geisterbeschwörer, Hexen, Traumdeuter, Amulettverkäufer und Astrologen jeder Couleur anzutreffen (siehe 5.13, »Exkurs: Geisterkulte und Magie in der islamischen Welt«).

In diesen Totenstädten finden *Mauluds* statt. Eine Maulud ist eine Art riesiger Jahrmarkt anlässlich islamischer Festtage oder zu Ehren eines Schutzheiligen. Bei diesen Veranstaltungen werden Lichtergirlanden aufgehängt, man tanzt, die örtlichen Sufi-Orden zeigen ihre Kunststücke und die Scheichs erteilen ihren Segen.

Nach einer bestimmten Lehre hält das genaue Einhalten des religiösen Kalenders mit Fastenzeit, Ritualen und all seinen Feierlichkeiten die Menschen im Gleichgewicht. Manche Wander-Derwische pilgern deshalb von einem Fest zum nächsten. Der Weg des Wanderers ist aber keineswegs nur der des Feierns und des Ausgelassenseins. Sufis leben nicht wie Bettler. Sie waschen sich und machen ihre Übungen. In der Menschheitsgeschichte gab es immer wieder große Hungersnöte und es mutete dramatisch an, wie sich Sufis bei einer Hungersnot bis zum Augenblick ihres Tod an das Gebot der Reinlichkeit gehalten und ihre Übungen vollzogen haben, um das Ziel nicht aus den Augen zu verlieren: die bewusste Vereinigung mit dem Schöpfer.

Es gibt allerdings auch Sufis, die sich in Erdlöchern und Höhlen niedergelassen haben. Bis heute leben in Marokko die *Marabuts* – die heiligen Männer – in Erdhöhlen, wo sie eine besondere Energie erhalten.

5.9 Die Herzensbindung

Rabita, die »Herzensbindung«, ist eine Technik, die den Kontakt zwischen Lehrer und Schüler intensiviert. Durch sie wird die Segenskraft, *Baraka*, von Generation zu Generation weitergegeben. Bei Rabita konzentriert sich der Derwisch auf den Scheich, und der Scheich richtet sich auf den Derwisch aus. Der Scheich nimmt so an der positiven Entwicklung des Schülers teil und lenkt ihn mit seinem Bewusstsein zum Guten. Bei einer speziellen Einweihung über die Lataif (siehe dazu Kapitel 5.5, »Lataif und Lichtwelten«) konzentriert sich der Meister mit seinem Herz auf das des Aspiranten. Mit seiner Kraft zieht der Pir das Herz des Schülers zu seinem eigenen hin, was ein Band zwischen beiden herstellt. Diese Verbindung wird zusätzlich gestärkt, indem der Schüler immer wieder die beiden heiligen Formeln *Allah* und *La illaha illa Lah* wiederholt.

> »Oh ihr Gläubigen, wetteifert untereinander in Geduld, seid standhaft und wachsam *(rabitu)* damit es euch wohlergehe.«
>
> Sure 3,200

> »Haben wir nicht deine Brust geöffnet?«
>
> Sure 94,1

Der Legende nach fand die erste Kraftübertragung statt, als Mohammed und Abu Bhakr sich in einer Höhle vor ihren Feinden versteckten. In diesem Moment der Gefahr gab der Gesandte Gottes seinem Freund und Gefährten das Geheimnis des stillen Dhikr. Damals soll Mohammed folgende Worte gesprochen haben:

> »Ein Teil von Gottes Allmacht floss aus dem Herzen des Erzengels Gabriel in mein Herz. Nun fließt diese Kraft von meinem Herzen in dein Herz über, damit du sie wiederum weitergibst an die Gläubigen und damit sie sie wiederum weitergeben.«

Eine Übersetzung des Wortes *Muslim* ist »einer, dessen Herz geöffnet ist«. Wenn die Rosenknospe zerbricht, öffnet sie sich; und wenn das niedere Herz zerfließt, wird das göttliche Sein geboren. Der Weg ist jedoch gefährlich und voller Tücken. Die Segenskraft (*Baraka*) des Meisters bietet hierbei Schutz. Da Derwische Menschen sind, die mit vielen für »gewöhnliche« Menschen extrem anmutenden Situationen fertig werden müssen, brauchen sie eine Führung, die ihnen Ruhe und Überlegenheit schenkt. Derwische müssen im Laufe ihrer Wesensbildung mit freundlichen oder unfreundlichen Zeitgenossen umgehen, denen sie als Ratgeber dienen oder von denen sie angefeindet und vielleicht sogar verfolgt werden. Nicht selten müssen sie sich auch in der Wildnis zu helfen wissen, und bei ihrem Aufstieg durch die unteren und oberen Welten begegnen sie Wesenheiten, die sie großen Prüfungen unterziehen. Glücklich sind jene, die in all diesen Situationen von der Hand eines weisen Lehrers geleitet werden.

> »Der Prophet ist den Herzen der Gläubigen näher, als sie es sich selbst sind.«
> Sure 33,06

Während der Rabita ist der Scheich der Abgesandte Gottes. Allahs Allmacht wird durch die Anwesenheit des vollendeten Menschen bezeugt. Durch die Herzensbindung wird ein fast identisches Abbild des Meisters im Schüler geschaffen: Das Herz des Pirs fließt hinein in das Herz des Muriden. Ist der Schüler folgsam und rein, so wird er am Ende völlig verschwinden. Was bleibt, ist der Scheich, der Schüler wird zu einem genauen Abbild seines Pirs. Ist der Muride besonders charismatisch und belesen, so wird er nicht nur erleuchtet, sondern selbst ein Scheich. Im Prinzip aber ist es immer nur der alte Scheich, der in der Gestalt seiner Schüler fortbesteht. Sind die äußeren Umstände glücklich, so gebiert der Scheich auf diese Art viele Abbilder seiner eigenen leuchtenden und vollkommenen Form. Ist das nicht so, wird die Kette der Meister unterbrochen.

Es gibt mehrere Formen von Herzensbindung. In einer Form wird von den Jüngern das arabische Schriftbild des Wortes *Allah* im Inneren der Brust nachgezeichnet. Nach und nach verdichten sich die Buchstaben zum Antlitz des Scheichs, auf das die Schüler zu ihrem Dhikr kontemplieren.

Zuerst sehen sie die Gestalt des Scheichs, danach *sind* sie der Scheich. Erst dann sehen sie sich durch die Augen des Scheichs.

Die erste dieser Meditationen wird hier immer mit dem Wort *Allah* begonnen, bevor man zu dem Bild des Scheichs übergeht.

Im persischen Nimatullah-Tariquat wird ausdrücklich darauf hingewiesen, dass Christen, die in den Orden aufgenommen werden, die Gebete auf Jesus üben sollen. Die Herzensbindung ist dann erreicht, wenn das feinstoffliche Herz der Derwische ununterbrochen mit Gott verbunden ist.

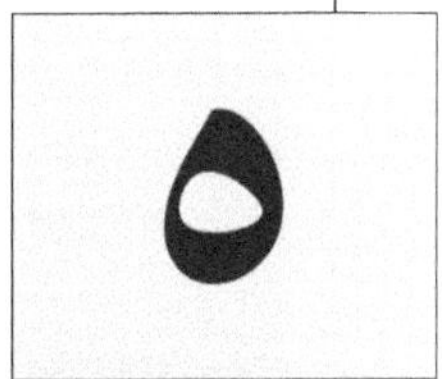

Eine Abwandlung der eben beschriebenen Technik der Herzensbindung ist die Praxis, in der man den arabischen Buchstaben räumlich folgt. Dabei sehen sich die Muriden nach und nach mit ihrer ganzen Gestalt die einzelnen Buchstaben auf- und abgleiten, um dann von der Schlinge des arabischen H völlig umschlossen zu werden. Eine weitere Variante besteht darin, dass sich der Novize das Bild des Meisters zuerst vor sich und dann zwischen seinen Augen vorstellt. Danach stellt er sich das Bild des Scheichs in sich vor, nun in der Mitte seiner Stirn und danach mitten im Herzen. Im Anschluss projiziert der Sucher das Bild des Scheichs auf die Stirn und geht mit ihm in sein Herz. Schließlich verneint sich der Novize in seiner Vorstellung und stellt sich nur noch den Scheich vor.

In manchen Orden visualisiert der Schüler den Scheich nur als leuchtenden Ring, in den er eintauchen soll, in anderen stellt man sich den Scheich bildlich vor. Alle Einzelheiten seiner Gestalt werden immer detailgetreuer abgerufen. Diese Visualisationen fördern die Vorstellungskraft und erweitern das Wachbewusstsein. Danach stellt sich der Schüler vor, er selbst sei der Scheich. Nun visualisiert der Schüler nur noch den Scheich. Angesichts des Pirs verneint er sich selbst als Mensch. Ist diese Verneinung seiner selbst erreicht, geschieht etwas Seltsames (das allerdings von Orden zu Orden unterschiedlich bewertet wird): Dem Schüler erscheint der Scheich seines Scheichs. Ist dieses Bild vollständig, geschieht erneut etwas Seltsames: Der Scheich des Scheichs des Scheichs erscheint. – Das geht so weiter, bis sich dem Derwisch ganze Generationen von

Lehrern aus der höheren Welt offenbart haben. Der Kontakt zu den Verstorbenen wird so lange hergestellt, bis der Gründer des Ordens auftaucht, sei es Hadschi Bektash, Rumi, Hamadani oder Bahauddin Naqushband. Ertragen die Schüler diesen Anblick, so setzt sich die Schau der Meister fort und die Schüler beginnen, den Propheten zu erblicken. Dieser Moment ist so mächtig, dass er mit Worten nicht zu beschreiben ist. Und wer ihn erreicht hat, wird nicht mehr derselbe sein. Kontempliert der Derwisch-Meister weiter über das Bild des Propheten, so geht er irgendwann im *Achfar* (Allerhöchsten) auf.

Der Zustand, wenn der Schüler es schafft, sich selbst angesichts des Scheichs zu verneinen, wird *Fana-fi-Scheich* genannt. Geht er im Propheten auf, nennt man den Zustand *Fana-fi-Rasul*. Auf der nächsthöheren Stufe aber betritt der Schüler das Unaussprechliche. Hier geschieht das *Fana-fi-Allah*.

Die Rabita muss nicht immer ernst ablaufen. Auch in ausgelassener Stimmung können die Schüler die Kraft ihres Meisters mit sich im Herzen tragen. Manche Scheichs fordern ihre Schüler sogar dazu auf, in ihren Gedanken in sinnlicher Form ihren Scheichs körperlich nahe zu kommen.

Eine gemeinschaftliche Form von Rabita ist bei den Sufis ebenfalls verbreitet. Diese kann folgendermaßen stattfinden: Die Derwische sitzen – je nach Grad der Einweihung – im Kreis in einem nur spärlich beleuchteten Raum. Zuerst bitten sie Gott für ihre schlechten Taten um Verzeihung. Dann rezitieren sie Ausschnitte aus dem Koran, danach stimmen sie sich für längere Zeit auf das Bild ihres Meisters ein. Im Anschluss stimmen sie sich auf die *Silsilla* (Kette) der Meister ein, um schließlich gemeinsam das Dhikr auszuführen. Es heißt, dass die Rabita so gestaltet ist, dass die Schüler zwar mit ihrem Pir wachsen, doch für den Fall, dass dieser stürzt, nicht mit ihm fallen.

»Das Herz des Gläubigen ist zwischen den Fingern des Allerbarmers, und er dreht es, wohin immer er will.«
Ein Propheten-Hadith

Die entstandene Herzensbindung besteht nach dem Tod des Scheichs weiter, das heißt, Schüler und Scheich bleiben durch sie in Kontakt. Die Schulung findet jetzt nonverbal statt. Der Schüler stellt sich das Bild des Scheichs vor, und allein durch seine geistige »Anwesenheit« lernt der Schüler vom Scheich. Es gibt aber auch Fälle, in denen ein verstorbener Pir seinem Schüler erscheint und direkt mit ihm spricht. Stirbt der Schüler vor dem Scheich, geleitet dieser den Verstorbenen durch die Schattenwelt bis ins Licht. In manchen Traditionen, etwa bei den Haqqani-*Naqushbandis*, geht man davon aus, dass der Großscheich am Tag des Jüngsten Gerichts bei dem Propheten Mohammed für jeden einzelnen seiner Jünger vorspricht.

Auch in der Weltliteratur findet man einige Beispiele für Rabita. Eines davon ist Dantes *Göttliche Komödie*, wo der Autor unter der Leitung des römischen Dichters Vergil die sieben Höllen, das Purgatorium und die sieben Himmel betritt. Einige Literaturwissenschaftler, wie der Italiener Enrico Cerulli, sind der Ansicht, dass Dantes Werk von den damals populären und auch im Abendland verbreiteten arabischen Dichtungen über die nächtliche Reise des Propheten durch die sieben Höllen und sieben Himmel beeinflusst ist.

Die Ähnlichkeit mit dem *Core-Schamanismus* ist ebenfalls auffällig. Der amerikanische Autor Tom Cowan bezeichnet damit ein Grundschema, das bei fast allen schamanischen Ritualen der unterschiedlichen Kulturen vorkommt – sei es bei den Inuit-Völkern, in Korea, bei den Ureinwohnern Nord- und Südamerikas, in Westafrika oder in Sibirien. Durch monotone Rhythmen wird hier eine Form von Trance herbeigeführt, durch die die Reisenden, die sich auf dem Weg in die Anderswelt befinden, entweder den Kontakt zu bestimmten Kraft-Tieren oder zu bestimmten Kraft-Personen wie Ahnen oder Zauberern aus früherer Zeit herstellen. Gemeinsam mit ihren Begleitern reisen die Schamanen durch die unteren und oberen Welten. Im Sufismus findet sich dieses Grundschema in der Rabita wieder. Zum rhythmisch-melodiösen Dhikr erscheinen die Meister als Lichtgestalten und führen die Derwische durch die niederen und himmlischen Welten bis hinauf zum Thron Gottes.

5.10 Träume

Ein guter Scheich muss auch ein guter Traumdeuter sein. Vor allem während des vierzigtägigen Fastens fragt der Meister seine Schüler nach ihren Träumen, denn der spirituelle Fortschritt, die Einflüsterungen der Dämonen und die ungelösten Aufgaben zeigen sich auf diese Weise. Vorbilder für die Kunst des Traumdeutens sind der Prophet Mohammed, der in vielen überlieferten Fällen Träume deutete, sowie Joseph, der die nächtlichen Gesichte des Pharao entschlüsselte. Doch nicht nur die Derwische profitieren von dem Können. In der orientalischen Welt kommt es häufig vor, dass Scheichs in Straßencafés, Moscheen oder Hinterzimmern Gläubige empfangen, um deren nächtliche Erlebnisse zu deuten.

> »Oh mein Herr, du hast mich an der Herrschaft über diese Welt beteiligt und mich die Deutung der Träume gelehrt.«
>
> Sure 12,101

Dass Menschen Träume haben, die sie beunruhigen oder verwirren, ist ganz normal. Zwar gibt es seit einigen Jahrzehnten im Westen im Rahmen der Psychologie auch schulmedizinisch anerkannte Experten, die darin ausgebildet sind, Träume zu verstehen, doch geht man hier nicht gleich zu einem Psychologen, wenn man einen ungewöhnlichen Traum hatte. Im Orient ist das anders: Hier sind Traumdeuter sozial anerkannt und man kann leicht Kontakt zu ihnen aufnehmen. Die Fähigkeit, Träume zu interpretieren, wird nicht durch Bücher, sondern durch göttliche Inspiration erlangt. Allerdings gibt es in der arabischen Welt auch eine Vielzahl von Büchern zum Thema »Traumdeutung«. Einige dieser Schriften gehen sogar auf vorislamische Überlieferungen zurück. Bereits im alten Ägypten verknüpfte man bestimmte Symbole mit entsprechenden Erklärungen. Im alten Persien gab es ähnliche Methoden.

In der islamisch-arabischen Tradition entwickelte man die Traumdeutung weiter. Viele Traumratgeber und -lexika auf dem europäischen Markt sind entweder direkte Abschriften der orientalischen Traumbücher oder zumindest durch sie inspiriert: Träumt man von Pferden, so symbolisiert das eine Chance, aber auch ein Problem, das durch die eigene Triebnatur verursacht wird. Hunde können vor falschen Freunden warnen und die Ausführung des Ritualgebets im Traum zeigt an, wie man zum wahren Glauben steht. Ein guter Traumdeuter muss ein »poliertes Herz« haben, was bedeutet, er muss frei sein von niederen persönlichen Motiven, um die göttlichen Anweisungen direkt zu entschlüsseln. Und er muss sehr belesen und in Poesie bewandert sein, die Sprichwörter kennen und die magischen Künste beherrschen.

In Arabien werden die nächtlichen Gespinste auch mithilfe von Geschichten und Symbolen aus dem Koran erklärt. Felder und Äcker zum Beispiel können auf Frauen deuten, da es in Sure 2,223 heißt: »Sie sind ein Acker für euch.« Auch Kleider aller Art können Frauen zugeordnet werden, da Sure 2,187 sagt: »Sie sind ein Gewand für euch und ihr seid ein Gewand für sie.« Eine Ameise dagegen kann für Gier und Habsucht stehen, da sich in Sure 27,18 eine Ameise dem großen König Salomo entgegenstellte.

Ein Traumsymbol kann Unterschiedliches bedeuten. Von Abu Bhakr wird berichtet, dass ein Mann davon träumte, er bekäme 70 Blätter. Und Abu Bhakr ließ ihm 70 Peitschenhiebe geben. Einige Zeit später träumte der Mann wieder, er würde 70 Blätter bekommen. Trotz seiner schlechten Erfahrung beim ersten Mal suchte er noch einmal den Kalifen auf und erzählte von dem Traum. Daraufhin schenkte Abu Bhakr dem Mann 70 Goldstücke. Zur Zeit des ersten Traumes, so der Kalif, seien die Bäume kahl gewesen, was auf Peitschenhiebe gedeutet habe. Beim zweiten Mal jedoch hätten sie Blätter getragen, was auf Goldstücke gedeutet habe.

Da die arabischen Wortwurzeln eine große Symmetrie und Ähnlichkeit aufweisen, können von einem Begriff Bezüge zu einem anderen hergestellt werden. So kann *Sa'r*, Haar, auf *Si'r*, »Vermögen«, hinweisen und *Si'r*, »Gedicht«, auf *Sirr*, »Geheimnis«, oder *Saigh*, »Goldschmied«, auf *Sagha*, »Fälscher«, »Lügner« und »Betrüger«.

Die meisten Sufi-Scheichs lehnen jedoch eine festgelegte Zuordnung von Symbolen ab. Träume sollten durch göttliche Inspiration gedeutet werden, und nur sehr fortgeschrittene Menschen erwerben die Kraft und Fähigkeit, diese schlüssig zu enträtseln. Sie kann allerdings auch vererbt werden. Der Beruf des Traumdeuters wird durchaus über Generationen hinweg vom Vater zum Sohn weitergegeben. Indem der Sohn bei den Sitzungen seines Vaters anwesend ist, überträgt sich die Baraka.

Auch Muzaffer Ozak (gest. 1985), der Großscheich des im Westen verbreiteten Dscherrachi-Sufiweges, eines von Mohammed Nureddin Dscherrachi (gest. 1721) in Istanbul gegründeten Zweiges der Halveti, war als ausgezeichneter Traumdeuter bekannt. Durch ihn sind die Geschichten von Abdur-Rahman Efendi überliefert, einem der großen geistigen Führer und Traumdeuter des osmanischen Reichs.
So ist folgende Geschichte überliefert:

> Eines Tages kamen zwei Männer zu Scheich Abdur-Rahman Efendi. Beide erzählten, dass sie geträumt hätten, ein Minarett zu besteigen und zum Gebet aufzurufen *(Adhan).* Dem ersten prophezeite Scheich Efendi, dass er noch in diesem Jahr auf Pilgerfahrt nach Mekka gehen werde. Er solle darum die Vorbereitungen treffen. Dem zweiten jedoch sagte er, dass er etwas gestohlen habe und das wiedergutmachen müsse. Der Mann schämte sich und gestand seine Tat.

Ein Traum darf aber nicht vorschnell erzählt und von keinem schlechten Menschen gedeutet werden, was durch diese Geschichte zum Ausdruck kommt:

> Ein Mann träumte, dass sein Körper anschwoll, als ob er schwanger wäre. Dann kam eine Schlange aus seinem Bauch und sein Körper nahm wieder seine normale Form an. Der Mann fühlte, dass dieser Traum etwas Bedeutendes vermittelte. Da er aber auf dem Land lebte und den ganzen Tag beschäftigt war, schickte er seinen Diener in die Stadt: Er sollte diesen Traum dem Scheich erzählen. Der Mann wusste, wie wichtig Träume sind, und befahl seinem treuen Diener, niemandem von dem Traum zu berichten und auch selbst nicht darüber nachzudenken.

> Auf dem Weg in die Stadt jedoch traf der Diener einen allseits bekannten Händler. Dieser fragte ihn, wohin er gehe.
> »In die Stadt«, antwortete der Diener. Was er dort zu erledigen habe?
> »Für meinen Herrn einen Auftrag erfüllen.« Was das für ein Auftrag sei, bohrte der Händler weiter.
> »Das kann ich nicht sagen«, antwortete der Diener. Der Händler fragte jedoch so lange nach, bis der Diener zu erzählen begann: »Mein Herr träumte davon, dass sein Bauch sich wie bei einer Schwangeren aufblähte.«
> Da fing der Händler an zu lachen und fiel dem Diener ins Wort: »Und dann platzte er wie ein Ballon, in den man eine Nadel sticht.«
> Seine Neugier war damit befriedigt und er ging davon.
> Als der Diener schließlich in der Stadt beim Scheich eintraf, um von dem Traum seines Herrn zu berichten, winkte der Scheich ab: »Der Traum deines Herrn wurde bereits gedeutet, jetzt ist es zu spät.«
> Der Diener ging nach Hause, wo sein Herr schon verstorben war. Einige Stunden, nachdem der Diener gegangen war, war sein Bauch angeschwollen und er war kurz darauf verschieden.

Manchmal kann eine negative Traumdeutung eine positive überlagern. Zur Zeit des Propheten etwa träumte eine Frau, der Pfeiler ihres Hauses sei zerbrochen und sie bekäme eine Tochter. Mohammed interpretierte den Traum so, dass sie einen Sohn bekommen und ihr Ehemann von einer Reise zurückkehren werde. Aus Schwatzhaftigkeit erzählte die Frau den Traum einer Frau des Propheten, die deutete jedoch den Traum so, dass ihr Mann sterben und sie eine Tochter gebären werde. Der Prophet bestätigte die zweite Aussage, die die erste ungültig machte.

Grundsätzlich gilt jedoch, dass man bei einem Traum immer die positivere Deutung wählt. Träume werden in mancher Hinsicht als Kommunikationsmittel zwischen dem Schöpfer und der Menschheit verstanden. Während des Schlafes projiziert die Seele des Menschen Symbole auf eine innere Leinwand, die ihm seine Situation verdeutlichen. Da die Entwicklung des Menschen aber immer aufwärts verläuft, gilt es, die Warnungen zu verstehen und die Hinweise zu deuten. Träumt jemand von einem Tambura-Spieler mitten in einer Moschee, so soll man in der Moschee grundsätzlich etwas Positives sehen. Der Tambura-Spieler kann in diesem Beispiel jedoch etwas Sündhaftes bedeuten, von dem der Träumer sich abwenden soll, um sich wieder dem Positiven, der Religion, zuzuwenden.

Manche arabischen Gnostiker sprechen von einem gewaltigen Traumengel, der den Menschen nachts ihre für real befundenen Geschehnisse eingibt. Dieser Engel wird so unvorstellbar groß beschrieben, dass man allein 700 Jahre benötigen würde, um von seinem Ohrläppchen zu seinem Nacken zu gelangen. Einer anderen Auffassung nach passt jeder Traum zu seinem Besitzer: Ein Traum findet einen Menschen, weil er der augenblicklichen Situation des Träumers entspricht.

Träume können auch verkauft werden. Eine Geschichte verdeutlicht das:

> Im osmanischen Reich war es Brauch, Kinder zu weisen alten Männern zu schicken. Von ihnen sollten die Kinder alles über das Leben erfahren. Dabei ging es nicht darum, den Kindern konkrete Fähigkeiten zu vermitteln, wie das Musizieren mit einem Instrument oder eine Sportart, sondern darum, dass die Kinder ganz allgemein von den Erfahrungen dieser Männer profitierten. Ein Vater schickte einst seinen Sohn regelmäßig zu einem Sufi-Scheich. Um sicherzugehen, dass er auch wirklich einmal pro Woche zu ihm ging, gab der Vater dem Scheich das Taschengeld für den Sohn – ein Silberstück. Für damalige Verhältnisse eine große Summe. Der Sohn lernte also etwas über das Leben und bekam auch noch sein Taschengeld.
>
> Als der kleine Junge – sein Name war Said – eines Tages beim Scheich saß, schaute ein Zigeuner vorbei, der ein fliegender Händler war. Dieser Zigeuner verkehrte regelmäßig im Haus

des Scheichs und anderer Größen und wusste so manches zu erzählen. Da der Scheich an dem Zigeuner Gefallen gefunden hatte, kaufte er ihm immer wieder einmal etwas ab. An diesem Nachmittag erzählte ihm der Zigeuner einen Traum, den er in der Nacht zuvor gehabt hatte. Der Scheich hörte dem Händler aufmerksam zu und bestätigte, dass dies ein außergewöhnlicher Traum sei. Dann fragte er den Zigeuner, ob dieser nicht dazu bereit sei, dem Jungen den Traum für ein Silberstück zu verkaufen. Der Zigeuner konnte sein Glück kaum fassen. Der Junge jedoch begann zu weinen und stimmte diesem Tausch nur sehr widerwillig zu. Mehrere Zeugen besiegelten das Geschäft. Als der Zigeuner gegangen war, erklärte der alte Mann dem kleinen Said, dass dieser Traum seinen Besitzer zum Großwesir machen würde. Der kleine Junge verfüge über einen aufrichtigen und gerechten Charakter, daher sei es besser, wenn er der nächste Großwesir werde. Und so wurde er später der große Said Pascha, der überragende Großwesir des ausgehenden 19. Jahrhunderts. Interessant an der Geschichte ist, dass Said Paschas Nachfolger von den Zigeunern abstammte.

Wie die Meister darlegen, gibt es sieben Formen der Seele und jede von ihnen träumt anders. Die ersten drei Formen der Seele – die dem Mineralischen, Pflanzlichen und Tierischen entsprechen – träumen den Grundbedürfnissen entsprechend von Wärme, Hunger und Essen. Sie erfüllen Wünsche und Impulse. Die menschliche Seele jedoch träumt von Symbolen, die es zu enträtseln gilt. Die höheren Teile der Seele – die Engelseele, die Geheimseele und die Seele des Geheimnisses des Geheimnisses – träumen im bewussten Zustand. Die Menschen schlafen und träumen hier zwar auch, aber sie wissen, dass sie schlafen und träumen. Auf diesen Stufen des Geistes erhalten sie göttliche Inspiration von astralen Meistern. Sie sehen des Weiteren klare Bilder von Ereignissen, die durchaus an weit entfernten Orten stattfinden können. Im höchsten Zustand kann die Seele sogar bis zu Gottes Thron gelangen und Einblicke in den Lauf des Kosmos erhalten. Dieser Zustand entspricht dem des *Arif*, des Gnostikers. In der indischen und westlichen Esoterik bezeichnet man diese Bereiche als »Akasha-Chronik«: ein Feld, in dem alle vergangenen und zukünftigen Ereignisse aufgezeichnet sind, wobei die Antworten, die es gibt, dem Wissensstand des Fragenden entsprechen.

Große Mystiker profitierten von diesem Wissen. So wurde Ibn Arabi in mehreren Träumen direkt vom Propheten unterwiesen. Auch Ibn Farid und Hamadani kommunizierten in ihren Träumen mit dem Propheten, der ihre Werke absegnete. Und At-Tidjiani (gest. 1815), der Führer der Tidjanni-Sufis, sah die Sure *Al Fâtiha* im Traum auf eine Lichttafel geschrieben. Der Prophet erklärte ihm den Nutzen der Anrufung. Die Rezitation der Litanei gehört seitdem zum Kernritual des Ordens.

Träume spiegeln die Archetypen der Seele wider und deuten auch auf den Zustand hin, in dem sich ein Mensch nach dem Tod wiederfindet: Ein intriganter und ängstlicher Mensch, der von Schlangen und Skorpionen träumt, wird auch im Tod mit diesen Bildern konfrontiert; ein rastloser Mensch, der im Traum durch Gänge und Zimmer eilen muss, hetzt auch im Jenseits durch diese Räume.

Ein anderes Phänomen ist, dass Sufis zu Beginn ihres Weges oft sehr unangenehme Träume haben. Sie träumen von ekelhaften Gestalten, Schlangen und Monstern, an die sie sich noch lange Zeit erinnern ... Das sind Gestalten der niederen Seele, zutage gefördert durch den beginnenden Prozess der Läuterung. Indem sie dem Aspiranten erscheinen, verunsichern sie diesen und halten ihn von der Veredelung seines Charakters ab.

Ein weiterer Bereich, vor dem sich ein Schüler hüten muss, ist der der Geister. Das Bewusstsein der Derwische klärt sich und im Traum erscheinen ihnen plötzlich seltsame Gestalten. Es sind Geister, die ein eigenes Bewusstsein besitzen und versuchen, den Menschen aus der Traumwelt hinaus in ihre Welt zu locken. Die klassische Sufi-Literatur ist voll von solchen Beschreibungen. Folgt der Schüler diesen seltsamen »Beduinen«, so ist er vielleicht für immer verloren: Er wird geisteskrank, ist von einem Dschinn besetzt und kann sogar in einem der Träume verschwinden.

> Ein junger Mann verfiel einmal in einen tiefen Schlaf, aus dem er scheinbar nicht mehr erwachte. Tage und Wochen verbrachte er in diesem Zustand, sodass die Angehörigen um die Gesundheit des Jungen fürchteten. Als er fast völlig entkräftet war, holte die Mutter einen Derwisch-Arzt, der den Jungen wieder aus dem Schlaf erweckte. Als der Junge wieder gesund war, berichtete er, dass er im Traum in ein prächtiges Wirtshaus eingeladen worden sei. Dort sei er vortrefflich bewirtet worden. Die Wesen in dem Wirtshaus hätten ihm erklärt, dass das Wirtshaus zwischen seinem Land und ihrem Land, dem Land der Geister, liege. Wenn er längere Zeit in diesem Wirtshaus verbringen würde, könne er ganz bei ihnen bleiben. Dann sei dem Jungen im Traum der Derwisch erschienen, der ihm erklärt habe, dass die Geister ihn nur für ihre Zwecke manipulieren wollten. Der Derwisch habe im Traum die entsprechenden Schutzsuren aus dem Koran zitiert, woraufhin die Geister den Jungen wieder freigegeben hätten.

Dschinnen können sich in Träumen hinter verschiedenen Masken verstecken, um die Menschen in ihre Welt zu locken. Allerdings heißt es auch: Ein Dschinn kann sich im Traum niemals hinter der Maske des Propheten Mohammed verstecken. Ein Propheten-Hadith lautet: »Wer auch immer von mir träumt, dem erscheine ich wirklich, denn der Teufel hat keine Macht, sich hinter meinem Antlitz zu verstecken.« Ein Scheich wird aber auch hier besonders achtsam sein.

5.11 Liebe, Sexualität und Ehe

Auch in der Liebe und in der Sexualität wird die göttliche Einheit erfahrbar. So empfahl Junaid Ende des 9. Jahrhunderts seinen Schülern, nur während der Lehrjahre sexuell enthaltsam zu sein.

Später aber solle ein Derwisch heiraten, denn eine Frau erfordere »ein hohes Maß an schonender Rücksichtnahme, edler Weisheit, Güte, Freigebigkeit, freundlicher Art und freundlichen Worten«.

Für einen Muslim ist es Pflicht, zu heiraten und sich fortzupflanzen. Mohammed selbst hatte mehrere Frauen und Kurtisanen. Überliefert ist die Geschichte von Mohammed und seinem Gefährten Uthman Ibn Mazun. Dieser bat Mohammed einmal um die Erlaubnis, sich selbst entmannen und in die Wildnis zurückziehen zu dürfen, um so nur noch Gottes zu gedenken. Mohammed aber verbot seinem Gefährten dieses Ansinnen: »Deine Augen haben ihre Rechte, dein Körper hat seine Rechte und deine Familie hat ihre Rechte. Also bete und schlafe, faste und breche dein Fasten.«
Bei dieser Gelegenheit sprach der Prophet auch die Worte: »Schau mich an, mir wurde die Liebe zu Wohlgerüchen gegeben und zu den Frauen und die Erfrischung meiner Augen ist im Gebet.«

Mohammed hat zwar die Vielehe selbst gelebt und auch befürwortet, doch die kluge Einschränkung eingebaut, dass der Ehemann alle Frauen gleich behandeln müsse. Und er räumte ein, dass dies praktisch unmöglich sei.

Der Islam ist eine sehr sinnliche Religion und die islamischen Länder sind allgemein von einer großen Sinnlichkeit geprägt. So werden im Koran die paradiesischen Gärten genau beschrieben, in denen sich Jungfrauen und Jünglinge um die Verstorbenen kümmern. In Sure 56,16–27 heiß es: »Jünglinge in ewiger Jugendblüte werden, um ihnen aufzuwarten, sie mit Bechern, Kelchen und Schalen voll fließenden Weins umkreisen ... und Jungfrauen mit großen schwarzen Augen gleich Perlen bekommen sie als Lohn ihres Tuns.« In Sure 18,32 steht geschrieben: »Für sie [die Gläubigen] sind Edens Gärten bestimmt, welche Wasserläufe durchströmen. Geschmückt werden sie mit

> »Muslime sollen nicht wie Vieh über ihre Frauen herfallen, sondern durch Gespräch und Küsse eine schöne Atmosphäre schaffen und den Liebesakt so lange ausdehnen, bis auch die Frau voll befriedigt ist.«
>
> Mohammed

goldenen Armbändern und bekleidet mit grünen Gewändern mit feiner Seide, mit Gold und Silber durchwirkt, und ruhen sollen sie auf weichen Polsterkissen. Welch herrliche Belohnung und welch ein süßes Lager.«

In der arabischen Umgangssprache und in den Bewegungen der Menschen drückt sich ebenfalls eine große Sinnlichkeit aus. Die arabische Sprache mit ihrer ausgeprägten Reimstruktur erlaubt eine Fülle von Wortspielen, die um das Thema »Liebe und Sexualität« kreisen. Jeder kennt wohl die klassischen *Geschichten aus Tausendundeiner Nacht*, die voll sind von sexuellen Handlungen: Hier wird der Höhepunkt der schönen Fatima beschrieben, die vor Lust stöhnte und dabei Gott pries. Während des Höhepunkts sprengen die Individuen ihre Ich-Form und gehen im Übersinnlichen auf. Während des Orgasmus sagt keiner »Ich«. Da im Islam das Gottgedenken auf alle Bereiche des Lebens ausgeweitet werden soll, kann auch die Sexualität zu einer heiligen Handlung werden. So ist es gut, die sexuellen Energien zu nutzen und zu lenken, damit ein Zustand der unaufhörlichen Ekstase möglich wird. Das geschieht zum Beispiel, indem die Menschen beim Liebesakt Allah preisen und ihm danken.

In Arabien waren tantrische Schriften aus Indien schon früh verbreitet, wie das *Ananga Ranga*, das dort *Lizat al Niza* (Die Freuden der Frau) heißt und in dem die Heilkraft und Wirkung der sexuellen Positionen beschrieben ist. Nicht nur unter Prostituierten und Haremsdamen waren diese Schriften verbreitet, sondern auch in den gebildeten Schichten. Durch den Tantrismus ist es möglich, die sinnlichen Momente so zu kanalisieren, dass eine Verschmelzung mit dem Göttlichen geschehen kann. Die Energie der Erregung wird so genutzt, dass sich die höheren Zentren öffnen. In den tantrischen Schriften heißt es, dass eine Frau den größten Orgasmus bei der Geburt eines Kindes erreichen könne. Danach seien die Sinne in einem Maß sensibilisiert, dass sich alle weiteren Höhepunkte verstärkten.

> »Wenn zwei Liebende innig miteinander vereint sind, dann umfliegen und segnen die Engel die beiden.«
> Mohammed

Auch der orientalische Bauchtanz *(Raqus Shark)* ist Ausdruck von überschwellender Sinneslust. Wenn neuerdings in der arabischen Welt islamische Fanatiker gegen sexuelle Freizügigkeit zu Felde ziehen, etwa gegen die *Geschichten aus Tausendundeiner Nacht*, dann ist das eher psychologisch als theologisch zu deuten.

Die Sufis streben zwar nach einem Zustand jenseits von Paradies und Hölle, doch wird im Sufismus der Liebe, der Sexualität und der Partnerschaft eine große Bedeutung beigemessen. Die meisten großen Sufis hatten Familien: Abdul Quadir al Gilani soll sogar mehr als vierzig Kinder gezeugt haben. Der Umgang mit Frauen ist eine ausgezeichnete Übung, um höhere Liebe und Verständnis zu wecken. Außerdem verlangen Partnerschaft und Ehe ein hohes Maß an Aufrichtigkeit und Feingefühl. Die Beziehung zwischen Mann und Frau ist ein geeignetes Mittel, um die Einheit mit Gott zu erreichen. Rumi interpretiert in seinem Spätwerk *Fihi ma Fihi* den Satz des Propheten »Im Islam gibt es kein Mönchstum« als *den* Hauptunterschied zwischen Muslimen und Christen. Der Weg der Christen, so Rumi, sei der der Einsamkeit und des Kampfes gegen die eigenen Gelüste. Der Weg der Muslime aber sei der, zu heiraten, Familien zu gründen und die Tyrannei seiner Ehepartner zu ertragen. Für einen Muslim verwandele sich das Gezänk und Geklage der Frauen in Vogelgezwitscher. Die Tyrannei der Ehepartner zu ertragen und dabei doch einen klaren Verstand, ein offenes Herz und einen reinen Geist zu behalten, das sei der Weg der Sufis. Rumi ergänzt allerdings: »Wenn du schon nicht fähig bist, den Weg Mohammeds zu gehen und die Frauen zu lieben, dann geh zumindest den Weg Jesu, damit du in deiner Enthaltsamkeit nicht ganz ohne Führung bist.«

Ehe- und Partnerschaft sind gute Mittel, um das niedere Ego zu zähmen. Zahlreiche Scheichs waren und sind darum auch Berater in Liebesdingen. In den großen Moscheen wie der Al-Azhar-Moschee in Kairo sitzen in bestimmten Räumen täglich Scheichs, an die sich Ehepartner mit ihren Beziehungsproblemen wenden können. Die meisten Schwierigkeiten in Partnerschaften resultieren daraus, dass

die Partner nicht die Wahrheit sagen oder die Wahrheit nicht hören wollen, und aus der Art und Weise, wie die Menschen mit Kompromissen umgehen. Junge Menschen schließen keine Kompromisse. Allein ihre eigenen Vorstellungen zählen, reifere Menschen hingegen können Kompromisse schließen. Die Rollen sind klar verteilt und es herrscht gegenseitiges Vertrauen. Sehr weit entwickelte Menschen schließen keine »Kompromisse zugunsten des Partners«, denn sie tun von sich aus alles nur Erdenkliche, um ihren Partner glücklich zu sehen, und nähern sich so dem Allerhöchsten.
Die Erziehung der Kinder ist ebenfalls ein wichtiger Teil des Weges. Es ist *eine* Sache, ob man daran arbeitet, sich selbst zu aufzugeben, um in Gott aufzugehen, und eine *andere*, ob man diesen Kampf aufnimmt und dennoch ein gutes Vorbild bleibt. Durch eine bewusste, ausgewogene und vernünftige Erziehung kann der Raum für verantwortungsbewusste und spirituell hoch entwickelte Menschen geschaffen werden. Da Sufis sich in all ihren Taten um Bewusstheit, Ausgewogenheit und Vernunft bemühen, sind sie verantwortungsvolle Väter und Mütter und auch als Lehrer gefragt.

Hinter der menschlichen Liebe steht allerdings nur die Sehnsucht nach dem Einen, dem Schöpfer des ganzen Universums. Die folgende Geschichte, die Nizami (gest. 1222) erzählte, ist die klassische Parabel der Sufi-Literatur, die das veranschaulicht:

> Es ist die Geschichte von Leila und Madschnun, zweier Kinder von edler Herkunft. Sie hatten sich unsterblich ineinander verliebt. Leila wurde von ihren Eltern im Haus eingeschlossen. Der Junge aber stand Tag für Tag auf der anderen Straßenseite und versuchte mit allen möglichen Tricks, zu seiner Angebeteten zu gelangen. So wurde er immer mehr zum Narren (Madschnun). Der Vater des Jungen hielt zwar für seinen Sohn in aller Form um die Hand der Schönen an, doch Leilas Vater lehnte ab: Der Junge sei schon zu verrückt. Madschnuns Eltern veranstalteten Feste mit vielen schönen Frauen, doch in jeder erblickte er nur das Antlitz seiner Angebeteten. Der Junge ging in die Wildnis,

wo er mit den Tieren sprach, sich die Haare wachsen ließ und immer mehr verwahrloste. Die Menschen, die von dem Schicksal der beiden wussten, unternahmen alles Erdenkliche, um die beiden zusammenzubringen – doch der Vater der Geliebten blieb hart.

Schließlich wurde Leila mit einem älteren Mann verheiratet. Aber da ihr Herz dem Jungen gehörte, verweigerte sie sich ihrem Ehemann. Dieser verstarb und auch sie wurde sehr krank und starb. Als der Narr davon hörte, eilte er zu ihrem Grab, wo er ebenfalls an gebrochenem Herzen starb. Man beerdigte die beiden zusammen, so waren sie wenigstens im Tod vereint.

Später aber sieht ein Sufi Madschnun an Allahs Seite sitzen und wie dieser von Allah liebkost wird.

»Schämtest du dich nicht«, fragte Allah, »mich Leila zu nennen, nachdem du von dem Wein meiner Liebe getrunken hast?«

Da fragte der Sufi: »Und Leila, wo ist Leila?«

»Leilas Stellung ist über alles erhaben«, offenbarte ihm eine Stimme. »Sie hat die Geheimnisse der Liebe in ihrem Herzen zu wahren gewusst.«

5.12 Drogen und Wein

Al-Ghazzali (gest. 1111) legt dar, dass zur Erkenntnis der höchsten Wahrheit ein scharfer Verstand unabdingbar ist. Der Verstand darf aber kein Selbstzweck sein, sondern soll in einem vernünftigen Maß auf die höchste Wahrheit ausgerichtet werden. Letztendlich liegt diese jenseits aller Worte und ist mit dem normalen Verstand nicht begreifbar. Offiziell sind im Islam Drogen, Wein, Glücksspiel, Zauberei und Wahrsagekunst verboten.

> Es ist überliefert, dass Mohammed einst Zeuge eines Festes war, bei dem viel getrunken wurde. Die Menschen waren zuerst ausgelassen und bezeugten ihre Brüderlichkeit. Nach einer Stunde jedoch stritten sie sich. Dann schlugen sich die Männer und gingen mit Messern aufeinander los.

Mit diesen Verboten steht der Islam nicht allein. Einem Buddhisten ist der Genuss von berauschenden Substanzen genauso untersagt wie einem protestantischen Christen.

Mit dem Begriff »Wein« werden im Islam heute alle Formen von alkoholischen Getränken bezeichnet. Im früheren Mekka war eben nur diese eine Form von Alkohol bekannt. Hätte es Bier gegeben, so wäre auch vom Genuss dieses Getränks abgeraten worden.

Weiterhin ist überliefert, dass Mohammed den Muslimen den Wein verbot, um sie vor niederer Trunkenheit zu bewahren und ihnen dafür das Dhikr gab, um sie in die göttliche Trunkenheit zu versetzen.

Orthodoxe Theologen beziehen das Wort »Wein« nicht nur auf gegorenen Traubensaft, sondern auf alle Rauschmittel wie Haschisch und Opium und sogar auf Kaffee und schwarzen Tee.

Dennoch wird in der islamischen Welt getrunken. Gerade die Majuz setzen manchmal Wein mit göttlicher Liebe gleich. Im Paradies fließen Ströme von Wein, doch berauschen diese nicht und hinterlassen keine Kopfschmerzen. Wein wird in bedeutenden sufischen Werken, wie der *Weinode* von Hafiz oder der des Omar Khayam, besungen. Allerdings erkennen die Sufi-Meister darin eine Art Code. Für den einfachen Menschen mögen diese Oden eine Aufforderung zum ausgelassenen Zechen sein. Für den Mystiker jedoch gilt es, den ewig Geliebten zu suchen.

> »Sie befragen dich über Wein und Glückspiel. Sprich: In beiden liegt große Sünde [Schaden] und auch einiger Nutzen für die Menschen; doch ihre Sünde [ihr Schaden] ist größer als ihr Nutzen ...«
>
> Sure 2,219
>
> »O die ihr glaubt! Wein und Glückspiel und Götzenbilder und Lospfeile sind ein Abscheu und ein Gräuel, ein Werk Satans. Meidet sie allesamt, auf dass es euch wohl ergehe.«
>
> Sure 5,90
>
> »Satan will durch Wein und Glückspiel nur Feindschaft und Hass zwischen euch erregen, um euch so vom Gedanken an Allah und vom Gebet abzuhalten. Doch werdet ihr euch abhalten lassen?«
>
> Sure 5,91

Einige Derwisch-Gruppen verehren Wein sogar kultisch. So trinken die Aleviten bei ihren Zeremonien rituell Wein und Anisschnaps, was an das christliche Abendmahl erinnert. Da Männer und Frauen das Ritual gemeinsam begehen, werfen orthodoxe Sunniten den Aleviten vor, sie feierten wilde Orgien mit Frauen und Schnaps. Die Hirten Transoxaniens trinken bei ihren schamanisch-religiösen Zusammenkünften ebenfalls Alkohol. Dabei wird ein für westlichen Geschmack ungewohntes Getränk eingeschenkt, das aus gegorener Milch besteht.

Früher galt folgende Regel: Wer Wein trinkt, der soll drei Knochen bei sich tragen: den eines Vogels, den eines Löwen und den eines Esels. Das erste Glas Wein verleiht die Beschwingtheit eines Vogels, das zweite den Mut eines Löwen und das dritte die Dummheit eines Esels.

Vor allem Haschisch (*Kif*) ist bei den volkstümlichen Zusammenkünften beliebt. Im Sufismus geht es allerdings darum aufzuwachen und ein durch Rauschmittel benebelter Geist kann die göttliche Wahrheit nicht erkennen. Hoch entwickelte Sufis weisen solche Mittel darum entschieden zurück. Haschisch ist kein verlässlicher Partner auf der Suche nach dem Einen. Zwar verschiebt sich die Wahrnehmung der Realität, wodurch die Menschen sich für andere Aspekte des Daseins öffnen. Doch solange die Muriden nicht gelernt haben, ihre Begehren zu zügeln, werden sie der grobstofflichen Welt verhaftet sein.

Drogen können schnell zur Flucht vor der Realität missbraucht werden. Und im Sufismus geht es nicht darum, vor der Realität zu fliehen, sondern darum, in der Realität voll und ganz aufzugehen! Drogensüchtige Menschen verlieren die Feinheiten im menschlichen Miteinander aus den Augen. Wer Gott finden will, muss fest mit beiden Beinen auf dem Boden stehen. Wer aber süchtig wird, für den ist nicht der Höchste das Ziel, sondern die Droge selbst.

In Kairo gab es Majzub Abdullah al-Misri (gest. 1531), der Haschisch in solcher Form zubereitete, dass jeder, der davon aß, es sofort bereute und kein zweites Mal probierte.

Vor allem die einfache Bevölkerung isst und raucht dennoch Haschisch. Ob in Nordafrika, der Türkei, Indien oder Pakistan: Diese Droge wird bei manchen Tariquats verwendet, um Musik und Tanz intensiver wahrzunehmen. Bei den Zusammenkünften in Nordafrika rauchen nicht nur die Männer, sondern auch die Frauen Kif, wenn auch streng verschleiert. Bei den Zar-Treffen in Ägypten und den Gnawa-Zusammenkünften in Marokko kommt es in Verbindung mit Bauchtanz außerdem zu sehr intimen Handlungen. Es herrscht ein reger Körperkontakt untereinander und Menschen können in ihrer Ekstase spontan aus sich herausgehen und eine Verrücktheit zeigen, die in der normalen Alltagswelt kaum toleriert werden würde. Gerade Prostituierte und Homosexuelle fühlen sich bei ihrer spirituellen Suche zu den Zar- und Gnawa-Kulten hingezogen. Allerdings geht es in diesen Gruppen nicht in erster Linie um die Verschmelzung mit Allah, sondern vielmehr darum, mit den Geistern in Kontakt zu kommen, um heilerisch zu wirken. Der überdurchschnittlich große Prozentsatz von Besessenen innerhalb der Zar und Gnawa wird so erklärt.

Die Taddawa-Sufis in Marokko verehren Haschisch auf eine fast schon kultische Weise. Die Mönche tragen eine Umkehrung der christlichen Mönchstonsur: Der Kopf ist kahl geschoren und in der Mitte des Schädels wächst ein langer Zopf. Haschisch wird rituell zubereitet und geraucht. Außerdem gilt auch den Katzen die Verehrung der Taddawa. Jeder Derwisch trägt einen Korb bei sich, in dem ein kleines Kätzchen sitzt. Bei den Bektashis wird Haschisch ebenfalls rituell zubereitet und geraucht. Es gilt die Regel: Wenn einer der Derwische nicht mitrauchen möchte, so berührt er die Droge zumindest mit der rechten Hand und spricht dazu die Segensformel. Und in Afghanistan, wo bis vor dem Einmarsch der Sowjets im Jahr 1980 Haschisch in fast allen Bevölkerungsgruppen geraucht wurde, ist Baba Qu-yi Mastan aus Balkh ein spezieller Schutzheiliger für diese Droge. Auf Urdu gibt es das Sprichwort: »Ein junger Mann, der noch kein reifes Haschisch genossen hat, wäre besser als Frau geboren.«

Im Jemen ist *Qat* verbreitet, ein Kraut, das die Menschen in einen lethargischen Wachzustand versetzt. Es wird zusammen mit einer Kalklösung in den Backentaschen belassen, aus denen es nach und nach gesaugt wird. In bestimmten Gebieten des Jemen bricht nachmittags beinahe das Geschäftsleben zusammen, weil sich so gut wie jeder erwachsene Mann dem Qat-Rausch hingibt.

Aus Persien ist der Genuss von Opium bekannt – eines äußerst starken Narkotikums, das die Menschen in einen lethargischen Schlummerzustand versetzt. Opium ist jedoch eine stark Sucht erzeugende Substanz. Die Droge wird schließlich zu einem Götzen neben Allah. Die Menschen, die Gott durch Drogen finden wollen, wissen nichts von den süßen Wonnen der eigentlichen *Maqams* (Erleuchtungen). Der Aufbruch zu Gott wird jedoch nicht mehr möglich, da der Körper und der Wille schon zu sehr geschwächt sind.

Rauschmittel werden vor allem bei den Tariquats benutzt, deren Mitglieder eher zu den unterpriviligierten Schichten gehören. Bei anderen Gruppen, beispielsweise den Mevlevis (die sich auf Rumi berufen) oder den Naqushbandis, stehen geistige Studien im Vordergrund und das Einnehmen von Rauschmitteln ist ganz und gar undenkbar.

Anders scheint es sich mit Kaffee zu verhalten. Der Überlieferung nach war es der Shaddillia-Scheich Abu'l Hassan (gest. 1418) aus Mukha (Mokka), der in Südäthiopien das koffeinhaltige Getränk entdeckte. Eines Nachts konnte Abu'l Hassan nicht schlafen. Er hatte Milch von einer Ziege getrunken, die tagsüber an einem Strauch mit Kaffeebohnen geknabbert hatte. Er untersuchte die Bohnen und führte sie in Mukha ein, wo man sie röstete und den Sud trank, um besseres Dhikr praktizieren zu können. Teilweise ist der Kaffeegenuss noch heute bei den Shaddillia verbreitet, wenn man sich nachts länger wach halten, den Koran studieren und Dhikr praktizieren will. Da das arabische Wort für »stark« und »Kaffee« (*Qahwa*) dieselbe Wortwurzel hat, gibt es im Rahmen des Kaffeegenusses bei den Shadillia sogar eine eigene Dhikr-Anrufung zum Gottesnamen *Ya Qahwi* (O Starker), durch die nebenbei auch der Kaffee gepriesen wird. Bei türkischen Derwischen fand dieses Stimulans ebenfalls schnell Verbreitung. So wurde es bei den Khalwattia rituell eingesetzt und bei den Bektashis gab es sogar das Amt des Kaffeezubereiters.

5.13 Exkurs: Geisterkulte und Magie in der islamischen Welt

Einer der Grenzbereiche des Sufismus sind die in der islamischen Welt weit verbreiteten Geisterkulte. Im Westen wird Hexerei und Magie gerade erst wieder entdeckt, und das Wissen aus vergangenen Generationen muss neu zusammengetragen werden. In der islamischen Welt bestand diese Tradition jedoch bis heute ungebrochen fort. Bei zahlreichen Zauberbüchern des Westens aus dem Mittelalter, der Renaissance und dem Barock – wie zum Beispiel *Die Schlüssel Salomonis* – handelt es sich um Abschriften arabischer Zauberbücher. Auch die Verfahrensweisen der europäischen Alchemie wurden von arabischen Adepten übernommen. Ein bekannter arabischer Alchemist war Jabir ibn al Hayan, ein Sufi des 8. Jahrhunderts, der das damalige alchemistische Wissen zusammentrug. Interessanterweise wurde im Mittelalter in Europa die Alchemie auch als »sophische Kunst« bezeichnet.

> »Sprich: Mir wurde offenbart, dass mir eine Schar von Dschinnen [bei der Rezitation des Korans] aufmerksam zuhörte und gesprochen hat: Wir haben den wunderbaren Koran vernommen. Der uns auf den rechten Weg leitet und an den wir jetzt glauben und wir werden unserem Herrn von nun an zur Seite stehen.«
>
> Sure 72,1–2

In einigen Gegenden des Orients gehört der Glaube an Geister und Zauberer bis jetzt zum festen Bestandteil des alltäglichen Lebens. Treten Beschwerden auf, so wird ein Zauber-Scheich oder eine Hexe *(Kudya)* aufgesucht. Leidet man unter Liebeskummer oder sucht man einen verloren gegangenen Gegenstand, vertraut man zuerst einmal der »spirituellen Medizin«. Der Glaube an Magie ist dabei nicht nur in ländlichen Gegenden verbreitet, sondern auch in den modernen Großstädten zu finden. Der orthodoxe Islam verbietet Zauberei. Die Zauberer argumentieren allerdings, dass Magie nur zu guten Zwecken eingesetzt werde. Als Vorbilder dienten der Prophet Mohammed, der in einigen belegten Fällen als Geisteraustreiber gewirkt, sowie der Prophet Salomon, der eine Vielzahl von Geisterfürsten unterworfen und mit deren Hilfe Großartiges geleistet habe, so etwa den Bau des Tempels in Jerusalem.

Orientalische magische Kulte wie der Zar-Kult in Ägypten und der Gnawa-Kult in Marokko sind Welten für sich, doch findet man einige Ähnlichkeiten mit dem Sufismus. So gibt es ähnliche Tänze und Anrufungen und viele Sufi-Scheichs arbeiten als Geisteraustreiber. Im Sufismus wird die Existenz von *Dschinnen* (Geistern) anerkannt, allerdings geht es nicht darum, sich von ihnen besetzen zu lassen, um von ihnen zu profitieren, sondern im Gegenteil darum, frei von Dschinnen zu sein, einen klaren Verstand zu entwickeln und dadurch zu erwachen.

Die Existenz von Dschinnen ist durch Stellen im Koran belegt. So heißt es in Sure 51: »Die Dschinnen und Menschen habe ich nur darum erschaffen, dass sie mir dienen.« An einer anderen Stelle heißt es, die Dschinnen seien aus rauchlosem Feuer gemacht, während die Engel aus reinem Licht erschaffen worden seien. Die Dschinnen stellten eine Art geheime Schöpfung dar. Iblis, der einzige Engel, der sich nicht Adam unterwarf, wird als Dschinn bezeichnet (Sure 7). An verschiedenen Stellen des Korans werden Dschinnen unterschiedlich bezeichnet, etwa als Geister, die Menschen auf ihre Seite ziehen (6,129); als Angehörige grausamer Völker (15,28) oder als hochgestellte mächtige Wesen, die sich nicht in der Öffentlichkeit zeigen (6,129).

Die Geister können die Muriden auf zweierlei Art gefährden. Zum einen werden die Sufis durch ihre Übungen sehr mächtig. Dadurch bedrohen sie die Geister in ihrem Herrschaftsanspruch. Andererseits aber werden die Sufis immer feinstofflicher und damit von den Dschinnen angreifbar. Besteht ein Kontakt zu Geistern, dann ist bei vielen die spirituelle Reise erst einmal zu Ende. Eine Schulung durch den Scheich ist darum absolut notwendig. Gegen die Bewohner des Feuers helfen ununterbrochenes Dhikr, Amulette sowie das Aufsagen bestimmter Suren. Die Suren werden von den Scheichs je nach Bedarf vorgegeben. Als besonders wirkungsvoll gelten der *Ayatul Al Kursi* – der Thronvers (2,256), den Mohammed als den erhabensten Vers des Korans bezeichnete, sowie die 72. Sure, die 113. und die 114.

Von den Tariquats sind bestimmte Gebete überliefert, die ebenfalls Schutz versprechen. Bestimmte Sitzpositionen sind ebenfalls förderlich, wie die Gebetshaltung oder der Schneidersitz mit zwischen Oberschenkel und Wade eingeklemmten Füßen, sowie Sitzordnungen nach geometrischen Mustern, in denen die Derwische Allahs gedenken (siehe dazu Kapitel 5.4, »Bewegung und Tanz«). Vor manchen Dhikrs, wie etwa dem der Burhania, werden zum Schutz vor Dschinnen auch Engel angerufen.

Die oben bereits erwähnten Amulette besitzen eine besondere Macht. Sie tragen Suren, die mit zumeist vorislamischen Motiven kombiniert werden. In Ägypten sind die Amulette in der Regel in Pharaonenblau gehalten, während die Amulette auf dem indischen Subkontinent aus mehreren bunten magischen Quadraten bestehen. Vor Hauseingängen und über Türrahmen werden ebenfalls Schutzsuren angebracht. Die Amulette, die am Körper getragen werden, sind mit Edelsteinen besetzt, welche bestimmte energetische, das heißt heilende Eigenschaften besitzen. Pergamente, auf die mit besonderer Tinte aus Rosenöl und Safran Suren gemalt sind, werden in ihnen aufbewahrt. Man verwendet solche Amulette auch in der Sexualmagie oder um Erfolg in finanzieller Hinsicht herbeizuführen. Die Amuletthändler auf den Märkten sind in der Regel gleichzeitig Ansprechpartner für magische Kontakte aller Art.

Filigrane Henna-Zeichnungen auf den Körpern der Frauen schenken ebenfalls Schutz und die Zuneigung des Geliebten. In manchen Gegenden sind eine Vielzahl von magischen Ritualen überliefert, die man bei entsprechenden Anlässen ausführt. Zum Beispiel das Vergraben von Hörnern mit bestimmten Füllungen von Duftstoffen, aber auch Knochen und Asche, das Verknoten von verschiedenfarbigen Fäden, das Stechen in ein bestimmtes Blatt oder das Hinwegsteigen über ein neugeborenes Kindes, wobei wohltuendes Räucherwerk verbrannt wird. Die Anlässe für solche magischen Handlungen sind oft das Erlangen von Heil und Segen, Heilung von bestimmten Krankheiten sowie andere irdische Motive, wie Liebesmagie, die Abwehr vor Neidern und bösen Blicken oder das Zurückbekommen gestohlener Gegenstände.

Räucherungen sind bei Dschinnen besonders wirksam: Da diese feinstofflich sind, können sie am ehesten durch Rauch manifestiert oder gebannt werden. Wohlgeruch zieht gute Geister an, während Gestank die schlechten lockt – eine Tatsache, die sich auch die Schwarzmagier zu Nutze machen. Als Räucherwerk verbreitet sind Weihrauch, Myrrhe und Koriander. Es reinigt die Atmosphäre und vertreibt niedere Geister.

Es gibt verschiedene Formen von Geistern, die in den unterschiedlichsten Bereichen anzutreffen sind. So gibt es dem Glauben der Sufis nach Dschinnen, die in abgelegenen Häusern wohnen, an bestimmten auffälligen Plätzen, in leeren Gefäßen, in Erdlöchern und Höhlen, in Sträuchern oder auch bestimmten Steinen. Sie erscheinen den Menschen als monströse Gestalten, aber auch als Menschen oder Tiere. Es heißt, dass sie intellektuell langsamer seien als die Menschen, weshalb sie die Söhne und Töchter Adams fürchteten. Zudem ist die Welt der Dschinnen hektischer und schneller. Personen, die häufig Kontakt zu Dschinnen haben, nehmen die menschliche Welt immer verschwommener, traumartiger wahr und es kommt ihnen vor, als bewege sich alles in Zeitlupe. Dschinnen leben auf sieben Ebenen, die unterhalb der menschlichen Ebene liegen. Wir Menschen können ihre Ebenen besuchen, allerdings ist die unterste besonders gefährlich und chaotisch.

Auch in der Menschenwelt gibt es mehr Dschinnen als Menschen. Die Dschinnen leben aber in eigenen, von den Menschen getrennten Bereichen. Vor allem Wüsten, aber auch Wälder, Friedhöfe und die Kanalisation gelten als die Bereiche der Dschinnen.

Es ist überliefert, dass Dschinnen mit den Engeln zusammen vor den Menschen geschaffen wurden. Ihre Welt war aber zu chaotisch. Hätte ein normaler Mensch damals gelebt, so wäre er wohl verrückt geworden. Das arabische Wort *Dschinn* hat die selbe Wortwurzel wie *Madschnun* (Verrücktheit). Es heißt, in ihrer Verrücktheit war den Dschinnen alles möglich, doch dabei vergaßen sie Allah. Allah schickte den Dschinnen daraufhin 800 Propheten, die von ihnen jedoch alle umgebracht wurden. Erst die Erschaffung des mit Vernunft begabten Menschen schränkte die Macht der Dschinnen ein. Hieraus wird die teilweise natürliche Feindschaft zwischen Menschen und Dschinnen erklärt.

Wie islamische Zauberer betonen, sehen die Geister uns Menschen, wir sehen sie aber in der Regel nicht. Geübte Hexen und Zauberer können Geister jedoch als formlose Energiekonfigurationen wahrnehmen, die eine eigene Bewusstheit ausstrahlen. Prinzipiell ist es für alle Menschen möglich, Kontakt zu Dschinnen zu bekommen. Es soll Gemeinschaften geben, in denen das der Fall gewesen ist und teilweise sogar noch bis heute der Fall ist. Allerdings wird die eigene zivilisatorische Höherentwicklung erschwert, wenn man seine Aufmerksamkeit zu sehr auf Geister ausrichtet. Deren Welt ist einfach zu wechselhaft und unzuverlässig.

Die orientalische Magie lehrt, dass Dschinnen auch Geschlechtsverkehr haben, Kinder zeugen und dass es ganze Clans gibt, die dauerhaft bestehen. Es wird von Ehen zwischen Menschen und Geistern berichtet. Gehen aus diesen Beziehungen Kinder hervor, so gehören sie derselben Art an wie ihre Mutter. Es gibt auch riesige Dschinn-

Fürsten mit eigenen Namen, denen man die Wochentage, Amulette, Farben und Pflanzen zugeordnet hat. Will man Kontakt zu diesen Fürsten herstellen, muss man diese Namen berücksichtigen. Es heißt, die Mehrzahl der großen Dschinn-Fürsten sei zum Islam konvertiert. Allerdings gibt es nicht nur islamische Dschinnen, sondern auch christliche, jüdische, ungläubige und Angehörige anderer Religionen. Kommt es zu Fehlverhalten bei den Dschinnen, dann werden sie nach den Regeln ihrer Religion gerichtet.

An manchen Orten treffen die Welten der Geistwesen und der Menschen aufeinander – gefährlich sind hier leer stehende Gemäuer, Friedhöfe, Weggabelungen, manche Berge, Erd- und Wasserlöcher. Auch die heimischen Toiletten werden dem islamischen Aberglauben nach von Dschinnen heimgesucht. Über die Spülung soll ein direkter Zugang zur Unterwelt bestehen. Werden die Geister an diesen Plätzen gestört, so fahren sie in die Menschen und fordern Genugtuung. Die unheimlichen Feuerwesen machen sich durch Beschwerden aller Art wie Kopfschmerzen oder Hautgeschwüre, aber auch durch seltsame Stimmen im Kopf bemerkbar. Hier versprechen, wie oben bereits erwähnt, Dhikr und Amulette Schutz, aber auch die Formel *Bismillah ar-Rahman ar-Rahim* (Im Namen Gottes, des Gnädigen und des Allbarmherzigen), die von vielen Arabern ständig vor und während aller möglichen Handlungen gesprochen wird, hilft. Das mit speziellen Handbewegungen verbundene bekannte Zauberwort »Simsalabim« ist in der Tat eine Verballhornung der Bismillah-Formel.

Geister suchen den Kontakt zu Menschen, um so parasitär an den Lebensbereichen teilzuhaben, die ihnen verschlossen sind. In großen Erregungszuständen – wie zum Beispiel während sexueller Handlungen, in Schock- oder Angstzuständen und bei Aggression – haben die Menschen wenig Schutz gegen Geister. Manchmal erscheinen Dschinnen in Menschengestalt mit auffälligen Anomalien: verkrüppelten Gliedmaßen oder Katzenaugen, die die Menschen in einen Schockzustand versetzen. So wird eine baldige Übernahme des Menschen vorbereitet.

Sind Menschen von Geistern besetzt, gibt es mehrere Möglichkeiten, um diese auszutreiben. Zuerst einmal muss der Scheich feststellen, um welche Art von Geist es sich handelt. Dazu werden die unsichtbaren Begleiter selbst befragt oder bestimmte Orakel angewandt. Eine spezielle Form des Abgad-Systems (siehe Kapitel 2.5, »Buchstaben- und Zahlenmagie«) kann ebenfalls benutzt werden. Ist klar, um welche Art Geist es sich handelt und warum dieser in den Menschen gefahren ist, beginnt die Behandlung. In leichten Fällen genügt es, bestimmte Reinlichkeits- und Ernährungsvorschriften einzuhalten und bestimmte Suren zu rezitieren. Manchmal verlangen die Geister materielle Genugtuung, man muss beispielsweise einen magisch aufgeladenen Gegenstand an einem bestimmten Ort anbringen. Ist das geschehen, lassen sie von dem Menschen ab und können ihm durchaus als gute Freunde und weise Ratgeber erhalten bleiben. In schweren Fällen muss der Scheich eine forcierte Austreibung vornehmen: Dabei werden Suren aus dem Koran rezitiert und die Menschen werden geschlagen. Verbreitet bei diesen Austreibungen ist der Brauch, an den feinstofflichen Ausgängen des menschlichen Körpers islamische Siegel zu befestigen, wodurch die Dämonen beim Austreten zum Islam bekehrt werden. Ist das vollzogen, werden sie anschließend auf Pilgerfahrt nach Mekka geschickt, wo mächtige Dschinnen sie in die Regeln des neuen Glaubens einweisen.

Besonders die Zar- und Gnawa-Kulte beschäftigen sich mit Dschinnen. Bei ihren Zusammenkünften geben sich die Menschen den feurigen Begleitern zu monotoner Musik in ekstatischer Form hin. Bei den Gnawa-Kulten in Marokko sind ungefähr ebenso viele Männer wie Frauen vertreten, während bei den Zar-Kulten in Ägypten die Anzahl der Frauen überwiegt. Kommt es zu einer Besetzung durch einen Geist, so wird ein kostspieliges Fest veranstaltet. Man schlachtet ein Tier, singt und tanzt, was das Wesen besänftigt. Es werden Schmuckstücke angefertigt und die Frauen tragen Tücher und Kleider in bestimmten Farben. Ist das Wesen besänftigt, müssen die Menschen regelmäßig an weiteren Zeremonien teilnehmen, um die Dschinnen weiterhin abzuwehren, aber auch um die Kommunikation zu bestimmten Geistern aufrechtzuerhalten. Das Geistwesen kann sich zu einem starken Verbündeten entwickeln, der in ihnen allen Lebenslagen beisteht.

Um bestimmte Energien freizusetzen, ahmen die Anwesenden in ekstatischer Form oftmals sexuelle Handlungen nach. Bei größeren Zusammenkünften treten initiierte Musiker auf. Männliche Tänzer, die mit Kauri-Muscheln und allerlei Glöckchen behangen sind, heizen die Frauen an. Bei kleineren Zars musizieren die Frauen selbst. Als Zeichen der Verzückung gilt ein schrilles Trillern mit der Zunge, das im Orient auch im Alltag häufig zu hören ist. Manchmal kommunizieren die Besessenen, die Musiker und der Scheich oder die *Kudya* (Hexe) in einer besonderen Geistersprache, die jedes Mal neu artikuliert wird und nur Eingeweihten verständlich ist. Ist ein Mensch von einer Krankheit befallen, von einem Skorpion gestochen oder von einer Schlange gebissen worden, kann ebenfalls ein Zar oder Gnawa abgehalten werden. Dabei nimmt man Verbindung zu den Wesenheiten der Krankheiten oder zu dem entsprechenden Tier auf, um es bzw. sie zu vertreiben. Sufis wie die Rifai treten bisweilen ebenfalls als Schlangenbeschwörer und Skorpionbändiger in Erscheinung.

Die reine Magie ist nun einmal eine sehr schwierige Kunst und bedarf einer langen Schulung; Männern und Frauen, die sie betreiben, bringt man viel Anerkennung entgegen. Mut, Reinheit und Willenskraft werden ihnen abverlangt. Diese Magier locken Geister an, nehmen sie gefangen und setzen sie als unsichtbare Helfer in verschiedenen Lebenssituationen ein, zum Beispiel um böse Dschinnen zu bekämpfen und auszutreiben, oder auch, um Informationen über Orte zu bekommen, wo bestimmte Heilkräuter wachsen. Allerdings gibt es in der islamischen Welt auch immer wieder Belege von dunklen Zauberern, die gegen Bezahlung ihre Dienste feilbieten, um anderen Menschen zu schaden. In Ägypten gibt es Vereinigungen von Magiern, die das Land nach neuen Zauberern und Zauberinnen durchsuchen, um die guten aufzunehmen und die schlechten zu bekämpfen. Die modernen Massenmedien wie Fernsehen, Radio oder Zeitschriften machten dieses Thema sehr populär. Manche Orte, wie die Totenstädte, sind voll von eigenartigen Menschen jeden Alters, von denen ein seltsames Leuchten ausgeht und die in einer eigenartigen Lethargie ihre übersinnlichen Dienste feilbieten.

In den ärmeren Stadtvierteln haben Sufis und Zauberer dieselben Versammlungsorte. Auch Sufis führen manchmal Zauberkunststücke vor, die Neuankömmlinge in einen Schock versetzen. Gegenstände erscheinen wie aus dem Nichts, die Temperatur ändert sich, Winde kommen auf und leichte Gegenstände werden durch die Gedankenkraft der Scheichs so fixiert, dass sie nicht mehr bewegt werden können. Manche der Zaubereien beruhen auf Bühnentricks, was von zweierlei Nutzen ist: Zum einen wird dadurch der Rahmen geschaffen, in dem durch engelhaften Beistand echter Zauber stattfinden kann, wie die Heilung von Kranken oder die Materialisation von Wohlgerüchen oder segensreicher Edelsteine, und zum anderen kann für die Zweifler immer noch ein Hintertürchen offen gehalten werden, dass alles doch mit rechten Dingen zugeht.

Der Hauptunterschied zwischen dem echten Sufismus und der volkstümlichen Magie ist, dass sich Sufis voll und ganz dem Willen Allahs unterwerfen, um so am Wunder der Schöpfung teilzuhaben. Den Nutzen dieser Anstrengung kann man den meisten Menschen nicht vermitteln – und doch gibt es kein höheres menschliches Ziel, als in dieses Glück einzutauchen. In der Magie hingegen will man die Wunder der Schöpfung unterwerfen, um eigennützige Ziele verfolgen zu können. Dazu müssen Verträge geschlossen werden, die sich am Tage des Jüngsten Gerichts gegen einen wenden können.

Übersinnliche Fähigkeiten, wie Zauberei und Hellsehen, gelten als Blumen und Edelsteine auf dem Weg zur Erkenntnis der Einheit Gottes. Zauberer und Hexen sind jedoch auf halbem Weg stehen geblieben und haben die Blumen gepflückt. Auffallend ist auch, dass Zauberer sich unentwegt bekämpfen. Sie bezichtigen sich gegenseitig der schwarzen Magie, und viele der Hexen und Zauberer leben in ständiger Angst voreinander. Sufis hingegen sind Menschen des Friedens und streben nach Selbstlosigkeit. Unter ihnen herrscht eine große Solidarität, und jede Handlung soll den Menschen wirklich weiterbringen und nicht belasten.

6. Die Verbreitung der Lehre

6.1 Soziale Aktivitäten

Wie Al-Ghazzali schreibt, ist die Erleuchtung, *Fana fi Allah*, nicht das Ende der sufischen Arbeit, sondern erst der Anfang. Wer das höchste Sein erfahren hat, kehrt in den Alltag zurück, um einerseits das höchste Sein in allen Bereichen der Schöpfung zu erkennen und zu preisen und anderseits dem höchsten Sein in allen Bereichen der Schöpfung zu dienen. Ein wichtiger Teil der sufischen Arbeit besteht darin, den Mitmenschen dabei zu helfen, ebenfalls höchste Vollkommenheit zu erreichen. Das ist ein wichtiger Punkt, der immer wieder vom Propheten Mohammed betont wurde.

> »Wenn du glaubst, deinen Schöpfer zu lieben, dann liebe zuerst deine Mitmenschen.«
>
> »Gib dem Hungrigen zu essen, besuche jene, die krank sind, befreie die Gefangenen.«
>
> »Ich befehle dir, jedem Bedrängten beizustehen, mag er nun ein Muslim sein oder nicht.«
>
> Propheten-Hadithe

Mohammed sagte, dass es auf der Erde zu jeder Zeit eine festgelegte Zahl von 500 Heiligen gebe, die ihren Mitmenschen völlig uneigennützig beistehen und sie so zum Islam finden lassen.

Folgende Geschichte wurde von Abdullah Mubarak, einem der großen Sufis des 8. Jahrhunderts, überliefert:

> Eines Nachts sah er im Traum zwei Engel. Sie unterhielten sich darüber, dass in diesem Jahr über 600 000 Muslime die Pilgerfahrt vollzogen hätten, doch Allah habe sie von keinem anerkannt. Nur von Ali Ibn Muwaffaq, der in Damaskus wohne und gar nicht zur Pilgerfahrt gekommen sei, sei die Pilgerfahrt angenommen worden. All seine Sünden seien ausgelöscht worden.

> Abdullah Mubarak machte sich daraufhin auf den Weg nach Damaskus, wo er Ali Ibn Muwaffaq fand. Dieser erzählte: »Ich heiße Ali Ibn Muwaffaq und bin Kupferschmied. Dreißig Jahre habe ich gespart, um mir die Pilgerfahrt nach Mekka leisten zu können. Als ich das Geld zusammen hatte, es waren 350 Dirham, war meine liebe Frau schwanger. Einmal rochen wir nun aus dem Haus meines Nachbarn gebratenes Fleisch. Meine Frau schickte mich hinüber, um Fleisch für sie zu holen. Als ich zur Nachbarin ging und sie um Fleisch bat, sagte sie: ›Ich kann dir kein Fleisch geben. Wir sind sehr arm. Seit drei Tagen haben meine Kinder nichts gegessen, sie haben vor Hunger geweint. Da ging ich in meiner Verzweiflung auf die Straße zu einem toten Esel und schnitt von ihm ein Stück Fleisch ab, um es zu kochen. Das Fleisch entspricht nicht dem islamischen Reinheitsgebot.‹ Als ich das hörte, brannte mein Herz. Ich nahm die gesparten 350 Dirham und gab sie der Frau. ›Gib sie für deine Kinder aus‹, sagte ich zu ihr, ›es ist meine Pilgerfahrt.‹«

Diese Geschichte zeigt sehr deutlich die Einstellung auf, die Sufis ihren Mitmenschen gegenüber haben: Ein Muslim, der nur an Gott denkt und dabei seine Mitmenschen vernachlässigt, ist ein schlechter Muslim. Durch Gastfreundschaft gegenüber Fremden sowie wohltätige Werke wie Speisung der Armen erkennt man die der ganzen Schöpfung innewohnende Harmonie unmittelbar an.

Verschiedene Mystiker wie Al-Ghazzali, Ibn Arabi oder Avicenna beschrieben die Welt der Engel als eine Welt der guten Gedanken, die die Menschen auf der Erde zu guten Taten für ihre Mitmenschen und die ganze Schöpfung anregen.

Durch die sozialen Aktivitäten der Sufis wird die der ganzen Schöpfung innewohnende göttliche Harmonie unmittelbar gelebt. Die Bereiche, in denen die Sufis arbeiten, sind dabei so vielfältig und so unterschiedlich wie das Leben selbst. Auffallend bei den Meistern ist: Wer die Wahrheit erkannt hat, strebt praktische Lösungen an und ist außerdem offen für neue Wege.

Selbst Sufis, die bekannt sind für ihre außergewöhnlichen und spektakulären Dhikrs, üben ganz solide Berufe aus. So gibt es Kadiri-Scheichs, die eine verantwortungsvolle und seriöse Stellung bekleiden, etwa bei Versicherungsgesellschaften oder in der städtischen Verwaltung. Gerade in der orientalischen Welt sind Scheichs in hohen Positionen im Bereich der Verwaltung und des Handels gern gesehen. Da zur Ausbildung von Sufis auch das Verrichten von einfachen Arbeiten gehört, haben die Meister der Weisheit auch das Zupacken gelernt.

Bekleiden die Scheichs verantwortungsvolle Positionen, so tragen sie allgemein zu einer Verbesserung der Gesellschaft bei. So haben beispielsweise in Zentralasien die *Naqushbandis* in den Jahrhunderten nach dem Mongolensturm entscheidend zum Wiederaufbau beigetragen. Der Sufi-Scheich Islam Bahauddin führte in dieser Zeit ein völlig neues Bewässerungssystem ein, das sich schnell verbreitete und seinen Dienst bis ins 19. Jahrhundert hinein tat.

Zum gegenwärtigen Zeitpunkt hat die Menschheit ein gewaltiges Problem mit Trinkwasser: Ein Drittel der bewohnten Fläche der Erde droht zur Wüste zu werden. Diese Entwicklung betrifft vor allem die islamischen Länder, aber auch weite Teile Chinas und Mittelamerikas. In einigen Gegenden werden im Kampf gegen den Vormarsch der Wüste enorme Anstrengungen unternommen, um die verbleibenden Wasserreserven und Felder vor dem gänzlichen Austrocknen zu bewahren. Auch hier helfen Sufis, die die harte Arbeit mit ihrem Dhikr verbinden und sowohl auf unkonventionelle neue, als auch auf überlieferte Bewässerungstechniken zurückgreifen. So entstanden in Afrika mehrere landwirtschaftliche Kooperativen, die von Sufi-Bruderschaften getragen werden. Außerdem wurde ein Finanzierungssystem eingeführt, das den Menschen günstige Kleinkredite anbietet. Der pakistanische Pir Rahman Rahim gründete in den 1970er Jahren sogar eine Bank. Ziel dieses Instituts war es, Kredite so zu vergeben, dass alternative, ökologisch und sozial sinnvolle Projekte unterstützt werden. Diese New-Age-Bank bestand immerhin acht Jahre und gilt als Vorreiter der späteren alternativen Banken.

In Israel und Palästina errichteten Sufis Kindertagesstätten und Einrichtungen zur Betreuung von Flüchtlingskindern. Und während des Bosnienkrieges in den 1990er-Jahren betreuten in Derwisch-Orden initiierte westliche Psychotherapeutinnen vergewaltigte Frauen. Auch im Bereich der Schulbildung sind Muriden tätig geworden. Im Islam ist es Pflicht, den Koran zu lesen. Gerade Derwische haben in all den Jahrhunderten entscheidend dazu beigetragen, dass die Menschen schreiben und lesen lernten. Die Kinder wurden in den *Medresen* ausgebildet, und lange Zeit war es für die Eltern eine Ehre, wenn sie ihre Kinder dorthin zur Ausbildung schicken konnten. Im Koran als Gesetzbuch finden die Menschen ihre Pflichten, aber auch ihre Rechte niedergeschrieben. Und so darf er auch nicht einseitig ausgelegt werden, etwa nur als Instrument zur Unterdrückung von Frauen, wie es die Fundamentalisten tun. In Marokko etwa müssen – seit dem Amtsantritt von König Mohammed VI. – die Kinder in der Schule jene Suren auswendig lernen, die Toleranz, Lebensbejahung und die Gleichstellung von Mann und Frau betonen.

6.2 Politische Einflussnahme

Die Meister der Weisheit haben in der sufischen Überlieferung immer wieder vom Kontakt zu weltlichen Herrschern abgeraten. Schon der Naqushbandi-Scheich Muhammad Amin al-Kurdi (gest. 1914) schreibt, dass ein *Pir* den Umgang mit dem Herrscher meiden solle. Für die meisten, die die Gunst der Herrscher suchten, sei es schwer, die verbotenen Dinge, die die Herrschenden tun, ihnen gegenüber auch offen zu kritisieren. Wenn *Pirs* bei den Herrschern ein- und ausgingen, billigten sie dadurch indirekt deren Lebenswandel.

> »Sprich: Allah du bist der Herr der Herrschaft. Du gibst die Herrschaft, wem du willst und du entziehst sie, wem du willst. Du erhöhst, wen du willst und du erniedrigst, wen du willst. In deiner Hand liegt alles Gute, denn du bist über alle Dinge mächtig.«
>
> Sure 3,26

Und dennoch gab es immer wieder enge Bande zwischen weltlichen

Herrschern und Sufis, die sich auch politisch engagierten. Rumi etwa war ein enger Freund und Berater des damaligen Sultans. In späteren Jahrhunderten erhielt der türkische Sultan bei seinem Amtsantritt das Zepter stets aus der Hand eines Mevlevi-Scheichs.

Zu den bekanntesten islamischen Gelehrten gehörte Ibn Chaldun (gest. 1406), der nicht nur wichtige Werke über die Prinzipien des Sufismus, sondern auch eines über Geschichtsphilosophie *(Muqqadimah)* verfasste, in dem er die Prinzipien einer optimalen Gemeinschaft formulierte. Nach seiner Auffassung ist vor allem ein Zusammengehörigkeitsgefühl von großer Bedeutung – denn die durch das Zusammengehörigkeitsgefühl der Einzelnen erzeugte Gemeinschaft *(Assabiya)* garantiert die Versorgung des Einzelnen, und indem die Aufgaben innerhalb der Gruppe verteilt sind, wird der größtmögliche Nutzen für alle erzielt. Das Ansehen, das eine Assabiya besitzt, geht jedoch, so sagt Ibn Chaldun, nach vier Generationen wieder verloren: Während die erste Generation für ihr Ansehen noch hart arbeiten müsse, folge die zweite und dritte Generation einfach den Spuren ihrer jeweiligen Väter. Die vierte Generation habe keine Erinnerung mehr an die Mühseligkeiten der ersten. Sie neige zu Arroganz, leite ihre Position allein aus ihrer Herkunft ab und sei nicht mehr bereit, dafür zu arbeiten. Dieser Prozess lasse sich sowohl bei Königshäusern als auch bei lokalen Stämmen beobachten. Die Macht gehe dann auf eine andere Assabiya über, die ihren Einfluss allerdings wieder allein durch Beharrlichkeit gewinne.

> Am Hof des Mogul-Herrschers Akbar des Großen gab es neun Weise, die der Herrscher seine »Neun Juwelen« nannte. Angeblich waren sie die weisesten Männer ganz Indiens, und dennoch lernte Akbar nichts von ihnen. Einmal schalt er sie deswegen. Da brach ein Junge, den einer der Weisen mitgebracht hatte, in Gelächter aus. Akbar wollte von dem Kind wissen, aus welchem Grund es lache. Da sagte der Junge, er könne ihm erklären, warum er von den Neun noch nichts gelernt habe. Akbar wollte das nur allzu gern wissen. Der Junge verlangte, er solle dort Platz nehmen, wo vorhin noch die neun weisen Berater gesessen hatten. Akbar tat, wie ihm geheißen, und sofort setzte sich der Kleine auf den Thron. Als Akbar vor seinem eigenen Thron saß, erkannte er, warum er noch nichts gelernt hatte: Will man lernen, so muss man vom Thron herabsteigen und Demut zeigen.

Bei der Bevölkerung unterschied Ibn Chaldun zwei »natürliche« Gruppen: die Sesshaften und die Nomaden. Während der sesshafte Teil der Bevölkerung eher zu Behäbigkeit und Luxus neige, sei der nomadische durch harte Lebensumstände, durch Genügsamkeit und Stammesdenken geprägt, weshalb er von Ibn Chaldun eher positiv bewertet wurde. Ihr Herrschaftsgebiet sei in der Regel größer als das der Sesshaften. Die städtische Zivilisation stellt nach Ibn Chaldun allerdings den Höhepunkt der menschlichen Entwicklung dar: Handel, Wissenschaft, Kunst und Handwerk blühten hier ... allerdings nicht allein. Auch Verschwendungssucht und Laster seien im Übermaß zu finden. Die Menschen, die es gewohnt seien, dass die Regierung für ihre Belange sorge, würden in der Regel zu unmündigen Kindern. Sie neigten zu Feigheit und würden ernsthaften Konflikten ausweichen. Da Wohlstand in der Regel auf Kosten anderer gehe, komme es zu neuen Konflikten, die den Niedergang der städtischen Zivilisation beschleunigten. Die Benachteiligten drängten dann an die Macht, und die Assabiya, die sich den Regeln der neuen Assabiya unterwerfen würde, löste sich auf. Die Zivilisationsentwicklung werde nun von einer neuen Dynastie getragen und der Prozess beginne wieder von vorn.

> Ein grausamer Tyrann wollte von einem berühmten Derwisch wissen, was für ihn die beste Form des Gottesgedenkens sei. Der Derwisch antwortete: »Für Euch ist die beste Form des Gottesgedenkens der Mittagsschlaf, denn in dieser Zeit hat das Volk Ruhe vor Euch und Euren Grausamkeiten.«

Der Herrscher aber, der durch seine Berater die Mechanismen der geschichtlichen Entwicklung verstanden habe, könne zum Wohle seines Volkes ordnend eingreifen. Zu viel Härte jedoch, so Ibn Chaldun, sei dabei abträglich und führe meist zum Niedergang des Reiches. Gesellschaftlicher Wandel sei dabei universell, aber auch begrenzt: Universell, weil es keine Gemeinschaft und keine Gesellschaft gebe, die dem Wandel nicht unterworfen sei. Begrenzt, weil sich in der Regel nicht gleich die ganze Gesellschaft verändere, sondern immer nur einzelne Bereiche, die die Änderung der anderen Bereiche, wenn überhaupt, erst später mit sich brächten. Da die Menschen lern- und entwicklungsfähige Wesen seien, änderten sich zudem die Formen des menschlichen Zusammenlebens.

Ibn Chaldun schreibt außerdem, dass Menschen, die sich mit religiösen Angelegenheiten beschäftigten, wie etwa *Muezzine*, *Mullahs* oder *Kadis*, in der Regel keinen großen Reichtum besäßen. Der Grund dafür sei, dass sich Reichtum aus dem Wert einer Arbeit ergebe. Nun würden aber die einfachen Menschen den religiösen Dingen nicht unbedingt großen Wert beimessen. Nur wer sich mit Religion beschäftige, lege Wert auf religiöse Tätigkeiten. Weltliche Herrscher förderten nun die religiösen Gelehrten, da sie das Allgemeinwohl im Auge behalten müssten. Sie ließen sie gewähren und sorgten auch für deren Einkommen. Die religiösen Gelehrten aber fühlten sich ihren Mitmenschen und dem Herrscher überlegen. Um einen Anteil an der weltlichen Macht zu erlangen, müssten sie dem Herrscher ergeben sein. Da sie das jedoch ablehnten, sei den Menschen, die mit religiösen Dingen beschäftigt seien, kein großer Reichtum beschieden.

> Ein Derwisch setzte sich einmal auf den Thron des Herrschers. Da verprügelten ihn die Wachen und er begann bitterlich zu weinen. Der Herrscher aber sprach: »Warum weinst du? So viele Schläge waren es auch wieder nicht.«
> Da sagte der Derwisch: »Ich weine nicht wegen mir, sondern wegen Euch. Wenn ich schon für einen Moment auf Eurem Thron so viel Prügel bekomme, wie viel Prügel müsst dann Ihr eines Tages bekommen, wo Ihr doch ein ganzes Leben lang auf dem Thron gesessen habt.«

Die Herrscher in der islamischen Welt aber setzten sich immer wieder über die Gebote des harmonischen Zusammenlebens hinweg, und so ist es immer wieder zu Aufständen gekommen, an denen vor allem Derwische aktiv beteiligt waren.
Nicht unerwähnt bleiben soll an dieser Stelle der legendäre Scheich Bedreddin, der in Anatolien wirkte und bis heute in vielen Liedern besungen wird. Der türkische Dichter Nazim Hikmet (gest. 1963) widmete Scheich Bedreddin ein ganzes Epos. – Geboren 1358, stand dem talentierten jungen Bedreddin eine große Karriere offen. Er studierte in Konya Astronomie und Logik und ging später nach

Kairo, wo er zum Erzieher des Prinzen avancierte. Scheich Hussein Aklathi bewirkte bei Bedreddin die innere Umkehr. Und fortan vertiefte sich dieser in die mystischen Schriften und Scheich Aklathi bestimmte ihn sogar zu seinem Nachfolger. Bedreddin kehrte aber nach Anatolien zurück, wo er den Armen und Entrechteten predigte. Er forderte eine Umverteilung des Landbesitzes und setzte sich für die Gleichberechtigung von Juden und von Christen ein. Er einte Muslime, Juden und Christen, und selbst Mongolentruppen schlossen sich ihm an. Es kam zu zahlreichen Aufständen. Man könnte sogar sagen, dass Bedreddin ein früher Theoretiker des Kommunismus war: Er forderte die Abschaffung des Privatbesitzes. Die Menschen sollten stattdessen in Gütergemeinschaften leben. Bedreddin wurde im Alter von 58 Jahren in Thrakien als Ketzer hingerichtet und viele seiner philosophischen Schriften wurden vernichtet.

> Ein Herrscher ritt über den Marktplatz und das ganze Volk fiel vor ihm auf den Boden, nur ein Derwisch tat das nicht. Außer sich vor Wut, verlangte der Herrscher, man solle den Derwisch zu ihm bringen. »Warum soll ich mich ausgerechnet vor dir verbeugen?«, fragte der Derwisch den Herrscher. »Wo ich doch zwei Untergebene habe, die in Wahrheit deine Herren sind: die beiden Eigenschaften Zorn und Gier.«

In Anatolien gab es vor allem unter der Leitung der Bektashis immer wieder Aufstände. 1526/1527 kam es sogar zu einer Revolte von mehr als 20 000 Derwischen gegen die Herren der Provinz Karamania. Aber auch in anderen Ländern nahmen Sufis Einfluss auf die Politik. So gründete Ibn Quaysin im 12. Jahrhundert an der Algarve im Süden Portugals einen sufischen Mönchsstaat, den der Muriden, der aber von der Reconquista nach ein paar Jahren ausgelöscht wurde. Die Timuriden, die im 14. Jahrhundert über ganz Zentralasien herrschten, standen ebenfalls unter dem Einfluss der Sufis. Nach dem Mongolensturm im 13. Jahrhundert waren es Naqushbandis, die in besonderem Maße als Berater der weltlichen Herrscher beim Wiederaufbau der Länder gefragt waren. Unter dem Mongolenherrscher Tamerlan (gest. 1405) wurde Samarkand Hauptstadt des neuen Reiches. Die bedeutenden kulturellen und religiösen Zentren jener Zeit waren

Taschkent und Samarkand, denn hier wurden Kunst und Architektur besonders gefördert.

In Nordafrika, besonders in Ägypten, existieren in manchen Gebieten schon seit Jahrhunderten sufische Netzwerke, die die politischen Entscheidungen tragen. Und als Java noch unter der Kolonialherrschaft der Niederlande stand, stellten die Naqushbandis die meisten einheimischen Regierungsbeamten, sodass man diesen Orden als eine Art »Freimaurerei« innerhalb der politischen Elite bezeichnen könnte. Auch im Punjab und im Sindh beeinflussten Chishti- und Naqushbandi-Pirs die Königshäuser.

Selbst heute, im 21. Jahrhundert, bekleiden Mystiker politische Ämter oder üben zumindest Einfluss auf die Staatsführung aus. Amadou Hampâté Bâ, der Führer des Tidjaniyyah-Ordens, war zum Beispiel Minister in Mali und nahm als Abgeordneter Westafrikas an den Sitzungen der UNESCO teil. Bei seinen Aufenthalten in Paris initiierte Meister Hampâté Bâ regelmäßig auch neue Schüler und unterrichtete sie. Und der afghanisch-britische Autor Idries Shah, der in der Tradition der Naqushbandis stand, war ein enger Freund des britischen Thronfolgers Prinz Charles, dem er die grundlegenden Prinzipien des Sufismus erklärte. Und der ehemalige türkische Ministerpräsident Erbakan förderte die Sufi-Gruppen sogar. Es ist ein offenes Geheimnis, dass er mit den Naqushbandis zusammenarbeitete. Am Beispiel der Türkei wird das ambivalente Verhältnis zwischen Sufismus und Moderne deutlich: So ließ Atatürk 1925 die Derwisch-Orden verbieten. Die Macht der Tariquats war für Atatürk zu diesem Zeitpunkt einfach zu sehr mit den Herrschaftsstrukturen des alten osmanischen Reiches verwoben. Er ließ den Besitz der Klöster konfiszieren und zahlreiche Grabmäler und Moscheen wurden zu Museen. Religion sollte Privatsache sein. Auf diese Weise schuf Atatürk die Grundlagen für einen modernen Staat. Selbst Sufis verehren Atatürk als den Begründer der modernen Türkei. Bei den Aleviten hat die Verehrung Atatürks sogar fast religiöse Züge angenommen.

Gut dokumentiert ist ebenfalls, wie Sufis Widerstände organisierten, sei es im Punjab, Sindh, Kaukasus, Senegal, in Zentralasien, Marokko oder Algerien. Besonders zu erwähnen ist an dieser Stelle der Senussi-Orden. Gegründet von Sidi Muhammad Bin Ali as-Senussi (1791–1859), breitete sich diese Bruderschaft rasch in ganz Nordafrika und in weiten Teilen Schwarzafrikas aus. Ziel dieses Tariquat war die Erneuerung des Islam, verbunden mit dem Widerstand gegen die die Kolonialherrschaft. Die Senussi organisierten eine schlagkräftige Guerilla und bauten ein weit verzweigtes Netz auf. Unzählige Aufstände und Anschläge gehen auf ihr Konto. Nach dem 2. Weltkrieg übernahmen die Senussi die Macht in Libyen. Der Großmeister des Ordens wurde König. 1969 nutzte Oberst Muammar al-Gaddafi den Kuraufenthalt des Königs im Ausland für einen Staatsstreich. Durch ihn sollten die islamisch-sozialrevolutionären Ideale des Senussi-Ordens nicht beseitigt, sondern im Gegenteil gestärkt werden. Bei seinen mediengerechten Auftritten sieht man hinter Gaddafi immer wieder die Symbole und Fahnen der verschiedenen Tariquats.

Im 19. Jahrhundert, als der Sudan unter ägyptischer Herrschaft stand, organisierte der »Mahdi« Mohammed Ahmad einen Aufstand, in dessen Verlauf im Jahr 1885 Khartoum eingenommen wurde. Diese Herrschaft konnte sich 13 Jahre halten. Erst 1898 wurde Khartoum von General Kitchener befreit. Daraufhin war der Sudan bis 1953 faktisch britische Kolonie. Bis heute besitzen die Sufi-Bruderschaften im Sudan große Macht. In einigen Gegenden gehört nahezu jeder männliche Erwachsene einer der vier großen Bruderschaften an. Politisch üben die Tariquats großen Einfluss aus.
In der Zeit, als die Sowjetunion Afghanistan besetzt hielt, trugen die Fakire entscheidend zum Widerstand bei. Vor allem die einheimischen Kadiri und Naqushbandis leisteten in den ersten Jahren militärisch Großes. Saudi-Arabien trug jedoch im Verlauf des Krieges dazu bei, dass die erzkonservative wahhabitische Lehre sich mehr und mehr ausbreitete, was schließlich zur grausamen und menschenverachtenden Herrschaft der Taliban führte.

Geschichte ist also letztendlich nicht planbar. Die Versuche, ein bestmögliches System für alle zu errichten, gründen sich auf Prinzipien der Harmonie, die in der Medizin und der Architektur ebenfalls zu finden sind. Was heute gut ist, muss morgen nicht unbedingt auch von Vorteil sein.

Die Schöpfung sucht sich in der historischen und sozialen Entwicklung immer neue Wege, um sich optimal zu verwirklichen. Dabei entsteht eine ungeheure Vielfalt. Und Ungleichgewichte in der menschlichen Entwicklung werden durch neue Strömungen immer wieder ausgeglichen. Das soziale Miteinander in unverrückbare Prinzipien zu pressen ist darum schlichtweg unmöglich.

6.3 Heilung und Medizin

Als Heiler sind Derwische ebenfalls hoch angesehen. Für die Erhaltung der Gesundheit sind vier Dinge wichtig:

Bewegung, bewusste Ernährung,
bewusstes Atmen und körperliche Reinlichkeit.

Im Islam gilt außerdem der Grundsatz: Das beste Mittel, um gesund zu bleiben, ist es, die religiösen Gebote einzuhalten und von unreinen Dingen abzulassen.

> Der Prophet wurde einmal gefragt, warum er und seine Gefährten sich solch ausgezeichneter Gesundheit erfreuten. Er antwortete: »Wir halten Maß beim Essen; wir essen immer in Gemeinschaft; wir essen nur dann, wenn wir hungrig sind, und lassen lieber etwas übrig, als dass wir einen Bissen zu viel essen.«

Von Avicenna (gest. 1073) sind die Prinzipien der sufischen Heilkunst überliefert, in der der physische Körper aus vier Essenzen besteht:

der Blut-Essenz – sie ist heiß und feucht;
der Schleim-Essenz – sie ist kalt und feucht;
der Gallen-Essenz – sie ist heiß und trocken;
der Melancholie-Essenz – sie ist kalt und trocken.

Wird die Nahrung verdaut, so durchläuft sie die Stadien dieser Essenzen, wobei jede Essenz sich aus der Nahrung ihren Teil herauszieht. Dabei wird der Körper – je nach Zusammensetzung der Nahrung – entweder erhitzt oder abgekühlt.

Besteht ein körperliches Ungleichgewicht, so verordnet der Scheich zuerst einmal, erhitzende oder kühlende Nahrungsmittel.

Erhitzende Nahrungsmittel:

Fleisch: Lamm, Leber, Huhn, Eier, Fisch, Fleisch von der männlichen Ziege
Milchprodukte: Schafsmilch, Sahne, geklärte Butter *(Ghee)*, Schmelzkäse
Gemüse: Bohnen, Zwiebeln, Rettich, Karottensamen, Pfeffer, Senf
Früchte: Bananen, Kokosnüsse, Pfirsiche, Pflaumen, Orangen, Zitronen, Oliven, Kürbis, alle getrockneten Früchte
Samen und Nüsse: Sesam, Mandeln, Pistazien, Aprikosenkerne, Walnüsse, Pinienkerne
Reis: Langkornreis, Basmati-Reis
Öle: Sesamöl, Maisöl, Rizinusöl, Senföl
Heiße Getränke: schwarzer Tee, Kaffee
Gewürze: Zimt, Kardamom, Ingwer, Anis, Garam-Masala, Safran, Curry
Sonstiges: Honig, Kandiszucker; alles, was süß schmeckt (außer raffiniertem Zucker); Salz; jede Form moderner allopathischer Medizin

Kühlende Nahrungsmittel:

Fleisch: Kaninchen, Rind; Fleisch von der weiblichen Ziege
Milchprodukte: Muttermilch, Kuhmilch, Ziegenmilch, Butter, Buttermilch, Hartkäse, Margarine
Gemüse: Lauch, Sellerie, Sprossen (allgemein), Zucchini, Spinat, Okra, Brokkoli, weiße Kartoffeln, Süßkartoffeln, Karotten, Gurken, Sojabohnen, Tomaten, Erbsen, Bohnen (generell)
Früchte: Melonen (generell), Granatäpfel, Birnen, Feigen

Samen und Nüsse: *keine*
Reis: brauner Reis, Rundkornreis
Öle: Sonnenblumenöl, Kokosöl
Heiße Getränke: grüner Tee
Gewürze: Koriander (trocken), Dill, Henna
Sonstiges: raffinierter Zucker, Essig; alles Bittere und alles Saure

Gerät das System eines Schülers nun so sehr aus dem Gleichgewicht, dass eine Krankheit ausbricht, bei der eine bloße Ernährungsumstellung nicht mehr ausreicht, um sie zu heilen, dann bedarf es eines speziellen Heilmittels. Zahlreiche Rezepturen finden sich in dem hervorragenden Buch *Sufi Healing* von Scheich Hakim Moinuddin Chishti (siehe Literaturverzeichnis).

> »Und wenn ich krank bin (ist es Allah), der mich heilt.«
> Sure 26,80

Die sufische Heilkunst basiert allerdings auch – und das nicht zuletzt – auf den überlieferten Aussprüchen des Propheten Mohammed, den so genannten Hadithen, wie etwa: »Gott schuf keine Krankheit, ohne nicht auch das Heilmittel dazu geschaffen zu haben – außer dem Altern«; »Wer nach den Regeln des Korans lebt, wird ein langes Leben haben«; »Der Ursprung jeder Krankheit ist Kälte«; »Iss nur dann, wenn dir danach ist, und lass vom Essen ab, wenn dir danach ist«; »Das Essen soll abgekühlt sein, bevor man isst. In heißem Essen steckt kein Segen«; »Man soll die Schuhe vor dem Essen ausziehen. So kann man sich besser entspannen«; »In Gemeinschaft zu essen verspricht besonderen Segen«; »Es ist günstig, während der Dämmerung zu essen«; »Besonders segensreich ist das Essen, das in der Mitte der Tafel steht. Ein guter Muslim soll diesen Teil der Mahlzeit aber anderen überlassen«;»Man soll beim Trinken nicht stehen, es sei denn, man hat Ischialgie«; »Unmittelbar nach dem Essen soll man sich die Zähne putzen und den Mund ausspülen«; »Ein ausgezeichnetes Mittel, um die Gesundheit wiederherzustellen, ist das regelmäßige Fasten«.

> »Mit jeder Krankheit hat Allah auch die entsprechende Heilpflanze geschaffen, nur nicht für das Altern.«
> Mohammed

Duft- und Räucheressenzen haben in der orientalischen Welt ebenfalls eine große Bedeutung, wenn es um Heilung geht. Im Westen wird dieses Wissen allerdings erst in den letzten Jahrzehnten wieder entdeckt. Hier einige der wichtigsten Essenzen:

Henna ist kalt und trocken. Der Geruch mag für viele westliche Menschen zuerst einmal unangenehm sein. Es wirkt keimtötend, ist gut gegen Hautkrankheiten und soll den »bösen Blick« abwehren (der dem orientalischen Glauben nach von Menschen ausgeht, die neidisch sind). Henna wird im Orient nicht nur als Räucherstoff verwendet, sondern ist auch ein ausgezeichnetes Haarfärbemittel. Und mit einer Henna-Paste verzieren die Frauen ihren Körper.

> Al-Ghazzali beobachtete, wie ein Löwe, der krank war, instinktiv ein bestimmtes Kraut fraß. Der Mensch aber, dessen Gesundheit sich durch seine Gewohnheiten verschlechtert, braucht die Führung eines Weisen.

Jasmin: Die Blüten des Jasmin wirken kühlend, wohingegen das ätherische Öl erhitzend wirkt. Jasmin-Öl wird vor allem von den Mevlevi-Scheichs verwendet. Jasmin hebt die Stimmung, indem es dem Menschen das Gefühl schenkt, verliebt zu sein.

Kampher wirkt stark kühlend. Er regt die Gedanken an und lässt den Kopf klar werden. In geringen Mengen ist er gut für die Atmung. Im Paradies werden dem islamischen Glauben nach Getränke aus Kampher und Ingwer gereicht. Auf den physischen Organismus wirkt Kampher schleimlösend. Allerdings ist er in hohen Dosen giftig.

Moschus ist heiß und trocken. Der Prophet soll sich gelegentlich mit dieser Essenz eingerieben haben. Sie ist gut für das Herz und soll eine aphrodisierende Wirkung haben.

Myrrhe: Diese Pflanze gilt als heiß und trocken. Am besten ist die marokkanische Myrrhe. Früher wurde während der spirituellen Schulung mit Myrrhe geräuchert. Auf diese Weise sollten die Seelen der Initianden gereinigt werden, damit der Scheich sie besser unterrichten konnte.

Oud wird aus dem Aloebaum gewonnen. Wie der Prophet sprach, erkennen nur vorangeschrittene Mystiker die Qualität dieses Geruchs. Allerdings sollen, so der Prophet Mohammed, Frauen diesen Duft als Parfum nur nachts tragen, da er die Männer zu sehr betört.

Rosenöl gilt als die »Königin der Duftessenzen«. Die Rose selbst ist ein weit verbreitetes sufisches Symbol. Aber auch in anderen Kulturkreisen gilt diese Blüte als Symbol universeller Liebe. Öffnet sich die Knospe, so ist dies ein Bild für das Herz, das sich öffnet; es ist in der sufischen Kunst immer wieder zu finden. Viele Sufi-Bruderschaften wählten eine bestimmte Darstellung einer Rose als Erkennungszeichen ihrer Gruppe aus.

> Der Prophet Mohammed wurde einmal gefragt, was das Geheimnis der Rose sei. Und er antwortete: »Als Gott die Seelen der Propheten schuf, war noch ein bisschen Substanz übrig. Daraus erschuf er die Rosen, damit die Menschen immer, wenn sie eine Rose erblicken und daran riechen, in einen meditativen Zustand gelangen und sich an den Glauben erinnern.«

In der sufischen Heilkunst werden viele verschiedene Rosenarten verwendet, die Wirkung der bulgarischen Rose wird jedoch besonders gepriesen. Die Rose allgemein wirkt sowohl auf den Körper des Menschen als auch auf seine Gefühle und Gedanken: Der Körper wird harmonisiert, die Gefühle werden friedlich und heiter und die Gedanken spirituell.

Sandelholz ist kalt und trocken. Das beste Sandelholz ist das indische. Es wird gern als Grundsubstanz für Räuchermischungen genommen und bei Infekten und zur Säuberung der Geschlechtsorgane verwendet. Außerdem ist es für die Meditation förderlich, denn es beruhigt die körperlichen Energien, besonders die sexuellen.

Weihrauch ist heiß und trocken. Er reinigt die Atmosphäre und die Aura des Menschen von negativen Schwingungen, weshalb auch er die Meditation fördert.

In der orientalischen Medizin werden ganzheitliche Methoden angestrebt, in denen nicht nur eine Umstellung der Ernährung, Heilmittel und Räucherungen Verwendung finden, sondern auch Massagen, Musik (siehe 6.4, »Musik«) und bestimmten Klängen (zum Beispiel dem Plätschern von Wasser) eine heilende Wirkung zugesprochen wird.

6.4 Musik

In der islamischen Welt findet man eine ausgeprägte Kultur der spirituellen Musik. Musik ist ein ausgezeichnetes Mittel, um auch in der religiösen Praxis Unerfahrene in die höheren Welten eintauchen zu lassen: Was Worte nicht vermögen, schaffen Rhythmen, Klänge und Melodien. Die Musik ist so facettenreich wie die Kulturen, schließlich erstreckt sich die islamische Welt von Schwarzafrika über Nordafrika, die arabische Halbinsel und die Türkei bis nach Indo-Pakistan und Malaysia.

Viele sufische Hadras werden von Musik begleitet, besonders nennenswert ist hier ist die Tradition der Quawwali-Musik in Indien und Pakistan: Es treten in der Regel jeweils 13 Musiker auf, die in zwei Reihen sitzen. Verschiedene Trommeln sowie eine Art Akkordeon werden gespielt. Dazu gibt es einen oder zwei Sänger, die religiöse Texte vortragen. Die anderen Musiker wiederholen nur bestimmte Passagen, und die Teilnehmer stimmen in den Refrain der heiligen Sätze ein. Auf diese Weise wird eine tiefe Ekstase erzeugt. Manche fallen sogar zu Boden und schlagen in der Ekstase wild um sich.

Die Quawwali-Veranstaltungen werden nicht nur von Derwischen besucht, sondern auch von gewöhnlichen Gläubigen, die dabei in einen Zustand der Verklärung geraten wollen. Die anwesenden Derwische haben die Aufgabe, die auftauchenden Emotionen zu lenken. Bei den Gnawa in Marokko wird durch immer wiederkehrende Melodien eine Trance erzeugt, die nicht nur das Ego vernichten, sondern auch Kontakt zu Geistwesen herstellen soll. Mit Hilfe der Geister kann dann heilerisch gewirkt werden.

> »Wenn ein Derwisch in die Hände klatscht, so verschwinden die Sünden von seinen Händen, und wenn er schreit, wird alles Übel von ihm genommen.«
> Nizam ud-Din Auliya (Chishti-Heiliger, 1239–1325)

In Rumis Werken ist die Flöte ein wichtiges Symbol. So beginnt Rumis bekanntestes Werk, *Mathnawi*, mit den Zeilen: »Hör das

Lied der Flöte, es sehnt sich nach seinem Ursprung, dem Schilf, zurück.« Die Mevlevi-Derwische in der Türkei und im Vorderen Orient beherrschen das Flötenspiel in Vollendung. Anders als bei den Gnawa oder den Quawwali wird hier durch die Klänge eine besinnliche Stimmung erzeugt. Die Anfertigung der Flöte aus Schilf wird in der Mevlevi-Tradition mit der Unterweisung des Schülers verglichen: Das Ausbrennen des Marks aus dem Schilf steht hierbei für der Reinigung des Schülers von seinem niederen Ich *(Nafs)*. Ist das Rohr vom Mark befreit, kann es bearbeitet werden, sodass es die schönsten Melodien hervorbringt.

> Als Junaid unterrichtete, fiel ein Schüler in einen Zustand konvulsischer Zuckungen. Junaid sagte darauf zu ihm, er solle das nicht wieder tun oder er brauche nicht mehr zu kommen. Musik führt die Menschen in die himmlischen Sphären, bringt sie die Praktizierenden aber aus ihrer göttlichen Aufmerksamkeit heraus, so hat sie ihr Ziel verfehlt.

Bei den Aleviten spielt das türkische Saiteninstrument *Saz* eine besondere Rolle. Außerdem gilt es als Erkennungssymbol: Manche Aleviten tragen eine kleine versilberte Saz als Anhänger an einer Halskette.

Tanz und Musik gehören zusammen. Da im Sufismus der Tanz ein Mittel ist, um höhere Bewusstseinsebenen zu erreichen, lag es nahe, die Melodie der Dhikrs mit Musikinstrumenten zu begleiten. Auf der anderen Seite ist aber auch eine Methode bekannt, bei der die Schüler der Musik in völlig entspanntem Zustand und ganz bewegungslos lauschen. Anstelle körperlicher Ekstase wird so eine »Intase« erzeugt. Es gibt allerdings auch Tariquats, die Musik und Tanz bei ihrer spirituellen Arbeit ablehnen; sie praktizieren ein inneres, stilles Dhikr. Hierzu eine kurze Geschichte: Ein Schüler bat einmal einen Scheich darum, seine Schulung mit Musik verbinden zu dürfen. Daraufhin trug der Scheich dem Schüler auf, eine Woche lang zu fasten. Danach solle er sich einen Tisch mit erlesenen Speisen decken lassen. Hätte er dann die Musik immer noch den Speisen vorgezogen, wäre es ihm erlaubt gewesen, mit Musik zu praktizieren.

Der Musikunterricht in Indien und Pakistan hatte immer mit Spiritualität zu tun. Die Schüler schlossen sich einem Lehrer an, der ihnen nicht nur beibrachte, wie das Instrument zu spielen war, sondern auch als eine Art Guru den Weg wies.

> Kaiser Akbar hatte einmal einen ausgezeichneten Musiker an seinem Hof. Dieser war so genial, dass alle Menschen sofort in einen meditativen Zustand fielen, wenn sie seinen Klängen lauschten. Akbar lobte den Musiker, doch dieser winkte ab. Seine Fähigkeiten seien nichts, verglichen mit denen seines eigenen Meisters. Akbar wollte wissen, an welchem Hof dieser zu finden sei, und der Musiker sagte, sein Meister spiele an keinem Hof; er liebe die Einsamkeit und sei mal hier und mal dort. Da sandte Akbar Boten aus, um im ganzen Land nach diesem Meister zu suchen. Schließlich wurde er in einer Höhle gefunden und Akbar reise sofort mit seinem Hofstaat dorthin. Sie alle warteten viele Tage vor der Höhle, bis eines Nachts ein wild aussehender Mann heraustrat. Er verzauberte die versammelte Menge derart mit seinem Flötenspiel, dass alle Anwesenden von einer noch nie erlebten religiösen Ekstase ergriffen wurden. Als der Mann sein Spiel beendet hatte, wollte Akbar von ihm wissen, was sein Geheimnis sei. Er antwortete, sein Geheimnis sei, dass er nicht für Geld spiele wie die meisten anderen Musiker, sondern allein für Gott. Er sitze in seiner Höhle und meditiere und bete ununterbrochen. Manchmal sei die Ekstase so groß, dass er nach draußen gehen müsse, um auf seinem Instrument zu spielen. Die Ekstase könne auf diese Weise aus ihm herausfließen, sodass er wieder leer werde. Danach könne er sich in seiner Höhle wieder der Meditation und dem Gebet widmen.

Auch im Westen steigt seit einigen Jahren das Interesse an islamischer Musik. Zu den bekanntesten Sufi-Musikern zählen der 1996 verstorbene Nusrat Fateh Ali Khan, Ardheeta Parveen und die Sabr Brothers, die in ihrer pakistanischen Heimat wie Popstars verehrt werden; aus dem Senegal kommt Scheich Lo, Munadjat Yulchieva stammt aus Usbekistan und die 1979 verstorbene Umm Kulthum, die in der arabischen Welt fast wie eine Heilige verehrt wird, aus Ägypten.

Im Laufe der Jahrhunderte wurde die Wirkung, die Musik auf den Menschen hat, gut dokumentiert. Schon Al Farabi (gest. 950) und Al-Ghazzali beschrieben, wie Töne und Klänge auf unsere Psyche wirken. Dabei dienten die Lehren des Pythagoras als Grundlage. Pythagoras schloss durch seine Untersuchungen des mathematischen Verhältnisses der Töne zueinander auf die der Welt zugrunde liegende Harmonie. Al Farabi komponierte nach diesen Vorgaben Musikstücke, die bis heute zur Schulung der Derwische verwendet werden.

Es gibt Töne, die den Menschen Freude bereiten, und solche, die Schmerzen verursachen oder zum tiefen Reflektieren anregen. Mit anderen Worten: Musik hat nicht nur eine Wirkung auf die Psyche, sondern auch auf den Körper. Gurdjieff berichtete von Derwischen in Zentralasien, die Tonfolgen hervorbrachten, die bei den Zuhörern sogar für kurze Zeit Beulen am Körper verursachten. Interessant ist auch folgendes Experiment: Auf dem Fell einer Langtrommel verstreut man feinen Sand. Nun setzt man es verschiedenen Geräuschen aus. Auf dem Fell bildet der Sand nun durch das Mitschwingen unterschiedliche Muster. Das Wissen um die geometrischen Strukturen der Melodien findet man bis in unsere Tage in der Kalligrafie und der Mosaikkunst wieder. Besonders schöne Musikstücke, Schwingungen oder Aussagen von Heiligen lassen sich auf diese Weise in Mustern ausdrücken.

Al Farabi und Al-Ghazzali formulierten außerdem die Prinzipien der Musiktherapie. Seit etwa 800 Jahren sind die heilerischen Aspekte der Musik in der orientalischen Welt bekannt. Es gibt ganze Abhandlungen, in denen beschrieben wurde, welcher Klang und welche Bewegung welchem Krankheitsbild zuzuordnen sind. Dabei legte man die Pentatonik zugrunde. Der Grundsatz dieser Musiktherapie war: Ähnliches wird mit Ähnlichem behandelt. In den Hospitälern wurde ebenfalls nach diesem Prinzip geheilt. Die Patienten bekamen nicht nur Heilmittel und Massagen, ihnen wurden auch bestimmte Klänge, Musikstücke oder andere Geräusche vorgespielt, wie etwa das von fließendem Wasser oder das durch Trommeln nachgeahmte Geklapper von Pferdehufen.

Allerdings geriet dieses Wissen in der orientalischen Welt durch den Siegeszug der westlichen Schulmedizin seit Beginn des 19. Jahrhunderts in Vergessenheit. Es ist vor allem dem Istanbuler Musiktherapeuten Oruç Güvenç zu verdanken, dass es wiederentdeckt werden konnte. Güvenç hat einen Lehrauftrag an der Universität von Istanbul. Westeuropäische Universitäten untersuchen seit einigen Jahren ebenfalls die Grundlagen der altorientalischen Musiktherapie.

6.5 Kunst, Kalligrafie und Architektur

In der islamischen Welt hat sich in den Gotteshäusern ein Bilderverbot durchgesetzt: Es ist ausdrücklich untersagt, sich von Allah ein Bild zu machen. Die Begründung dafür ist, dass die bildliche Darstellung eine Beschränkung der göttlichen Größe und Allmacht darstelle. Gläubige sollen das göttliche Sein nicht auf einzelne Götzen begrenzen, sondern Allah in allen Bereichen der Schöpfung erkennen und preisen. Im Laufe der Zeit wurde dieses Bilderverbot erweitert: Mohammed habe den Gläubigen nicht nur ausdrücklich verboten, sich von Gott ein Bild zu machen, sondern auch, sich von ihm, dem Propheten Gottes. Er begründete dieses auf seine eigene Person bezogene Bilderverbot damit, dass die Menschen ihn nach seinem Tod zu einem Götzen machen und anbeten würden, anstatt sich auf das höchste Sein auszurichten, für das er „nur“ der Mittler war. Man findet darum nur sehr selten Darstellungen des Propheten, und auf diesen wenigen, die es gibt, ist das Gesicht stets ausgespart bzw. verhüllt. Allerdings gibt es in vielen Ländern nahezu kitschig anmutende Bilder von Ali, Fatima und Sufi-Heiligen wie Abdul Qadir al Gilani oder Ahmed al-Baddawi.

Um die Unaussprechlichkeit und Transzendenz Allahs weiterzugeben, wurden deshalb Kalligrafien und Ornamente ersonnen, die die Menschen in die göttlichen Zustände versetzen. Der Islamwissenschaftler Johann-Christoph Bürgel spricht in diesem Zusammenhang von einem »Prinzip der repetiven Dichte«, das überall in der islamischen Welt anzutreffen sei: in der rhythmischen Struktur des Korans, seinem Satzbau ... und sogar in seinen Pausen; in der Architektur, der Musik, den Kalligrafien und den Ornamenten.

Wer die geometrischen Formen der Ornamente genauer betrachtet, dringt irgendwann in sie ein und die Ornamente dringen in ihn ein. Und dieses wechselseitige geometrische Spiel führt dazu, dass der Geist entrückt. Ewig gültige Aussagen werden so bewusst oder unbewusst aufgenommen. Der Schweizer Architekt und Stadtplaner Stefano Bianca spricht in diesem Zusammenhang von einer »Sensibilisierung der Sinne«. Betrachten Menschen solche Ornamente, so werden ihre Sinne für die göttlichen Realitäten geöffnet. Ein Aspekt ist, dass die Ornamente die verschiedenen Grade der Erleuchtung *(Maqams)* widerspiegeln. Die ineinander verschlungenen geometrischen Muster sind so angeordnet, dass sich bei längerem Hinsehen immer tiefere Aspekte offenbaren. Die Gläubigen werden in die Maqams hineingesogen, ohne zu wissen, warum das geschieht.

In diesem Zusammenhang ist die Übereinstimmung der Yantra- und Mandala-Meditation aus dem Yoga mit der Ornamentkunst im Islam interessant. Lassen sich die Gläubigen in die verschiedenen Ebenen der Muster ohne Anfang und ohne Ende hineinziehen, so dringen sie zu den höheren Aspekten ihres Selbst vor.

In den prächtigen Moscheen meditieren die Gläubigen sogar gezielt über diese Muster. Die Anordnung der ineinander verschachtelten und mehrfarbigen Dreiecke, Quadrate und Kreise gibt dem Adepten Hinweise auf das Ur-Ewige. Durch eine geübte Betrachtung der Muster erhält man Antworten auf die verschiedensten Fragen. Die Kalligrafien an den Decken der Heiligenmoscheen unterstützen außerdem die Tänze der Derwische: Im Wechselspiel aus Kalligrafie und Drehtanz lösen die Derwische ihr Ich-Bewusstsein auf.

In der Architektur wurden solche spirituell-energetischen Prinzipien ebenfalls angewandt. Mosaike und Ornamente schenken manchen Gebäuden in der orientalischen Welt eine solche Kraft, dass die Menschen fast automatisch in einen Zustand der Entrückung geraten. Im Westen ist in diesem Zusammenhang vor allem die *Alhambra* (arabisch: *Al Hamra*, »Die Rote«) in Granada bekannt. Es handelt sich hierbei um eine Burganlage mit mehreren Palästen und Pavillons, prächtigen Sälen, Brunnen, farbigen Dekors, Fayencenmosaiken und Stalaktitenkuppeln. Doch es gibt unzählige solcher Bauwerke, die den Menschen auf eine sehr tiefe Weise die Allmacht, Gerechtigkeit und Liebe Allahs vermitteln.

Westliche Beobachter berichteten schon im 19. Jahrhundert, dass Kunst in der islamischen Welt anscheinend bewusst nach bestimmten Prinzipien gestaltet wird. So gibt es in Moscheen und an Heiligengräbern immer wieder Räume, in denen die Besucher zu weinen beginnen. Zu erwähnen ist hier die Sultan-Hassan-Moschee aus dem 14. Jahrhundert in Kairo. Sultan Hassan errichtete dieses Bauwerk als Universität für die vier Rechtsschulen der arabischen Welt. Manche behaupten, dass die Marmorplatten am Boden dieser Moschee aus den altägyptischen Gräbern stammten, denn Sultan Hassan war der Erste, der die Pharaonengräber öffnete. Um einen offenen Innenhof herum findet man in der Moschee vier riesige offene Bögen, über denen Terrassen errichtet wurden – auf ihnen wurde unter freiem Himmel der Unterricht abgehalten. Heute noch sieht man hier Menschen in religiöser Verzückung sitzen. Westliche oder asiatische Touristen, die diesen Ort betreten, werden ebenfalls von der Stimmung ergriffen; oft treten ihnen Tränen in die Augen und sie beginnen zu beten und zu meditieren.

Weitere Beispiele für diese Art von Baukunst, in der wir Menschen von einer unbeschreiblichen Atmosphäre einfach ergriffen werden, sind die Medrese Madar-i Shah in Isfahan (Iran) mit ihrer türkisfarbenen, von goldenen und weißen Ornamenten durchzogenen Kuppel; das Mausoleum des großen Sufi-Scheichs Ahmad Yassawi in Turkestan mit seinen strahlend blauen, goldenen und weißen Fliesen; die Freitagsmoschee von Bibi Khanum oder von Gur-i Mir in Samarkand; die leuchtend blaue Medrese Mir-i Arab in Taschkent; das Grabmal Akbars in Sikandra und die große Moschee von Djenne in Mali, das größte Lehmbauwerk der Welt; die Süleymaniye-Moschee in Istanbul mit ihrer harmonischen Komposition von Gebetsnischen, einer Armenküche, einer Karawanserei, einem Krankenhaus, einem Badehaus, einer Schule und der großen Hauptmoschee zu *einem* großen Gebäudekomplex (was deutlich zeigt, dass der Islam alle Bereiche des Lebens umfasst), oder das Taj Mahal in Agra, das als Wahrzeichen Indiens gilt und seinen Reiz erst vollständig in Vollmondnächten entfaltet, wenn die eingearbeiteten Edelsteine und Halbedelsteine – einem steinernen Feuerwerk gleich – zu funkeln beginnen.

Da die Mystiker-Architekten der islamischen Welt bereits in der Zeit vor dem 10. Jahrhundert derart monumentale Bauten errichteten, liegt für bestimmte Historiker die Vermutung nahe, dass wandernde Derwische ihr Wissen in den christlichen Westen trugen, was den Bau der gotischen Kathedralen erst ermöglichte. Ein Beispiel für islamisch beeinflusste Baukunst in der christlichen Welt ist in jedem Fall das Castel del Monte in Apulien, das von Friedrich II., dem Hohenstaufen-Kaiser, errichtet wurde. Friedrich II. war zwar der Kaiser des Heiligen Römischen Reiches Deutscher Nation, doch wurde an seinem Hof auch Arabisch gesprochen und seine Leibwache war muslimischer Herkunft. Das achteckige, hoch aufragende Castel del Monte mit seinen acht achteckigen Türmen ist eindeutig ein Bauwerk, das sich auf den Prinzipien der islamischen Architektur gründet, denn in der islamischen Welt gilt das Achteck als Basis der Harmonie, wird doch der Thron Gottes von acht Erzengeln getragen.

Islamische Herrscher ließen manche Städte nach geometrischen Prinzipien gestalten, die die kosmische Harmonie widerspiegeln. Bagdad ist eine solche Stadt, die im Jahr 762 nach den Proportionen eines Rades mit acht Speichen erbaut wurde. Auch Sana ist in diesem Zusammenhang zu nennen. In Sana wurden die hohen Bauten durch enge Gassen verbunden, damit es in der Stadt genug Schatten gebe.

In der islamischen Welt werden im besonderen Maße die höheren spirituellen Prinzipien durch die Kalligrafie auf der Erde abgebildet. Engel erscheinen als abstrakt wirkende Muster und Gedankenblitze. Arabische Kalligrafien vermitteln ein Bild dieser Engelwelten. Ibn Arabi schreibt, dass die Engel nicht nur bewusste Wesenheiten, sondern auch die guten Gedanken seien, die die Gläubigen erreichen würden. Kalligrafien können solche religiösen Aussagen auch Gläubigen vermitteln, die des Lesens und Schreibens nicht mächtig sind. Die göttlichen Namen, religiösen Aussagen und Koransuren sprechen durch Kalligrafien direkt zu den Menschen, auch wenn sie des Arabischen nicht mächtig sind. Aus diesem Grund war die Schriftkunst ein wichtiger Teil der sufischen Ausbildung. Wenn man ein Kind einen Satz immer wieder schreiben lässt, begreift es ihn. Und so gibt es auch Dhikr, in denen Sufis immer wieder bestimmte heilige Sätze niederschreiben. Mit der Zeit werden aus diesen Niederschriften komplizierte Muster, die dann von den Muriden reproduziert wurden. Die Techniken der

Kalligrafie sind von Orden zu Orden verschieden. Bei den Mevlevi werden religiöse Aussagen in verschnörkelter Form wiedergegeben, während die Bektashi eine Methode entwickelt haben, durch die aus Wörtern und Sätzen sogar Gesichter, Gestalten und Tiere entstanden.

Die Mevlevi vergleichen die Schreibfeder mit der Rohrflöte: Zu Beginn des Mathnavi beklagt das Schilfrohr als Flöte, wie bereits erwähnt, sein Getrenntsein von seinem Ursprung, dem Schilf. Auch die Feder ist aus Schilf; sie drückt ihre Sehnsucht nach dem Ursprung in den Zeichnungen aus. In der Türkei wurden die Techniken der Kalligrafie vervollkommnet. Hier gibt es ein Sprichwort: »Der Koran wurde in Mekka und Medina offenbart, in Ägypten gelehrt und in der Türkei [in besonders schöner Form] geschrieben und gebunden.«

Muster in Teppichen werden ebenfalls nach den geometrischen Prinzipien entworfen, die den Ornamenten zugrunde liegen. Obwohl Gebetsteppiche nicht vorgeschrieben sind, haben sie sich bei den Gläubigen durchgesetzt und sind zu einem wichtigen Teil ihres religiösen Lebens geworden. Meistens sind religiöse Motive, wie zum Beispiel die Kaaba in Mekka oder eine Lampe in Anlehnung an den Lichtvers des Korans (24,36), auf ihnen dargestellt. Da Teppiche in Zelten oder Häusern liegen, sind ihre Muster von großer Bedeutung: Sie schaffen in den Räumen eine harmonische, kräftigende oder spirituelle Atmosphäre.

Mystiker meditieren auf ihren Gebetsteppichen. In der islamischen Welt ist außerdem eine Meditationspraxis verbreitet, bei der man bestimmte Punkte auf dem Teppich fixiert, um besser in einen meditativen Zustand zu gelangen. Auf diese Weise dringen die Mystiker tief in die Geheimnisse der Muster ein. Und es ist nicht ungewöhnlich, dass manche Menschen dabei das Gefühl bekommen, in höhere geistige Sphären emporgehoben zu werden. Hierfür steht auch die im Orient weit verbreitete Legende vom fliegenden Teppich: Hadschi Bektash soll auf seinem Teppich sogar bis nach Mekka geflogen sein.

Die geometrischen Prinzipien, die die Harmonie aus den höheren geistigen Ebenen wiedergeben, findet man in der islamischen Welt in allen Bereichen des Kunsthandwerks wieder: auf Tellern, Schmuck, Kleidern und Waffen, auf Wandbildern und sogar in den Hennazeichnungen der Frauen. Der europäische Jugendstil wurde ebenfalls durch die orientalische Kunst entscheidend beeinflusst.

Ein anderer Aspekt sind die »Legonomismen«. Schon Gurdjieff hat über dieses Phänomen berichtet. Die Meister der Weisheit, die als Künstler arbeiteten, ließen bestimmte Informationen in ihre Kunstwerke einfließen, die dem oberflächlichen Betrachter verborgen bleiben. Fortgeschrittene Sucher aber finden und erkennen diese Informationen. Indem der Sucher in ein Kunstwerk eindringt, ruft er Informationen über eine Zeitepoche oder bestimmte esoterische Zusammenhänge ab. Die gewöhnlichen Gläubigen sind von den Kalligrafien in den großen Moscheen verzückt. Dem Adepten jedoch offenbaren sie die verschiedenen Aspekte der sufischen Einweihung.

6.6 Sufische Einflüsse in der Literatur

Nahezu alle großen Sufi-Dichter gehören heute zur Weltliteratur. Selbst in unserer Zeit werden in der islamischen Welt die Werke von Scheich Saadi (gest. 1292), Attar (gest. 1220), Nizami (1209),

Hafiz (gest. um 1390) oder Rumi (gest. 1256) zur Erbauung gelesen. Sufische Literatur spricht bei Zuhörern bzw. Lesern verschiedene Ebenen des Verstehens an. Sufi-Geschichten sind mehrdeutig, wodurch jeder Mensch sie dem Grad seiner Entwicklung entsprechend verstehen kann: Hat man sich geistig weiterentwickelt, so wird man durch dieselbe Geschichte einen ganz neuen Aspekt der Wirklichkeit erfahren. In der Regel sind diese Geschichten spannend, oftmals lustig erzählt, meist auch wunderbar poetisch, sodass wir sowohl vom Inhalt der Geschichten als auch vom Klang der Verse berührt werden, was sich zum Beispiel in der »Weinode« von Hafis zeigt:

»Saghi, schenk ein den Wein
Und lass den Becher kreisen!
Im Anfang schien die Liebe leicht,
Die dann zum Rätsel ward.
Wann bringt der Wind
Den Moschushauch von deinem Haar?
Von deinen Locken wurden alle Herzen wund.
Wie fänd' ich Frieden doch in deinem Haus,
Da ruft die Karawanenglocke schon zum Weiterzug!
Färb den Gebetsteppich mit Wein, wie es der Weise sagt,
dann wirst du, Pilger, auch vom Sinn des Weges
Dein Teil erfahren.
Was wissen denn die Leichtbebürdeten am Strand von uns,
Die Nacht und Wogensturm umgibt ...
Durch meinen Eigensinn erwarb ich mir
Den schlechten Namen.
Wie kann Geheimnis auch verborgen bleiben,
Das bei Zusammenkünften verhandelt wird!
Hafis, erhalt dir des Geliebten Gegenwart,
Entsage dieser Welt, wenn du gefunden, den du liebst!«

Auf den ersten Blick liest sich die Weinode wie eine verklärte Absage an die irdische Welt zugunsten des Göttlichen. Bei näherer Betrachtung verwandelt sich jedoch jede einzelne Zeile der Weinode in eine Anweisung, wie die göttliche Wirklichkeit zu erreichen ist. Der Wein ist die unmittelbare Liebe Gottes. Der Weinschenk ist der Derwisch, bzw. der Scheich, der den Menschen die Liebe Gottes übermittelt. Der Moschushauch sind die Wonnen der spirituellen Vervollkommnung. Die Locken sind die in dieser Welt sichtbaren Zeichen Gottes *(Ayat Allah)*. Die Leichtbebürdeten am Strand sind die Menschen, die in ihrem oberflächlichen Lebenswandel die Liebe Gottes nicht wahrnehmen. Des Geliebten Gegenwart ist die Gegenwart Gottes.

Sufische Geschichten weisen außerdem immer wieder Brüche auf, bei denen der Autor aus den normalen Erzählstrukturen ausbricht. Rumis Erzählung vom König und dem Sklavenmädchen ist hier ein passendes Beispiel; sie findet sich gleich zu Beginn des *Mathnavi* und beginnt wie eine Liebesgeschichte, doch gibt es Wendungen und ein unerwartetes Ende:

> Ein König sah einmal am Straßenrand ein Sklavenmädchen. Er verliebte sich in es und kaufte es seinem Besitzer ab. Das Mädchen wurde aber inmitten des ganzen Luxus immer kränker und schwächer. Der König schickte nach Ärzten und versprach eine hohe Belohnung – ohne Erfolg. Da betete der zutiefst traurige und besorgte König. Und im Gebet wurde ihm offenbar, dass am nächsten Tag ein Arzt in die Stadt kommen wird, der das Heilmittel weiß.
> Und so ließ der König nun am darauf folgenden Tag nach dem Arzt schicken. Dieser fand heraus, dass das Mädchen in einen Goldschmied verliebt war, der in seiner Heimat lebte. Da sandte der König Boten aus, um den Goldschmied zu holen. Das Mädchen und der Goldschmied heirateten und der König stattete das junge Paar mit einer ansehnlichen Geldsumme aus. Außerdem gestattete er ihnen, im Palast zu leben.
> Nach einiger Zeit gab der Arzt dem Goldschmied jedoch ein Mittel, das den jungen Mann immer schwächer und hässlicher werden ließ. Seine Frau wandte sich immer mehr von ihm ab und schließlich starb er ... und sie war für den König frei.

Es gibt viele Interpretationen dieser Geschichte. Eine besagt, dass der König für den Geist stehe, das Mädchen für das Herz, der Goldschmied für das Ego und der Arzt für den Sufi-Meister. Der Mann ist das irdische Begehren, das Heilmittel ist das Dhikr, bzw. das rechte Streben.

Verbreitet ist bei den Derwischen auch eine Praxis, bei der man sich auf die Aussprüche und Geschichten *(Hikam)* der großen alten Mystiker besinnt. Eine ähnliche Methode findet man im Zen-Buddhismus, wo Mönche auf bestimmte, oft paradoxe Geschichten meditieren. Bei der folgenden Geschichte handelt es sich um einen solchen Sufi-Hikam, sie ist eine Abwandlung des bereits an früherer Stelle erzählten Sufi-Gleichnisses.

> Ein Mann klopfte an das Haus seiner Geliebten. Von innen ertönte eine Stimme: »Wer ist da?» «Ich bin's«, antwortete der Mann.
> »Wie kann ich es sein, wenn ich schon drinnen bin«, antwortete seine Geliebte.
> Nach einiger Zeit klopfte der Mann wieder an. Er glaubte verstanden zu haben. »Wer ist da?«, ertönte die Stimme seiner Geliebten.
> »Du bist's«, antwortete ihr der Mann.
> Da antwortete ihm die Frau: »Wenn ich draußen vor der Türe stehe, warum willst du dann hinein?«
> »Ich fragte einen Jungen, der eine Kerze trug: ›Von woher kommt das Licht?‹ Da blies der Junge die Kerze aus und sprach: ›Sag mir, wohin es ging, dann sage ich dir, woher es kam.‹«
>
> Hassan von Basra

> Ein Mann wollte von Fudayl (gest. 801) wissen, was er antworten solle, wenn man ihn frage, ob er Gott liebe. Fudayl antwortete: »Nichts! Denn wenn du sagst: ›Ich liebe Gott nicht‹, dann bist du ein Ungläubiger. Wenn du aber sagst: ›Ich liebe Gott‹, dann widersprichst du dir mit der Aussage selbst.«

> Der Sorglose fragt sich am Morgen: »Was werde ich tun?«
> Der Verständige fragt sich: »Was hat Gott mit mir vor?«
> Ibn Ataullah (großer Heiliger des Shaddilia-Ordens; gest. 1258)

Viele Erzähler in der arabischen Welt sind Sufis. Sie geben Geschichten aus der Sammlung *Alf Leila wa Leila* (Tausendundeine Nacht) zum Besten oder alte Legenden, etwa aus der Frühzeit des Islam oder von den islamischen Rittern aus der Zeit der Kreuzfahrer. Auch Geschichten anderer großer Sufi-Poeten, wie zum Beispiel Attars *Vogelgespräche,* werden gern gelesen oder erzählt. Allen aber ist, wie bereits erwähnt, eines gemeinsam: Sie haben verschiedene Ebenen.

In der orientalischen Welt gibt es allerdings auch lustige Geschichten; sie handeln von den Erlebnissen des Mullah bzw. Hodscha Nassr-Din (Nasruddin). Und dieser »Held« erinnert an Gestalten wie Till Eulenspiegel oder die Schildbürger. Mullah Nasruddin ist scheinbar ein Tölpel, den seine verquere Logik immer wieder in Schwierigkeiten bringt, wobei er aber eigentlich andere zum Narren hält: Durch die einfache Argumentationsweise von Mullah Nasruddin werden wir entlarvt und zum Nachdenken angeregt.

> Nasruddin ging in ein Geschäft und fragte den Verkäufer:
> »Hast du mich schon einmal gesehen?«
> »Nein«, antwortete der Verkäufer.
> Darauf Nasruddin: »Wie kannst du dann wissen, dass ich es bin?«

> Nasruddin prahlte damit, dass er in der Stadt gewesen sei und mit dem Präsidenten gesprochen habe.
> »Und was hat er zu dir gesagt?«, wollten die anderen wissen.
> »Er sagte: Geh mir aus dem Weg, du Tölpel.«

> Nasruddin saß verkehrt herum auf seinem Esel. Da fragten ihn die Leute, warum er nicht richtig auf dem Tier sitze. Er antwortete: »Ich sitze richtig, nur der Esel steht falsch.«

Einmal rannte Nasruddin in der Nacht durch die Straßen und schrie: »Diebe, Diebe in meinem Haus!« Die Leute fragen ihn, ob er die Diebe denn gesehen habe. »Nein«, sagte Nasruddin. »Aber ich kann denken: Diebe kommen nachts und machen keine Geräusche. Ich wachte auf, es war Nacht und ich hörte nichts. Also mussten Diebe im Haus sein.«

Einmal traf Nasruddin vor der Moschee einen Bettler. Der erzählte ihm, wie fromm und genügsam er sei und dass er jeden Tag fünfmal bete. Nasruddin gab ihm ein Goldstück. Daneben saß ein anderer Bettler. Der sagte, dass er den ganzen Tag im Teehaus sitze und lieber mit Freunden diskutiere und sich mit Frauen beschäftige, zum Arbeiten habe er keine Lust. Nasruddin gab ihm zwei Goldstücke. Da protestierte der erste Bettler: »Warum gibst du mir nur eine Goldmünze und diesem Nichtsnutz zwei? Ich bin ein frommer Mann!«
Nasruddin antwortete: »Er braucht das Geld nötiger als du.«

Nasruddin ging in ein Hamam, ein türkisches Bad. Da er einfach gekleidet war, wurde er nur widerwillig bedient. Man gab ihm schlechte Seife und überhörte seine Wünsche. Als er das Bad verließ, gab er jedem der Männer ein Goldstück. Die aber konnten ihr Glück kaum fassen und dankten ihm überschwänglich. Als er das Bad das nächste Mal besuchte, bedienten sie ihn wie einen König. Sie sprangen bei jedem seiner Blicke und taten alles, damit er sich wohl fühlte. Aber zum Abschied gab Nasruddin ihnen jeweils nur eine schäbige Kupfermünze. »Wie, beim letzen Mal hast du uns eine Goldmünze gegeben und heute, wo wir dich wie einen feinen Herrn behandeln, gibst du uns nur ein Kupferstück?«
»Die Kupfermünzen«, erklärte der Mullah, »sind für das letzte Mal. Die Goldmünzen vom letzten Mal waren für heute.«

In einigen zentralasiatischen Derwisch-Schulen werden diese Geschichten sogar als Hikam interpretiert. In der »Legende des Nasruddin«, die als philosophischer Rahmen zu diesen Witzen gilt, heißt es, dass ein großer Sufi-Lehrer überall auf der Welt nach einem geeigneten Nachfolger gesucht habe. Da habe der Meister einen alten Schreihals getroffen, der einen Schüler hatte, der Nasruddin hieß. Diesen schalt er, weil er lachte, und verfluchte ihn zu weltweiter Lächerlichkeit. Er solle fortan als Witzfigur dienen, und wo immer man sich einen Witz über den Mullah erzählte, sollten sechs weitere folgen. Sofort erkannte der Sufi-Scheich, dass Nasruddin sein Nachfolger war. Er erschien Nasruddin nachts im Traum und übertrug ihm die Baraka. Durch Nasruddins Geschichten wurde das Wissen der Sufis von nun an weitergetragen. Es heißt sogar, dass man Erleuchtung finde, wenn man sieben Mullah-Nasruddin-Geschichten hintereinander ergründet.

Auch im Westen finden sich Einflüsse der sufischen Erzählkunst, etwa in Dantes *Göttliche Komödie*. Im Mittelalter war die Himmelsreise des Propheten durch die sieben Höllen und Himmel in der Begleitung von Gabriel ein weit verbreitetes Thema in der islamischen Literatur. Lateinische Abschriften dieser Erzählung gab es auch in Europa und, wie der italienische Literaturwissenschaftler Enrico Cerulli darlegt, mag auch Dante davon beeinflusst worden sein.

Märchen und sufische Erzählungen haben Gemeinsamkeiten, da in beiden menschliche Verhaltensweisen und Schwächen entlarvt werden. So auch in den Kunstmärchen von Hans Christian Andersen, in denen er aus den überlieferten Erzählstrukturen ausbricht, genau wie in den Sufi-Geschichten.

In »Des Kaisers neue Kleider« etwa kommen zwei Betrüger an den Hof des Kaisers. Sie sagen, dass sie ein Gewand für den Kaiser aus einem ganz besonderen Stoff weben und nähen könnten. Allerdings könne, wer für sein Amt nicht tauge oder unverzeihlich dumm sei, die Kleider nicht sehen, solchen Menschen erscheine der Kaiser nackt. Nachdem die Männer Seide und Gold erhalten haben, geben sie wochenlang vor zu weben und zu nähen. Als das imaginäre Gewand schließlich fertig ist, geht der Kaiser nackt durch die Straßen. Alle Zuschauer sehen ihn unbekleidet, auch die Minister und der Kaiser selbst können die Kleider nicht sehen. Doch alle haben Angst, dass sie nicht für ihr Amt taugen oder dumm sein könnten; sie sagen nichts und tun lieber so, als sähen sie den Kaiser in einem prächtigen Gewand.

»Das hässliche Entlein« erzählt von einem Küken, das von allen anderen zurückgewiesen wird. Es ist für die anderen zu groß und einfach ungewöhnlich, wird von ihnen gebissen, gestoßen und ausgelacht. Eines Tages aber sieht das vermeintliche Entlein sein Spiegelbild im Wasser: Es ist ein wunderschöner Schwan geworden.

Bei Rumi finden wir eine ähnliche Geschichte. Darin werden seine Zuhörer mit Enten verglichen, die von Hennen aufgezogen wurden, die aber erst erkennen müssen, dass ihre Aufgabe das Fliegen sei. Dazu ist nötig, dass sie sich von den überlieferten Konditionierungen der Hennen befreien.

Der christlich-libanesische Autor Khalil Gibran (1883–1931) ist ebenfalls ein sufischer Erzähler. Er wird auch im Westen viel gelesen. In *Der Prophet*, *Der Narr* oder *Im Garten des Propheten* zeigt er immer wieder auf, dass es nur darauf ankommt, den Blickwinkel zu ändern, und schon erschließen sich einem völlig neue Welten. Von ihm stammen Aussagen wie: »Liebe ist ein Wort des Lichts, geschrieben von einer Hand des Lichts auf eine Seite des Lichts«; »Die Kraft zu lieben ist Gottes größtes Geschenk an den Menschen, denn niemals wird es dem Gesegneten, der liebt, genommen werden«.

Antoine de Saint-Exupéry, der Autor von *Der kleine Prinz*, lebte mehrere Jahre in der Türkei und in Marokko, und so kann man davon ausgehen, dass er sich dort auch mit der orientalischen Erzählkunst beschäftigte. In *Der kleine Prinz* kommt dies klar zum Ausdruck. Zum Beispiel erzählt der Fuchs dem kleinen Prinzen das Geheimnis: »Man sieht nur mit dem Herzen gut.«

Ähnliches findet man auch in Rumis Oden:

> »Jede Form, die du siehst, hat ihren Ursprung in der unsichtbaren göttlichen Welt. Was spielt es also schon für eine Rolle, wenn die Form verschwindet? Ihr Ursprung lag im Ewigen. Gräme dich nicht darüber, dass jede Form, die du siehst, jede mystische Wahrheit, die du vernimmst, eines Tages untergehen wird. Die Quelle spendet unaufhörlich Wasser. Weder die Quelle noch das Wasser werden je versiegen – weshalb also klagen? Deine Seele ist eine Quelle: Fluss um Fluss strömt aus ihr hervor. Verbanne endgültig alle Trauer aus deinem Herzen und trinke immer weiter von dem Wasser. Hab keine Angst. Das Wasser ist unerschöpflich.«

und:

> »Die Liebe und der Liebende sind nur Eines;
> Denk sie dir niemals, Seele, als zwei Hälften.
> Sind Liebe und Liebender erst einmal eins geworden,
> Sind beide beides: Gebender und Gabe.
> Der Liebende sucht stets nach dieser Fülle,
> Er gleicht dem Leder, das die Sonne gerbt.
> Taucht er ins Meer auf der Suche nach der Perle,
> Ist er selbst eine Perle, unschätzbar, einzigartig.«

und:

> »Ich bin der Ergebene einer Liebe,
> Die Myriaden Trommeln und Fahnen hat.
> Das Leid, das Er mir schafft,
> Ist wie ein Schatz in meinem Herzen.
> Mein Herz ist ›Licht auf Licht‹, so wie Maria,
> Die Jesus trägt in ihrem schönen Leib.«

Wie die Sufis aber immer wieder betonen, ist letztendlich Allah der größte und weiseste Geschichtenerzähler, der alle Geschichten ersinnt, der alle Geschichten miteinander verbindet und zu dem letztendlich alle Geschichten wieder zurückfließen.

Wie Rumi sprach und wie es an seinem Grabmal in Konya steht:

»Komm, komm,
Wer immer du bist,
Wanderer, Götzenanbeter.
Du, der du den Abschied liebst,
Es spielt keine Rolle.
Dies ist keine Karawane
Der Verzweiflung.
Komm, auch wenn du deinen Schwur
Tausendfach gebrochen hast,
Komm, komm
Noch einmal, komm.«

Anhang

Glossar

Arbaun, die vierzigtägige Derwischklausur

Assabiya, Gemeinschaft, auch: Gemeinschaftsgefühl

Baraka, Segenskraft, Energie

Chidr, »der Grüne«; der sagenumwobene Prophet, der verirrten Wanderern erscheint. Soll der Prophet Elias sein

Dergah, Kloster

Dhikr'ullah, Kurzform: *Dhikr*: Erinnerung, Lobpreisung Gottes, Sufi-Technik

Dunya, die grobstoffliche, irdische Welt

Fana fi Allah, das Entwerden in Allah

Hadith, außerkoranische muslimische Überlieferungen von den Handlungen und Aussprüchen Mohammeds und seiner Gefährten

Hadra, Anwesenheit; die Zusammenkunft der Derwische

Hadsch, Pilgerfahrt; findet jährlich im islamischen Monat *dua al-hijja* statt

Huri, engelhafte Begleiterin der Verstorbenen im Paradies

Kadi, Richter

Kalif, Stellvertreter bzw. Nachfolger des Gesandten Gottes (d.h. Mohammeds). Der Kalif vereinte säkulare und geistliche Führerschaft

Lataif, Singular: *Latif*: feinstoffliche Zentren

Maqams, Bewusstseinsorte, Bewusstseinszentren, die – einmal errungen – einem nicht mehr verloren gehen.

Mathnawi, Hauptwerk Rumis, aus 30000 Doppelversen bestehend

Medresen, Koranschulen

Muezzin, der Rufer zum Gebet

Mullah, Lehrer, Prediger, Geistlicher

Muride(n), Schüler

Nafs Ummara, Kurzform: *Nafs*. Die Gesamtsumme der niederen Einzel-Ichs wie Gier, Geiz, Streitsucht, Faulheit oder Angst. Das Wort Nafs bedeutet neben »Selbst« auch »Atem«

Pir, Scheich

Qutb, der »Pol«; er ist das strahlende Oberhaupt aller Sufis

Rabita, Herzensbindung (an den Scheich)

Salsabil, ein köstliches Kamphergetränk im Paradies

Scharia, das islamische Recht, eine religiöse Pflichtenlehre

Sema, der Drehtanz der Mevlevis, der »tanzenden Derwische«

Shahada, das islamische Glaubensbekenntnis; siehe S.165

Sunna, bedeutende Quelle für islamischen Glauben, Leben und Handeln.

Tariquats, Orden, von *Tariqu*, Weg

Tassawuf, arabisch für Mystik. Es wird vermutet, dass *Tassawuf* die arabisierte Form des griechischen Wortes *Theosophie* ist

Umrah, die kleine Pilgerfahrt, die im Gegensatz zur *Hadsch* das ganze Jahr gemacht werden kann

Wesir, Berater des Kalifen

Literaturverzeichnis

Abd ar-Rahim, Ibn Ahmad al-Qadi: *Islamic Book of the Dead.* Norwich, England, 1977

Ad-Dhagestani, Abdullah: *Der Naqushbandi-Weg. Ein Führungsbuch für die geistige Entwicklung*. Bonndorf 1995

Al-Ghasali, Abu Hamid Muhammad: *Das Elixier der Glückseligkeit*. München 1996

al-Gazzali, Muhammad: *Ihya Ulum ad-Din*. Cairo 1939

Al Habib, André und Sacarcelik, Osman, *Die Eröffnende – Al Fâtiha* (Hörbuch-CD). Freiburg 2005

Al-Sufi. Zeitschrift für die islamische Mystik. 1. Jhg. Heft Nr. 1/91 und Nr. 2/91

as-Suhraward, Shihabaddin Yahia: *The Mystical and Visionary Treatises of Suhrawardi,* übersetzt von Wheeler M. Thackston. London 1982

Attar, Faruddin: *Mantiq ut-Tair*. Teheran 1960

Attar, Faruddin: *Muslimische Heilige und Mystiker*. München 2002

Attar, Faruddin: *Vogelgespräche*. Bern 1980

Bayat, M./ M.A. Jamnia: *Geschichten aus dem Land der Sufis*. Frankfurt a. M. 1998

Bennett, John G.: *Der Grüne Drache. Das Herz der Sufi-Lehre*. Südergellersen 1993

Bennett, John G.: *Die Meister der Weisheit*. Südergellersen 1993

Bianca, Stefano: *Hofhaus und Paradiesgarten – Architektur und Lebensformen in der islamischen Welt.* München 2001

Bollag, Freddy: *Der Name Allah und die Zahl 66*. Bonndorf im Schwarzwald 1996

Bürgel, Johann Christoph: *Die Symbolik des Islam*. Stuttgart 1975

Bubenheim, Abdullah Frank/ Nadeem Elyas: *Die Regeln der Qur'an-Rezitation*. Aachen 2000

Burton, Richard Francis, Sir: *Sindh and the Races that Inhabit the Valley of the Indus*. London 1973

Burton, Richard Francis, Sir: *The Hindu Art of Love: A Translation of the Ananga Ranga*. Kathmandu 2002

Chishti, Shaykh Hakim Moinuddin: *The Book of Sufi Healing*. Vermont 1991

Chittick, William C.: *The Self Disclosure of God. Principles of Ibn al Arabi's Cosmology*. New York 1998

Chittick, William C.: *The Sufi Path of Knowledge. Ibn Arabis Metaphysics of Imagination*. New York 1989

Corbin, Henry: *Die smaragdene Vision. Der Licht-Mensch im persischen Sufismus*. München 1989

Dornbrach, Abdullah H.: *Die Visionen des Aynali Baba. Osmanische Erzählung nach Schahbenderzadeh Ahmet Hilmi*. Bonndorf im Schwarzwald 1995

Dornbrach, Abdullah H.: *Al-Sufi, Zeitschrift für islamische Mystik*, Heft 2/91

Elahi, Bahram: *Weg und Vollendung. Die Quintessenz der Religionen von Meister Nur'Ali*. München 1995

Feild, Reshad: *Ich ging den Weg des Derwisch. Das Abenteuer der Selbstfindung*. München 1977

Frembgen, Jürgen Wasim: *Reise zu Gott. Sufis und Derwische im Islam.* München 2000

Goethe, Johann Wolfgang von: *West-Östlicher Diwan*. Frankfurt a. M. 1999

Gramlich, Richard: *Die schiitischen Derwischorden Persiens*. 3 Bände, Wiesbaden 1965, 1976 und 1981

Gramlich, Richard: *Islamische Mystik. Sufische Texte aus zehn Jahrhunderten*. Stuttgart 1992

Gurdjieff, G.: *Begegnungen mit bemerkenswerten Menschen*. München 1999

Harvey, Andrew: *Die Lehren des Rumi. Weisheiten des Herzens*. München 2001

Hoffman, V. J.: *Sufism, Mystics and Saints in Modern Egypt*. Columbia 1995

Inayat-Khan, Hidayat: *Eine Fackel in der Dunkelheit.* Heilbronn 1997

Pir Vilayat Inayat Khan: *Erwachen – Eine Sufi-Erfahrung*. München 2000

Islamische Bibliothek: *Und Allahs sind die schönsten Namen*. Köln 1998

Ibn al-Arabi, Muhji'D-Din: *Das Buch der Siegelringsteine der Weisheitssprüche*. Übersetzt von Hans Kofler. Graz 1970

Ibn al-Arabi, Muhji'D-Din: *Al-Futuhat al-Makkia*. Cairo 1972

Ibn al-Arabi, Muhji'D-Din: *Al-Fusus al-Hikam*. Cairo 1946

Ibn al-Arabi, Muhji'D-Din: *Urwolke und Welt*. Übersetzt von Alma Giese. München 2002

Ibn al-Arabi, Muhji'D-Din: *Weisheit der Propheten*. Südergellersen 2005

Ibn Ishaq: Das *Leben des Propheten*, übers. v. Gernot Rotter. Kandern 1999

Ibn Rassoul, Abur Rida Muhammad Ibn Ahmad: *Das Gebet im Islam*. Köln 1999

Izutsu, Toshihiko: *A Comparative Study of the Key Philosophical Concepts of Sufism and Taoism*, 2 Bde. Tokyo 1966–67

Kermani, Navid: *Gott ist schön*. München 2000

Lefort, Rafael: *Die Sufi-Lehrer Gurdijeffs*. Berlin 1998

Lifchez, Raymond (Hg.): *The Dervish Lodge. Architecture, Art and Sufism in Ottoman Turkey*. Berkeley 1992

Fischer, Ron (Hg.): *Also sprach Mullah Nasruddin*. München 1993

Hentschel, Kornelius: *Geister, Magier und Muslime. Dämonenwelt und Geisteraustreibung im Islam*. München 1997

Hixon, Lex: *Heart of the Koran*. Wheaton, Illinois 1995

Hübsch, Hadayatullah: *Die Kosmologie des Islam*. Berlin 1995

Krieg-Dornbrach, Nuriye: *Tibb-i Nuraniya. Das heilende Licht*. Trebbus 1997

Mandel, Gabriele: *Gott hat 99 Namen. Die spirituelle Botschaft des Korans.* Augsburg 1997

Meier, Fritz: *Die Fawaìh Al-Gamal Wa-Fawattih Al-Gamal des Nagm Ad-Din Al-Kubra. Eine Darstellung mystischer Erfahrungen im Islam aus der Zeit um 1200 n. Chr.* Wiesbaden 1957

Mommsen, Katharina: *Goethe und der Islam*. Frankfurt a.M. 2001

Nasr, S.H.: Three *Muslim Sages*. Cambridge, Mass. 1964

Nizami, Ashraf J.: *Namaz: The Yoga of Islam*. Baroda, India 1977

Nizami: *Leila und Madschnun*. München 2004

Ozak, Scheich Muzaffer: *Träume. Die Bedeutung der Träume aus der Sicht eines Sufi-Lehrers*. Institut für Islamstudien 1996

Özelsel, Michaela M.: *40 Tage. Erfahrung einer traditionellen Derwischklausur*, Freiburg i. Br. 2005 und Frankfurt/M 2013

Öztürk, Yaşar Nuri: *The Eye of the Heart: An Introduction to Sufism and the Tariquats of Anatolia and the Balkans*, Istanbul 1988

Öztürk, Yaşar Nuri: *400 Fragen zum Islam – 400 Antworten. Ein Handbuch*. Düsseldorf 2000

Öztürk, Yaşar Nuri: *Der verfälschte Islam*. Düsseldorf 2007

Rotter, Gernot (Hg.): *Die Welten des Islam. Neunundzwanzig Vorschläge, das Unvertraute zu verstehen*. Frankfurt a.M. 1994

Rumi, Jallaludin: *Fihi ma Fihi. Von Allem und vom Einen*. München 1995

Rumi, Jallaludin: *Mathnawi*. München 1995

Saadi, Muslih ad-Din: *Der Rosengarten*. München 2002

Shabistari, Sad ud Din Mahmud: *The Secret Rose Garden*. Grand Rapids 2002

Schimmel, Annemarie: *Die Träume des Kalifen. Träume und ihre Deutung in der islamischen Kultur.* München 1998

Schimmel, Annemarie: *Gärten der Erkenntnis. Das Buch der vierzig Sufi-Meister*. München 1982

Schimmel, Annemarie: *Jesus und Maria in der islamischen Mystik*. München 1996

Schimmel, Annemarie: *Mystische Dimensionen des Islam*. *Die Geschichte des Sufismus*. Köln 1985

Sanai, Hakim: *The Walled Garden of Truth*. London 1974

Schweizer, Gerhard: *Die Derwische. Heilige und Ketzer des Islam.* Salzburg 1984

Shah, Idries: *Das Geheimnis der Derwische. Sufigeschichten*. Freiburg 1984

Shah, Idries: *The Sufis.* Edinburgh 1964

Steffan, Steff: *Sufi-Praxis*. Braunschweig 1992

Spuler-Stegemann, Ursula: *Muslime in Deutschland. Nebeneinander oder miteinander.* Freiburg i.B. 1998

Subhan, John A.: Sufism. *Its Saints and Shrines*. Lucknow 1960

Vett, Carl: *Sufi-Tagebuch, Seltsame Erlebnisse in einem Derwischkloster* (1931). Freiburg i. B. 2005

Wilson, Colin: *Gurdijeff. Der Kampf gegen den Schlaf.* München 1986

Über den Autor

Dipl.-Soz. André Al Habib wurde 1968 geboren; seine Mutter ist Deutsche, sein Vater Ägypter. Er studierte an der Ludwig-Maximilians-Universität in München Religionssoziologie, Reflexive Sozialpsychologie und Interkulturelle Kommunikation und an der Hawaii Pacific University in Honolulu, Hawaii, Englische Literatur. André Al Habib ist in mehrere Sufi-Traditionen eingeweiht und leitet regelmäßig Meditationen.